Madeleine Becker

Gekommen, um zu bleiben

AF628625

GOLDMANN

Madeleine Becker

Gekommen,

um zu

bleiben

Unser Haus im Wald

Von Hühnern, Hürden und dem Zauber eines Neuanfangs

GOLDMANN

Der Verlag behält sich die Verwertung der urheberrechtlich geschützten Inhalte dieses Werkes für Zwecke des Text- und Data-Minings nach § 44b UrhG ausdrücklich vor. Jegliche unbefugte Nutzung ist hiermit ausgeschlossen.

MIX
Papier | Fördert gute Waldnutzung
FSC® C014496

Penguin Random House Verlagsgruppe FSC® N001967

1. Auflage
Originalausgabe März 2026
Copyright © 2026: Wilhelm Goldmann Verlag, München,
in der Penguin Random House Verlagsgruppe GmbH,
Neumarkter Straße 28, 81673 München
produktsicherheit@penguinrandomhouse.de
(Vorstehende Angaben sind zugleich
Pflichtinformationen nach GPSR.)

Redaktion: Isabella Jaross
Illustrationen: Marie-Theres Sauer
Umschlag: Jan Brandwein
Umschlagmotiv: Lena Plettl
Satz: Uhl + Massopust, Aalen
Druck und Bindung: GGP Media GmbH, Pößneck
Printed in Germany
IJ · NB
ISBN 978-3-442-30241-3

www.goldmann-verlag.de

Wer immer mehr will,
wird nie genug bekommen.

Für die eine Person, die diesen Ort hier geliebt hätte –
und ihn leider doch niemals kennenlernen wird

Inhalt

Ein paar Worte zu Beginn 10

Gekommen, um zu bleiben 12

Prolog 15

Auf und davon 19

Umzug mit Anhang 26

Das Haus im Wald 39

Das Haus im ~~Wald~~ Winter 46

Wir renovieren ein Bauernhaus 51

Alles für den Garten 64

Irgendwo dazwischen 79

Mr. Theo Weasley 88

Der erste Sommer 99

Dem Himmel so nah 106

Die Hühner (und ihr Schwarmführer) 126

Das andere Leben 140

Ein Mehrgenerationenhaushalt 148

Kann ich den Rucksack bitte irgendwo abstellen? 160

Die Wald-WG 171

Der Himmel auf Erden 183

Die Hölle auf Erden 200

Kurt Ferdinand 214

Das zweite Jahr 231

Alltagsanekdoten, Ausrutscher und andere Absurditäten 247

Lukas und Madeleine 262

Nachwort 272

Anhang 275

Ein paar Worte zu Beginn

Wie in meinen ersten beiden Büchern gibt es auch dieses Mal wieder eine Playlist. Ich habe sämtliche Songs, die in den letzten beiden Jahren rauf und runter gelaufen sind, für dich gesammelt; über den QR-Code auf der entsprechenden Seite (einfach mit der Handykamera draufhalten, dann erscheint der Link von ganz allein) gelangst du direkt zur Playlist. In Ergänzung dazu habe ich für dieses Buch zudem eine eigene Instagram-Seite angelegt: Für jedes einzelne Kapitel gibt es ein entsprechendes Story-Highlight, in dem du zusätzliches Bild- und Videomaterial findest. Auch hierfür gibt es einen QR-Code auf der nächsten Seite.

Tief in mir drinnen bin ich ein kleiner Nerd, weswegen sämtliche Beobachtungen in der Natur selbstverständlich immer in meinem mittlerweile etwas verblichenen rosafarbenen Notizbuch festgehalten wurden. Da ich dich jedoch sehr gern an diesen Beobachtungen teilhaben lassen und vor allen Dingen auch dazu anregen möchte, selbst mit offenen Augen (und vielleicht sogar mit einem gezückten Bleistift respektive Notizbuch) durch die Welt zu gehen, findest du meine Beobachtungsliste am Ende dieses Buches. Sie ist mit Sicherheit (noch) nicht vollständig, aber dennoch sehr umfangreich!

Berufs- und vermutlich auch generationsbedingt bin ich eine Person, die viele englischsprachige Begriffe und Redewendungen in ihren persönlichen Sprachgebrauch etabliert hat, und davon wollte ich auch in diesem Buch nicht gänzlich abweichen. Allerdings gibt es mit Sicherheit einige Leser:innen, die diese Affinität nicht teilen oder mit der englischen Sprache vielleicht einfach nicht ganz so vertraut sind – und genau für diese Personen habe ich ganz hinten im Buch ein Glossar angelegt, das sämtliche Begriffe und Redewendungen übersetzt oder ihre Bedeutung näher erklärt.

So, nun aber genug der organisatorischen Vorrede. Schön, dass du dieses Buch in Händen hältst. Und viel Freude beim Lesen!

Madeleine

Zusätzliches Bild- und Videomaterial gibt's hier:

Gekommen, um zu bleiben

Into The Fire – Thirteen Senses
Dreams – Fleetwood Mac
Wonderland (Taylor's Version) – Taylor Swift
All The Stars – Kendrick Lamar, SZA
Is It Over Now? (Taylor's Version) – Taylor Swift
Perfect Places – Lorde
It's Nice To Have A Friend – Taylor Swift
Orinoco Flow – Enya
L'AMOUR DE MA VIE – Billie Eilish
Inner Smile (Truth & Soul Session) – Texas
About Love – MARINA
Merry Happy – Kate Nash
The Archer – Taylor Swift
Silence – Marshmello, Khalid
Fade Into You – Mazzy Star
Skinny Love – Bon Iver
exile (feat. Bon Iver) – Taylor Swift
Paint – The Paper Kites
All I Need – Hannah Georgas
Saltwater – Geowulf
Sing Like Madonna – Sebastian Schub
Small Things – Ben Howard
Runaway – AURORA

The Wolves – Ben Howard
Would've, Could've, Should've – Taylor Swift
Black Flies – Ben Howard
Carolina – Taylor Swift
you should see me in a crown – Billie Eilish
What Kind Of Man – Florence + The Machine
seven – Taylor Swift
Only For A Moment – Lola Marsh
Go Solo (feat. Tom Rosenthal) – Zwette
Wings – Birdy
Forest Fires – Axel Flóvent
The End Of Love – Florence + The Machine
Somewhere Only We Know – Keane
Back In Your Head – Tegan and Sara
The High Road – Broken Bells, Danger Mouse, James Mercer
Mystery Of Love – Sufjan Stevens
Young Blood – Birdy
Your Ghost – Greg Laswell
Swans – Unkle Bob
Colorblind – Counting Crows
Half A Man – Dean Lewis
Somewhere A Clock Is Ticking – Snow Patrol
I Found – Amber Run
You Should Know Where I'm Coming From – BANKS
Sirens – biz colletti, Wendy Wang
Make This Go On Forever – Snow Patrol

Zum Soundtrack geht's hier lang:

Prolog

Oktober 2025

Es gibt da diese Zeit, kurz vor Sonnenuntergang, in der unser gesamter Hof in goldenes Licht getaucht ist. Alles leuchtet, und es sieht aus, als würde man mit einem dieser kitschigen Bildbearbeitungsfilter vor Augen durch die Gegend laufen. Die Hühner drehen zu dieser Zeit ihre Abendrunde über den Hof, um ein paar Grashalme zu picken oder ein letztes Mal ihre Flügel in der Sonne auszubreiten und noch ordentlich aufzuwärmen. Gerade im Spätsommer frage ich mich dann unweigerlich, ob ein aufgewärmter und danach eingeklappter Hühnerflügel einen kleinen Heizkisseneffekt hat, der die Damen in den kühleren Nächten zu wärmen vermag – wäre ja schon irgendwie praktisch. Die Schweine indes sind zu dieser Zeit meist mit den Resten ihres Abendessens beschäftigt und wirbeln bei jedem Schritt eine Menge Staub auf, der in den Sonnenstrahlen wie kleine Goldpartikel durch die Luft tanzt und aus der schier banalen Tätigkeit des Fressens einen epischen Anblick macht. Apropos epischer Anblick: Wenn die Sonne wirklich ganz tief steht und im Grunde genommen schon kurz davor ist, hinter dem gegenüberliegenden Bergkamm zu verschwinden, sehen unsere Kühe aus, als hätte man ihnen einen Heiligenschein verpasst. Sie leuchten richtiggehend, und man vermag dabei nicht genau zu sagen, wo das Fell aufhört und die Sonne anfängt. Die Kater halten es mit den letzten Sonnenstrahlen eher unprätentiös, denn sie harren der Dinge, die alsbald in ihrem Futternapf landen mögen. Hierfür stehen sie auch schon mal eine ganze Stunde vor verschlossener Haustür, denn wehe, ein anderer Kater erreicht das angerichtete Mahl auch nur eine Millisekunde früher als man selbst. Zwischen hungrigen Katern und übereifrigen Touristen vor der Eröffnung des Hotelbuffets gibt es manches Mal eben nicht so wirklich große Unterschiede.

Ich selbst spaziere in dieser goldenen Stunde am liebsten einfach über den Hof und erfreue mich an jedem noch so vermeintlich belanglosen Detail. Wenn man zu dieser Zeit auf der Schaukel unter der großen Buche sitzt, steht die Sonne genau so, dass sie einem noch die Nase kitzelt. Im Gemüsegarten lassen sich derweil die Distelfinken beobachten, wie sie über die verblühten Sonnenblumen hüpfen und sich einen Kern nach dem anderen herauspicken. Es sind possierliche kleine Tierchen, die für gewöhnlich in größeren Schwärmen auftauchen. Vielleicht sind sie sogar meine Lieblingsvögel, denn ihr rotes Köpfchen und der markante gelbe Streifen auf ihren Flügeln machen sie schon ziemlich einzigartig.

Dann gibt es noch die Scheune, in der die Sonnenstrahlen durch jeden Spalt der großen Holzbalken hereinleuchten und eine magische Atmosphäre schaffen. Manchmal sieht man von der Terrasse aus auch ein Reh über die Streuobstwiese streifen, und, Himmel hilf, selbst die Tropfen des Rasensprengers sehen in diesem Licht spektakulär aus. Im Gewächshaus saugen die Tomaten die letzten Sonnenstrahlen auf, und es riecht angenehm nach einer Mischung aus Rosmarin, Zitronenblüten und Basilikum. Der letzte Halt meiner Abendrunde ist schließlich die alte Holzbank neben der Haustür. Hier bekommt man noch am längsten Sonne ab, und während ich so dasitze, dem ein oder anderen Kater, der sich neben mir niedergelassen hat, durch das Fell streiche und die Augen in der Abendsonne kurz schließe, muss ich unweigerlich lächeln. Denn manches Mal (oder vielmehr *jedes* Mal) kann ich mein Glück kaum fassen. Es grenzt an ein kleines Wunder, dass wir sind, wo wir nun sind, denn der Weg dorthin war alles andere als einfach.

Der Anfang unserer Geschichte ist nun gut sieben Jahre her, und bisweilen weiß ich nicht so genau, ob es *schon* oder *erst* sieben Jahre sind. Manches Mal verfliegt die Zeit nur so, und an anderen Tagen fühlt sich allein das vergangene Jahr schon wie ein völlig anderes Leben an. Im September 2018 reiste ich für einen kleinen Roadtrip nach Österreich, doch wie es der Zufall so wollte, kam ich nach meinem ersten Halt nicht mehr wirklich viel weiter. Ich landete auf einem kleinen Bauernhof mit Campingplatz in Oberkärnten und verlor mein Herz recht schnell an die Tiere und einen ganz besonderen Menschen. Lukas ist der jüngste Sohn der Eigentümer und der Hauptgrund dafür, dass ich im Folgejahr nicht nur mehrfach wiedergekommen, sondern am Ende auch geblieben bin. Im Dezember 2019 fand schlussendlich also der Umzug nach Österreich statt.

Es folgten vier Jahre des Auf und Ab, doch tatsächlich ging es bei diesen Schwankungen weniger um die Stabilität unserer Beziehung als vielmehr die äußeren Umstände, die uns viel zu oft das Leben schwer machten. Wir wohnten mit Lukas' Familie gemeinsam in einem Haus, was dazu führte, dass ich nicht nur etwas über die kärntnerischen Gepflogenheiten oder das Bewirtschaften eines Milchviehbetriebs lernte, sondern eben auch, dass Generationenkonflikte ein allgegenwärtiges Thema sind. Anfangs habe ich als Stallhilfe für meine Schwiegereltern gearbeitet, doch irgendwann war sowohl bei Lukas als auch bei mir der Wunsch nach mehr Verantwortung da, während seine Eltern sich am liebsten ganz aus der alltäglichen Arbeit herausnehmen wollten. 2022 stand schließlich nach langem Hin und Her die Übergabe des Betriebs an Lukas im Raum, denn im Gegensatz zu mir ist er gelernter Landwirt und wäre daher mehr als qualifiziert gewesen, den Laden zu schmeißen. Doch es hat nicht sollen sein, und am Ende des Tages waren es ebenjene eingangs erwähnten Generationenkonflikte, die schnell zu unüberwindbaren Grabenkämpfen ausarteten und es uns unmöglich machten, zu bleiben und die Dinge weiter auszuhalten. Es wäre mühsam und der Sache wenig zweckdienlich, die Abläufe hier im Detail noch einmal aufzulisten, doch schließlich wollten und mussten wir uns für einen anderen Weg entscheiden.

Im Frühjahr 2023 beschlossen wir schließlich, Lukas' elterlichen Hof zu verlassen und uns etwas Eigenes zu suchen. Bereits im Mai hatten wir das unendliche Glück, etwas Passendes in der Steiermark zu finden, und im Spätsommer folgte schließlich der langersehnte und längst überfällige Umzug. Und genau an diesem Punkt, an ebenjenem 23. September 2023, endete mein zweites Buch, das ich damals wirklich und wahrhaftig zwischen Umzugskartons und Renovierungsarbeiten fertig geschrieben habe. So stellt sich also unweigerlich die Frage, wie es danach eigentlich weitergegangen ist – was geschah nach dem 23. September 2023, wie geht es den Tieren und uns selbst mittlerweile, und was hat die Zeit so gebracht? Wie steht es um meinen Wunsch, irgendwann mit Lukas und den Tieren zusammen alt und grau zu werden und einen Ort zu finden, an dem wir einfach in Frieden leben können?

Tja, so viel sei gesagt: Einiges ist anders, als ich es erwartet hatte, manches ist nicht so leicht, wie ich gehofft hatte, und vieles ist so viel schöner, als ich jemals zu träumen gewagt hatte. Kierkegaard sagte einst, dass das Leben vorwärts gelebt und rückwärts verstanden wird, und aus meiner heutigen Warte möchte ich meinen, dass da durchaus etwas Wahres dran ist. Doch beginnen wir von vorn, an jenem für uns einfach alles verändernden 23. September 2023 – als unser neues Leben angefangen hat.

Auf und davon

Some things end & some things begin

September 2023

In der Tat: Manche Dinge begreift man erst, lange nachdem sie vorbei sind – zumindest geht es mir mit unserem Umzug von Kärnten in die Steiermark so. Während wir innerhalb weniger Tage all unser Hab und Gut in Umzugskartons verstaut, die Kartons wiederum in drei Sprinter, zwei Autos und einen Anhänger gepackt hatten und mehr oder weniger fluchtartig in Richtung Steiermark aufgebrochen sind, habe ich einfach nur funktioniert. Darin bin ich (*leider* oder *zum Glück*; darüber kann man nun streiten) ziemlich gut. Wenn es wirklich drauf ankommt, wird alles, was gerade keine Priorität hat, beiseitegeschoben. Was getan werden muss, wird getan. Und trotz des Chaos, trotz der Gleichzeitigkeit so vieler Dinge, wird der Überblick behalten. Zwischendrin einen Nervenzusammenbruch bekommen oder gar krank werden, war schlicht und ergreifend keine Option (was an Tag zwei des Kistenpackens übrigens dazu führte, dass ich mit Halsschmerzen und dem Anflug einer Grippe ein halbes Glas Zitronensaft pur herunterwürgte und meinem Körper mantraartig befahl, jetzt ja nicht schlappzumachen. *Turns out*:

Es hat funktioniert). Der Umzug war im Grunde genommen eine logistische Meisterleistung, und ich war mehr als nur einmal froh darüber, dass wir nicht nur eine ausführliche Liste mit allen (durchnummerierten) Umzugskartons respektive Inhalt verfasst, sondern ich auch noch eine *Survival-Bag* gepackt hatte. In jener *Survival-Bag* (eigentlich nur eine normale Sporttasche) war schlichtweg alles, was *irgendwann irgendwie* notwendig sein könnte: Müllsäcke, Klopapier, Schraubenzieher, Kabelbinder (manche Dinge ändern sich wohl nie), Pflaster, Schmerzmittel, Seife, Ladekabel, wichtige Papiere und so weiter und so fort. Doch all das hätte uns rein gar nichts gebracht, wenn wir unsere Freund:innen nicht gehabt hätten. Da gab es zunächst Jasmin, eine meiner engsten Freundinnen aus Würzburg, die ich vor fünf Jahren über Instagram kennengelernt habe. Dann waren da Lena und Birte, die 2023 beide für ein Sommerpraktikum zu uns auf den Hof kamen und mit der Zeit zu wichtigen Freundinnen und Vertrauten wurden, die wir nie wieder missen möchten. Birte brachte damals für das Umzugswochenende zu unser aller Glück noch ihren Freund Johannes mit, und so waren wir insgesamt sechs Personen, und es hätte nicht eine Hand weniger sein dürfen. Es brauchte allein drei Menschen (Jasmin, Lena und Johannes), die die Sprinter fuhren, dann Lukas in seinem Auto mit dem großen Hänger und Birte und mich mit dem Kleinvieh auf der Rückbank in Jasmins Pkw.

Wer nun glaubt, dass sofort nach Verlassen des alten Hofs Erleichterung einsetzte, täuscht sich gewaltig. Natürlich war ich unendlich froh, dass zunächst alles genau nach Plan verlief. Es gab keine unangenehmen Zwischenfälle mit Lukas' Familie zu verzeichnen, wir konnten alle(s), was uns lieb und teuer war, mitnehmen und diesen Hof nun endgültig hinter uns lassen – dennoch war die vierstündige Fahrt mit drei Kaninchen, zwei Katern, zwei Hühnern und jeder Menge Gepäck in einem plötzlich doch sehr kleinen VW offen gestanden alles andere als entspannt. Die Rückbank sah im Grunde genommen aus, als würden Birte und ich Tierschmuggel im großen Stil betreiben, und ich bin wirklich sehr froh, dass wir nicht zufällig in eine Verkehrskontrolle geraten sind. Da standen drei Transportboxen (zweimal je ein Kater und einmal zwei Kaninchen), ein Schuhkarton für das Babykaninchen und ein quaderförmiger, sehr wuchtiger Karton für die beiden Hennen. Dazwischen ragte einer meiner Zimmerpflanzenableger palmenartig über alles hinweg, im Fußraum lag ein gigantischer Strauß Petersilie (der Rest aus dem Gewächshaus), und in jeden freien Winkel des Innenraums war Gepäck gestopft. Das Beruhigungsmittel, das uns der Tierarzt für die beiden autoscheuen Kater verschrieben hatte, wirkte übrigens am Umzugstag nicht so, wie es sollte – wobei das wohl die Untertreibung des Jahrhunderts ist. In Wahrheit wirkte das Mittel die gesamte Fahrt über einfach *gar nicht*. So sahen wir uns einem vierstündigen Katzenjammer auf der Rückbank ausgesetzt, wobei jedes einzelne wehklagende Miauen wie ein lang gezogenes *auaaa auaaa auaaa* klang. Die Hühner machten indes einen Wettbewerb daraus, immer mehr und immer größere Luftlöcher in ihren Karton zu picken (»das größte Loch gewinnt«), weswegen ich zwischenzeitlich wirklich Sorge hatte, dass mir eine der Hennen gleich auf die Schulter flattern könnte. Zu allem Überfluss schwappte in regelmäßigen Abständen eine Duftwolke der unterschiedlichsten Ausscheidungen zu uns nach vorn, und die Mischung aus Hühnermist, Kaninchenurin und Katzenkacke stellte sowohl Birtes als auch meinen Würgereflex immens auf die Probe. Es war schon eine recht absurde Situation.

Nichtsdestotrotz kamen wir am Abend ohne nennenswerte Zwischenfälle im Stockdunkeln bei einsetzendem Nieselregen auf dem Hof in der Steiermark an, und prompt kehrten die Aufregung und Anspannung, die während der Fahrt irgendwann ein wenig nachgelassen hatten, wieder zurück. Die berauschten Kater verfrachteten wir in ein separates Zimmer, und da die beiden mittlerweile absolut high waren (das Mittel begann auf den letzten Kilometern dann doch noch anzuschlagen), kippten sie nur mehr seitlich auf ihr Kissen und schliefen sofort ein. Die beiden Hennen landeten in dem alten Hühnerstall, der damals noch reichlich karg eingerichtet war, und die Kaninchen setzten wir in den mobilen Auslauf, den Lukas schon tags zuvor hergebracht hatte. Das war übrigens noch so ein Ding der Unmöglichkeit: Lukas fuhr innerhalb einer Woche viermal die gut 250 Kilometer in die Steiermark und wieder zurück. Zum ersten Mal am Wochenende vor unserem Umzug, als er den alten Stall provisorisch für die Schweine hergerichtet und bereits einige Sachen vom alten Hof mitgebracht hatte, ein zweites Mal am Freitag zur Übergabe des Hofs, ein drittes Mal tags darauf mit der Umzugskolonne und ein viertes und letztes Mal am Folgetag, um die Schweine zu holen. 2000 Kilometer in einer Woche – *What a ride …*

Es dauerte an jenem 23. September nicht lange, bis nach Birte und mir mit dem Kleintierzoo schließlich auch Lukas mit der Sprinterkolonne im Schlepptau auf dem neuen Hof ankam. Da keine:r unserer Freund:innen den (durch den Regen aufgeweichten) Zufahrtsweg kannte und es wie gesagt auch schon stockfinster war, fuhr Lukas einen (teils massiv überladenen) Transporter nach dem anderen die rund 800 Meter unbefestigten Weg zum Hof hinauf. Es war schon ein ziemlich amüsantes Bild, wie da zwei Pkws, drei Sprinter und ein riesiger Anhänger nebeneinandergequetscht auf dem doch recht kleinen Vorplatz parkten. Unser Zeitplan war wirklich eng getaktet, da nicht nur die Sprinter am nächsten Morgen wieder zurückgegeben werden, sondern auch Jasmin und Johannes Sonntagvormittag die Heimreise antreten und Lukas und Lena die Schweine in Kärnten abholen mussten. Mit anderen Worten: Nach diesem schon unendlich langen und anstrengenden Tag standen wir am Abend im Regen auf dem Hof und luden einen Transporter nach dem anderen aus. Ich kann mich noch sehr gut daran erinnern, dass mich mein Rücken irgendwann zum Aufhören zwang, weswegen ich nur noch wie eine Dirigentin mit dem »Kistenverzeichnis« in der Hand dastand und unsere Helfer:innen in die entsprechende Etage und den entsprechenden Raum lotste.

Im Haus selbst war nichts, aber wirklich rein *gar nichts* auf unsere Ankunft vorbereitet. Wie sollte es auch, wo doch Lukas erst am Tag zuvor bei der Übergabe die Schlüssel bekommen hatte, während ich in Kärnten noch eifrig mit Kistenpacken beschäftigt war und den gesamten Arbeitsalltag auf dem Hof aufrechterhielt. In unserem neuen Heim standen also noch die alten Möbel herum, es war kalt, der Dreck von den Vorbesitzern war überall verteilt, und nichts, aber auch gar nichts entsprach einem warmen, einladenden Zuhause. Dennoch versuchte ich, irgendwie das Beste daraus zu machen.

Meine erste Amtshandlung bestand darin, den Wischmopp auszupacken und die gesamte obere Etage durchzuwischen, da hier alle unsere Freund:innen ihren Schlafplatz sowie das Badezimmer finden würden. Jede:r hatte eine Ikea-Tüte voll mit Bettdecke, Kissen, Matratzenbezug und Handtüchern von mir zugewiesen bekommen und richtete sich – so gut es eben ging – mit sämtlichen Matratzen, die wir hochgeschleppt hatten, irgendwie provisorisch ein. Der einzige Raum im gesamten Haus, der uns vom Verkäufer komplett leer übergeben und auch (noch) nicht bis unter die Decke mit Umzugskartons vollgestellt wurde, war übrigens unser künftiges Schlafzimmer. Was hier nun innerhalb nicht einmal einer halben Stunde folgte, hatte ich bereits von langer Hand geplant: Die Schlafzimmerkommode stand schon an Ort und Stelle (wir hatten sie am Stück transportiert), weswegen ich unsere beiden Reisetaschen mit den wichtigsten Kleidungsstücken direkt einräumen konnte. Anschließend half mir Jasmin dabei, unser Bett aufzubauen (was – Boxspringbett sei Dank – mit wenigen Schrauben getan war). Zu guter Letzt leerte ich unsere beiden Ikea-Tüten mit Bettzeug aus, positionierte die Plüschschweine an exponierter Stelle direkt auf den Kissen und knipste den Sternenhimmelprojektor an (ja, auch der war in der *Survival-Bag*). Es war mir eine Herzensangelegenheit, für Lukas und mich inmitten dieses ganzen Umzugschaos von Anfang an wenigstens einen einzigen Raum zu schaffen, der ansatzweise fertig war und sich irgendwie nach Zuhause anfühlte. Keine fremden Möbel, keine provisorische Schlafgelegenheit, keine Kistenberge. Als ich Lukas mit einem »Du darfst jetzt reinkommen« ins Schlafzimmer zog, huschte ein unheimlich erschöpftes, aber trotzdem glückliches Lächeln über sein Gesicht: »*Woaaaaaaaah* – wie toll ist das denn?!«

Ich kann mich nicht erinnern, wann ich in den Monaten und Jahren zuvor so entspannt und vor allen Dingen zuversichtlich eingeschlafen bin wie an jenem Samstagabend. Vermutlich war es genau dieser Abend, an dem langsam, ganz vorsichtig und zaghaft, ein Gefühl der Erleichterung einsetzte. Denn auch wenn es nach wie vor irgendwie unglaublich war: Wir hatten es geschafft.

Der nächste Morgen oder vielmehr der erste Tag fühlte sich in jeder Hinsicht komplett surreal an. Schön irgendwie, aber dennoch surreal. Nachdem Jasmin und ich den letzten Transporter in Graz zurückgegeben hatten, fuhren wir mit Croissants und Milchkaffee im Gepäck wieder auf den Hof. Anschließend lief ich zunächst eine ganze Weile einfach herum und versuchte, alles zu realisieren. Anzukommen. Zu begreifen, dass wir die unerträglichen Zustände auf dem alten Hof hinter uns gelassen hatten, dass wir endlich neu anfangen konnten. Und mir vor allem zu überlegen, was ich nun als Erstes tun wollte.

Viele Auswahlmöglichkeiten gab es nicht, denn in wenigen Stunden würde der Viehtransporter mit unseren Schwafen (*Schwafe* – die liebevolle Bezeichnung für unsere Schweine, die aufgrund ihres dichten Fellkleids irgendwie auch sehr viel *Schaf* an sich haben) hier ankommen, und im Stall musste noch der Mist von 1999 (oder so) beseitigt werden. Ganz ehrlich: Ich will gar nicht wissen, wie lange das alles schon dort lag. Birte begann indes, mit der Motorsense zu wüten und uns in alle möglichen Himmelsrichtungen Wege freizuschneiden, da einem die Wiese bis weit über die Hüfte reichte, man an der ein oder anderen Stelle förmlich in Brennnesseln ertrank und die Terrasse fast gänzlich von Weinranken verschlungen wurde. Birte schien der Ehrgeiz gepackt zu haben, denn sie schnitt binnen kürzester Zeit alles kurz und klein. Es war nicht zu übersehen, dass der Hof bereits seit mehreren Jahren nicht mehr bewohnt und bewirtschaftet worden war. Doch das würde sich nun von Grund auf ändern.

Lena und Birte blieben noch fast eine Woche, und als meine Schwägerin Anna-Lena hinzukam, um uns so gut es ging unter die Arme zu greifen, begannen wir, sämtliche Möbel des Vorbesitzers abzubauen, aus dem Haus zu schaffen und anschließend unsere eigenen aufzubauen. Gleichzeitig wurde in den Toiletten und Badezimmern eine Grundreinigung durchgeführt und die Küche nach einem ersten Testlauf als komplett unbrauchbar befunden. Wir schliffen Böden ab, kauften Möbel ein und packten Kisten aus. So ging es dahin, bis am 1. Oktober schließlich alle Helfer:innen wieder abgereist und Lukas und ich somit zum allerersten Mal allein auf unserem kleinen Hof waren.

Wobei, nur fast.

Denn da gab es ja schließlich noch die Tiere.

Umzug mit Anhang

~~Zur Ruhe kommen~~ Ankommen

Oktober 2023

Sieben Kühe, neun Schweine, zwei Hühner, drei Kaninchen und zwei Kater. Das ist die Liste der Tiere, die mit uns in die Steiermark gezogen sind. Man könnte meinen, dass diese Zahl für Bauernhofdimensionen noch einigermaßen überschaubar ist, aber das verringerte die Arbeit, die ihr Umzug mit sich brachte, nicht im Mindesten. Letztlich war es ja nicht nur so, dass Lukas und ich in eine Baustelle, ein Provisorium sondergleichen einzogen; den Tieren erging es ganz genauso. Natürlich war die Grundversorgung für alle gesichert, und niemand war in irgendeiner Form Leid ausgesetzt, aber es war eben auch (meilen)weit von einem Optimalzustand entfernt – für Mensch wie Tier gleichermaßen. Doch auch hier haben wir das Beste daraus gemacht, wenngleich ich das erst heute, über anderthalb Jahre später, so richtig (an)erkennen kann.

Auf dem Hof in Kärnten stand uns die gesamte Infrastruktur für Tierhaltung zur Verfügung. Tränkesysteme, Futterraufen, separate Bereiche, Auslauf und Rückzugsorte – alles war bereits vorhanden. Noch dazu gab es einen für die Größe des damaligen

Hofs schon beinahe überdimensionierten Fuhrpark verschiedener Maschinen und Gefährte, der viele Arbeiten ungemein erleichterte. Auf dem neuen Hof in der Steiermark hingegen gab es: exakt *nichts* von alledem. Ein altes Stallgebäude, eine Scheune, zwei Weideflächen und genau einen einzigen Wasseranschluss auf dem gesamten Hofareal. *That's it.*

Natürlich wäre es in jedem Fall praktischer und für alle Beteiligten weitaus angenehmer gewesen, wenn wir die Tiere erst einige Wochen oder gar Monate nach unserem Einzug nachgeholt hätten, doch das war aus bekannten Gründen eben nicht möglich. Unser Umzug war kein normaler Umzug, den man ganz in Ruhe Stück für Stück angeht. Er war vielmehr eine Flucht, die zwar in aller Sorgfalt geplant und wahrlich nicht überstürzt war, aber am Ende des Tages trotzdem eine Flucht blieb. Die Situation mit meinen Schwiegereltern hatte sich damals dermaßen zugespitzt, dass wirklich keiner mehr ein Wort mit dem anderen sprach. Irgendwann war ein Ausnahmezustand eingetreten, bei dem einfach alles eskalierte und uns nur noch ein einziger Ausweg blieb: zu gehen – und zwar möglichst schnell. Weder Lukas noch ich haben uns die Entscheidung leicht gemacht, und es war auch kein Entschluss, den wir von einem Tag auf den anderen *mal eben so* getroffen haben. Wir haben stets all unsere Optionen, alle Möglichkeiten im Blick behalten und abgewogen, was machbar, was ertragbar und was umsetzbar ist – und so sind wir auch bei der Umsiedlung der Tiere vorgegangen.

Die Kühe konnten wir bereits im Juli auf einem anderen Hof in Kärnten unterbringen, und sie sollten genau einen Monat nach unserem Umzug nachkommen. Dass wir die Rinder nicht auch noch irgendwie in der Umzugsplanung berücksichtigen mussten, war schon einmal eine immense Erleichterung – doch das galt eben leider nicht für den Rest der Tiere. Niemand von uns glaubte ernsthaft daran, dass wir Wochen nach unserem Umzug ohne viel Aufhebens und (noch mehr) Ärger nach Kärnten zurückkommen und die Tiere einfach so einpacken könnten. Es war eine meiner größten Ängste, dass ich irgendwen zurücklassen müsste und anschließend keine Möglichkeit mehr haben würde, ihn oder sie nachzuholen. Offen gestanden glaubten wir damals nicht mal mehr daran, dass wir selbst uns jemals wieder dort blicken lassen konnten und wollten, was letztlich auch einer der Gründe dafür war, weshalb der gesamte Umzug in einem Rutsch vonstattenging – oder eben vonstattengehen *musste*. Dass wir die Schweine erst am Tag nach unserem eigenen Umzug nachholen würden, war schon ein Zugeständnis, das Lukas mir nur unter größten Bemühungen abringen konnte. Man erinnere sich nur mal daran, wie heiß begehrt die Ferkel damals schon waren: Jede:r wollte sich am liebsten etwas von dem (angeblich ach so) schmackhaften Mangalitza-Speck sichern. Schlussendlich sah ich selbst aber auch kaum mehr eine andere Möglichkeit, denn es war ohnehin schon eine große Herausforderung, alles an einem Tag zu schaffen – auch ohne die neun Schweine. Lukas beauftragte also einen Viehhändler, der uns über fünf Ecken empfohlen wurde, damit, unsere Rüsselbande tags darauf von einem Hof zum nächsten zu transportieren, und tatsächlich funktionierte alles absolut reibungslos – vom Verladen bis hin zur Ankunft im neuen Zuhause. Der Hänger war üppig mit Stroh ausgelegt und für neun Schweine wirklich sehr großzügig geschnitten, weshalb die Rotte durchaus in den Genuss eines gewissen Komforts auf ihrer Reise kam.

Auf unserem neuen Hof fügten wir dem alten Schafstall einfach einen Buchstaben hinzu, und es entstand der *Schwaf*stall (oder auch das *Schwafzimmer*, wie wir es später nennen würden). Lukas hatte bereits am Wochenende zuvor die alten Boxen rausgerissen und somit genug Platz für die Schweine geschaffen, und Birte und ich tauschten am Tag ihrer Ankunft noch rechtzeitig den alten Schafmist durch frische Einstreu aus. Hier konnten wir uns das Heu, das noch oben in der Scheune lag, zunutze machen, denn es eignete sich zwar nicht mehr als Futtermittel (dafür war es einfach zu alt), aber als Nistmaterial war es schlichtweg perfekt. Was hingegen weitaus weniger perfekt war: die Wasserversorgung im Schwafstall. Hier hatten wir zunächst keine andere Möglichkeit, als einen einfachen Steintrog mehrmals am Tag mit frischem Wasser aufzufüllen und den Schweinen zur Verfügung zu stellen. Lange ging das nicht gut, denn Wilma erkor den Trog recht schnell zu ihrem persönlichen Minipool aus, doch das ist eine andere Geschichte, auf die ich später näher eingehe.

Für die Hennen gab es bereits einen Hühnerstall vor Ort. Dass dieser von vorn bis hinten mit altem Hühnermist verdreckt war, stellte für Lena kein Problem dar, denn mit ihrem besten Freund (dem Hochdruckreiniger) schaffte sie schnell Abhilfe. Wenn man so möchte, war die Lebenslage der Hennen noch am ehesten als *perfekt* zu bezeichnen: ein großer Hühnerstall mit Sitzstange, Körner *all they can eat,* frisches Wasser (hier reicht tatsächlich eine kleine Tränke, die man per Hand auffüllt) sowie jede Menge Auslauf. Daphne und Mechthild marschierten den lieben langen Tag über den Hof und konnten einfach ihr Leben leben. Dass das Legenest im ersten Jahr ein mit altem Heu ausgelegter Eimer war, lassen wir an dieser Stelle mal außer Acht. Immerhin legte zum Zeitpunkt ihres Umzugs keine der beiden Hennen noch Eier (bei Hühnern lässt das mit der Zeit nach und hört im Alter irgendwann sogar ganz auf), weswegen ein vernünftiges Nest so gar nicht auf meiner To-do-Liste stand. Doch die beiden Damen sollten uns nach einigen Wochen eines Besseren belehren.

Familie Kaninchen wurde in den ersten Wochen mit dem mobilen Hasenstall Tag für Tag auf ein neues Stück Wiese verfrachtet, was die Grünfutterversorgung zunächst sicherstellte. Der Auslauf hatte zwar nicht die ideale Größe, doch zunächst war das einfach alles, was uns zur Verfügung stand. Mit Einbruch des Winters allerdings gestaltete sich die Unterbringung der Kaninchen etwas schwieriger. Für gewöhnlich können Kaninchen in einem gut isolierten Stall auch problemlos draußen überwintern, doch leider erkrankte Cookie, das Kaninchenjunge, an einer Lungenentzündung, die es um ein Haar das Leben gekostet hätte. Lukas setzte damals das apathische kleine Kaninchen in einen Pappkarton und fuhr sofort mit ihm in die Tierklinik, die laut Internet auch am Wochenende für Notfälle geöffnet hatte. Ehrlich gesagt hatte ich nicht viel Hoffnung, dass sie noch irgendetwas für sie tun könnten, denn Cookie sah wirklich sehr, sehr schlecht aus. Vor Ort reagierte man jedoch entsprechend schnell auf das Notfellchen (die Empfangsdame riss Lukas wohl nur den Karton aus der Hand und eilte mit den Worten »Schnell, wir brauchen einen Arzt!« in einen der Behandlungsräume der Klinik), weshalb das Schlimmste gerade noch so verhindert werden konnte. Cookie landete für zwei Tage in einem kleinen, kuschelig warmen Inkubator und erholte sich erstaunlich schnell. Daraufhin stand fest, dass die Langohren den Winter in einem etwas geschützteren Lager verbringen sollten. Kurz entschlossen nutzten wir fortan den Raum, der an den Hühnerstall angrenzte und dessen Fläche für die drei Kaninchen komplett ausreichend war. Hier konnten sie nach Belieben umherhoppeln, und sie hatten etliche Unterschlupfmöglichkeiten, sodass sie einander (wenn nötig) auch mal aus dem Weg gehen konnten. Theoretisch perfekt – doch praktisch noch lange nicht, denn es war viel zu dunkel. Es gab lediglich ein mittelgroßes Fenster, das zur Hälfte den Hühnerstall und zur anderen Hälfte das Kaninchenabteil mit Licht versorgte, und das war für meinen Geschmack eindeutig zu wenig. Aber auch hier mussten wir (oder in dem Fall eher die Kaninchen) in den sauren Apfel beißen und akzeptieren, dass der erste Winter nun in diesem dunklen Winkel verbracht werden würde.

Die Leidtragenden in den ersten Wochen nach dem Umzug waren wohl in der Hauptsache die beiden Kater. Weder Findus noch Heinrich war es gewohnt, im Haus eingesperrt zu sein und nicht nach Belieben irgendwohin gehen zu können, doch in der ersten Zeit auf dem neuen Hof musste genau das zwingend passieren. Ich hatte im Vorfeld viel darüber recherchiert, wie man mit Katzen am besten umzieht und was dabei zu beachten ist, weshalb die Kater nach dem Umzug direkt ein eigenes Zimmer bekamen, in dem sie die ersten paar Tage eingesperrt werden mussten. Es war wichtig, dass die Kater das neue Zuhause auch als solches anerkannten und nicht bei der erstbesten Gelegenheit aufbrechen und den Weg in ihr altes Zuhause suchen würden. Es gab zwar keine Straße in unmittelbarer Nähe, aber ich fürchtete mich trotzdem davor, dass sie auf Wanderschaft gehen und womöglich nicht mehr zurückfinden würden. Doch, mit Verlaub, Findus fand das einfach nur so richtig *scheiße*. Er, der in Kärnten bisher immer als Hofkatze unterwegs war und das Haus so gut wie nie von innen gesehen hat, war nun eingesperrt – es war der absolute Super-GAU. Für Heinrich war die Situation nicht weniger bescheiden, doch aus ganz anderen Gründen: Ihm fehlte schlichtweg die menschliche Nähe. Natürlich hatten wir in den ersten Tagen nicht die Zeit, um wirklich lange bei den Katern in ihrem Zimmer zu sein, weswegen sie oftmals über mehrere Stunden allein waren. Wir konnten sie nicht frei im Haus herumlaufen lassen, da zwei verwirrte Kater inmitten des Kistenchaos das Ganze nicht besser gemacht hätten und noch dazu immer die Gefahr bestand, dass sie es doch irgendwie schaffen würden, durch die Haustür zu schlüpfen und wegzulaufen. Sobald also jemand von uns das Katzenzimmer betreten und sich irgendwo niedergelassen hat, wurde er oder sie von Heinrich regelrecht belagert. Er wollte auf den Schoß, seinen Kopf an einem reiben und gefühlt am liebsten in einen hineinschlüpfen, damit er ja nicht wieder allein zurückgelassen würde. Jedes Mal, wenn wir den Raum wieder verließen, wurden wir von beinahe herzzerreißendem Miauen verabschiedet. Den Empfehlungen im Internet zufolge sollte man diese Quarantäne nach einem Umzug für mindestens zwei bis vier Wochen aufrechterhalten, doch da haben unsere Jungs so gar nicht mitspielen wollen. Am fünften Tag nach dem Umzug durften sie beide den an ihren Raum angrenzenden Wintergarten erkunden, tags darauf dann das Obergeschoss des Hauses. Am 5. Oktober, Tag Nummer zwölf, machten wir den ersten gemeinsamen kurzen Abstecher nach draußen auf den Hof. Sicherheitshalber hatte ich beiden Katern einen GPS-Tracker verpasst, den sie zunächst 24/7 tragen mussten, doch das schien letztlich weder für Findus noch für Herrn *Heimscheißer*-Heinrich notwendig zu sein. Die ersten Ausflüge nach draußen fanden nur unter Aufsicht statt, und auch als wir den beiden mit der Zeit immer mehr Freiräume ließen, blieb Heinrich stets an unserer Seite. Findus hingegen machte die komplette Umgebung unsicher und betrieb erst einmal eine Säuberungsaktion im großen Stil. An Spitzentagen streifte er rund zehn Kilometer durch die Gegend und erlegte dabei bis zu fünfzehn (!) Mäuse, wobei die Dunkelziffer hier vermutlich noch weitaus höher ist. Als Nahrung dienten die Nager wohl schon lange nicht mehr – es war eher ein gnadenloses Jagdfieber, das Findus da gepackt hatte. Wir ließen ihn bereitwillig gewähren, denn die Mäusesituation auf dem Hof war eine einzige Katastrophe. Wie schlimm es wirklich war, sollten wir jedoch erst einige Wochen später erkennen.

Ja, neben Schweinen, Hühnern, Kaninchen und Katern waren die Kühe also die einzigen Tiere, auf deren Ankunft wir uns zumindest ein Stück weit vorbereiten konnten. Lukas schlug knapp hundert Holzpfähle in die Erde und zäunte so unsere beiden Weideflächen für die Rinder ein. Noch dazu baute er den Damen und dem Herrn eine (unserer damaligen Ansicht nach) perfekte Tränke, für die er sogar extra eine Wasserleitung (per Hand) in der Erde vergrub. Nachdem die Kühe am 23. Oktober, genau einen Monat nach unserer Ankunft, endlich in dem großen Viehtransporter vorfuhren, war ich einfach nur wahnsinnig aufgeregt. Es war das erste Mal, dass ich den Anblick dieses silbernen Viehtransporters nicht fürchtete, sondern richtiggehend herbeisehnte. Ab jetzt würden wir endlich vollzählig sein.

Der Moment, in dem die Kühe zum ersten Mal durch das hüfthohe Gras auf unserer Waldweide streiften, wird mir wohl für immer in Erinnerung bleiben. An jenem Montagabend stand die Sonne gerade so tief, dass sie den Hof wieder in das goldene Licht tauchte, das ich mit der Zeit so sehr in mein Herz schließen würde. Noch dazu war es nicht nur ein Ankommen, sondern auf gewisse Weise auch ein großes Wiedersehen, denn wir hatten die Rinder zum Teil seit fast zwei Monaten nicht gesehen. Ich kam im Vorfeld also nicht umhin, mich zu fragen, ob Birke und Co. mich überhaupt noch erkennen würden, doch diese Sorge erwies sich recht schnell als absolut unbegründet. Kaum dass die Kühe meine Stimme und mein Rufen nach ihnen gehört hatten, klappten bereits im Hänger sämtliche Ohren in meine Richtung, und auf der Weide war es anschließend ganz so, als wären wir nie getrennt gewesen. Pflaume rieb ihren Kopf übermütig an meiner Schulter, Birke ließ sich vorsichtig hinter den Ohren kraulen, Perin tat, als würde sie nichts von mir wissen wollen, und Salmiak klebte an Lukas – alles wie immer also. Das Ausmaß des Felsbrockens, der mir an diesem Abend vom Herzen fiel, lässt sich nicht einmal im Ansatz beschreiben.

Nun ist es bei Tieren dieser Größenordnung so, dass zwei Dinge mit ihrer Haltung zwangsläufig einhergehen: Arbeit im Überfluss – und Sorgen im Überfluss. Irgendwas ist eben immer. So dauerte es bei den Kühen nicht wie angenommen eine gute Woche, bis sie den ersten Teil der Weide kahl gefressen hatten, sondern nur fünf Tage. Der zweite Teil hielt logischerweise nicht sehr viel länger, weswegen einer der wichtigsten und dringlichsten Punkte auf unserer tierischen To-do-Liste der Futterzukauf für die Rinder war: Heu. Wir brauchten dringend Heu, und zwar viel davon. Leider hatten wir noch keine Futterraufe, und mittlerweile veränderte sich auch das Wetter den Jahreszeiten entsprechend, das heißt, der Altweibersommer wich langsam, aber sicher einem durch und durch verregneten Herbst – und ab Ende November gesellte sich auch schon der erste Schnee dazu.

Lukas fuhr mit dem großen Anhänger in der Gegend herum und kaufte alles an kleinen Quaderballen auf, was er irgendwie kriegen konnte. Die großen Rundballen könnten wir hier so ganz ohne Traktor oder Futterraufe nicht managen, denn vermutlich würden diese jeweils etwa 400 Kilo schweren Kolosse bei der erstbesten Gelegenheit auf direktem Wege hinunter ins Tal schießen und dabei die ein oder andere Spaziergängerin erschlagen. Keine gute Idee … Zunächst lag die Lösung also darin, den Kühen die einzelnen kleinen Quaderballen direkt auf der Weide zu servieren. Diese wiegen im Schnitt etwa zwölf Kilogramm und können mehr oder weniger bequem per Hand von einem Ort zum anderen getragen werden. Ich habe über unsere anfängliche Fütterungsmethode auf den Social-Media-Kanälen nicht wirklich ein Wort verloren, weil ich offen gestanden die kritischen Kommentare und die Vorwürfe gefürchtet habe, die in den meisten Fällen mit Dingen, die nicht zu hundert Prozent perfekt sind, auf Instagram zwangsläufig einhergehen. Ich brauchte keine Vorwürfe von außen, denn ich machte mir selbst schon mehr als genug. Fütterung direkt auf der Weide, knöcheltiefer Schlamm um die Tränke herum und kein Unterstand, denn das Weidezelt wurde erst sehr viel später geliefert, als ursprünglich angenommen. Wir mussten also den gesamten November notdürftig mit dem, was wir hatten (oder vielmehr *nicht* hatten) überbrücken, bis Anfang Dezember endlich das richtige Zeitfenster, das passende Wetter, das notwendige Material und die entsprechende helfende Hand da waren, um eine Futterraufe zu bauen. Das Weidezelt folgte noch im gleichen Monat, als Lena über Silvester bei uns war und das Ganze mit Lukas gemeinsam in Angriff nahm.

Mal abgesehen von der ganzen Infrastruktur tat sich bei den Kühen für uns noch ein ganz anderes Problem auf, das zwar nicht neu war oder überraschend kam, aber nun schnellstmöglich gelöst werden musste: Zwei der sechs Kühe waren trächtig. Gretel und Perin hatten wir zu einem Zeitpunkt vom alten

Hof weggebracht, als beide bereits besamt waren, und nun würden in wenigen Wochen zwei Kälber auf die Welt kommen. Es wären also plötzlich zwei Tiere mehr zu versorgen – noch dazu Jungtiere, quasi Babys, die natürlich ganz andere Anforderungen an ihre Umwelt haben als ausgewachsene Rinder. Bei den sinkenden Temperaturen wäre es das reinste Himmelfahrtskommando gewesen, die Kälber einfach mit den Müttern mitlaufen zu lassen – mal ganz abgesehen davon, dass man Gretel und Perin zusätzlich noch melken müsste. Beide produzierten sehr viel mehr Milch, als ihr jeweiliges Kalb jemals trinken könnte. Bei Perin hätte ich mich ja noch imstande gesehen, die überschüssige Milch so lange per Hand abzumelken, bis sie sich selbst reguliert hat, doch Gretel war da eine andere Hausnummer. Sie gab direkt nach der Geburt meist gut und gerne an die vierzig Liter Milch pro Tag, und das Kalb hätte vielleicht acht oder neun Liter davon getrunken – wenn überhaupt. Für Lukas und mich war damals klar, dass unser Umzug auch gleichzeitig das Ende unserer Karriere als Milchbauer und -bäuerin sein würde, denn abgesehen davon, dass der neue Hof hierfür keinerlei Infrastruktur bot, war auch niemand von uns beiden erpicht darauf, einen unwirtschaftlichen Betriebszweig auf Biegen und Brechen weiterzuführen. Weder wir selbst noch der Hof waren also in irgendeiner Form dafür gerüstet, Kälber zu beherbergen oder Kühe zu melken, daher wandte ich mich Hilfe suchend an meine Instagram-Community. Wir suchten und fanden für die beiden Damen glücklicherweise recht schnell einen Platz auf einem Milchviehbetrieb etwa eine gute Stunde von uns entfernt. Sie landeten auf einem Hof, der von einem jungen Paar betrieben wurde, das unsere beiden Kühe für die Dauer der Laktation (so nennt man die Phase, in der die Kuh nach der Geburt eines Kalbs gemolken wird) bei sich aufnehmen würde. Wir organisierten uns also einen Anhänger und fuhren mit den beiden kugelrunden Kühen einmal quer durch die halbe Steiermark, um sie vorerst dort unterzubringen. Immerhin hatten wir nun eine Sorge (oder vielmehr *vier*) weniger.

Es war von Anfang an wirklich nicht alles perfekt oder wenigstens optimal, und ich kann mir durchaus vorstellen, dass dem einen oder der anderen hier möglicherweise kurz der Gedanke durch den Kopf schießt, warum wir das mit dem Heu für die Kühe nicht *besser geplant* haben, warum wir *nicht einfach* einen größeren Stall für die Kaninchen gebaut haben oder uns *mal eben schnell* um eine vernünftige Tränke für die Schweine bemüht haben. Wirklich, ich kann es nachvollziehen, aber ich kann rückblickend auch versichern, dass wir getan haben, was wir konnten – meistens zwanzig Dinge gleichzeitig und unterm Strich viel zu viel. Eine gute Woche nach unserem Einzug hatte mich die Grippe, die ich Ende September noch mit viel Zitronensaft und bloßer Willenskraft heruntergeschluckt hatte, endgültig eingeholt. Ich lag also wortwörtlich fast vier Wochen flach. Parallel dazu mussten wir unser Haus halbwegs wohnlich gestalten – und hierbei rede ich nicht von *hier-muss-noch-dekoriert-werden* oder *oh-da-hätte-ich-glaube-ich-doch-gerne-einen-anderen-Bodenbelag*. Es ging dabei um wesentliche Dinge wie beispielsweise eine funktionierende Heizung oder eine Küche. Lukas erledigte viele Dinge auf dem Hof in vollkommenem Alleingang, weil ich entweder krank oder mit meiner Selbstständigkeit beschäftigt war (oder *beides*), und so kam es, dass nicht alles gleichzeitig und auf einmal möglich war. Zudem gibt es gewisse Dinge, die einem erst mit der Zeit klar werden, und das kann mitunter dazu führen, dass man das ein oder andere Projekt nicht einmal angehen muss, sondern mehrfach – so auch die Wasserversorgung der Schweine und Rinder.

Ich hatte eingangs bereits erwähnt, dass Wilma den Steintrog eher als persönlichen Pool denn als Cocktailbar betrachtete, doch das war leider nichts im Vergleich zu dem, was Edna damit veranstaltete. Sie sah den Trog als Spielball, den sie nach

Lust und Laune mit der Schnauze in die Luft hebeln und dann wieder fallen lassen konnte. Vielleicht war es pure Langeweile, vielleicht war es eine Form der Stressbewältigung, oder vielleicht mochte sie einfach das dumpfe *Klonk*, mit dem der Trog jedes Mal auf der betonierten Fläche aufschlug – wir wissen es bis heute nicht. Doch es ist wohl selbstredend, dass das nicht lange gut ging, und als ich irgendwann am Schweineauslauf vorbeilief, sah ich schließlich das Malheur: Der Trog war der Länge nach in zwei Teile zerbrochen. Nun war also der Punkt erreicht, an dem das Provisorium versagt hatte und *jetzt sofort* eine Lösung hermusste. Lukas stöhnte nur entnervt ins Telefon, als ich ihm mitteilte, dass Edna wieder Edna-Dinge getan hatte und daher seine ganze Tränketechnik-Expertise gefragt war.

»Wie gut, dass ich gerade eh schon im Baumarkt bin …«, murmelte er schließlich nur noch in den Hörer.

An jenem Tag ließen wir also alles andere stehen und liegen, um den Schweinen eine neue Tränke zu installieren. Lukas baute eine sogenannte Nippeltränke ein, von der wir dachten, dass sie die endgültige Lösung sein würde – doch wenige Monate später musste er dann doch noch mal ran, da die Schweine keine sonderlich zivilisierte Trinkkultur besaßen und infolgedessen rund um die Tränke alles unter Wasser gesetzt hatten. Das Tränkebecken ist nun Lösung Nummer drei und Stand jetzt zum Glück auch wirklich die finale Wasserversorgungsform für die Schwafe (*toi, toi, toi*). Bei den Kühen erging es uns ähnlich, denn hier musste Lukas innerhalb weniger Monate die Tränke ganze vier Mal optimieren. Entweder hat der Standort doch nicht so gut gepasst wie angenommen, oder das Tränkesystem war nicht das richtige, *oder, oder, oder*. Jedes Mal zogen sich die Arbeiten beinahe einen ganzen Tag hin, und diese Zeit fehlte uns dann natürlich an anderer Stelle wieder. Unsere Tage hatten einfach zu wenig Stunden – ein Gefühl, das uns noch aus unserer Zeit in Kärnten nur allzu vertraut war und uns auch nach unserem Weggang noch eine ganze Weile begleiten sollte.

Wir durften in den vergangenen anderthalb Jahren also wieder häufiger feststellen, dass ein Bauernhof kein System ist, für dessen Probleme es *die eine* perfekte Lösung gibt. Es gibt nicht *den einen* Musterbauernhof, den man als Vorbild nehmen kann, es gibt nicht *dieses eine* Teil, das alles wieder zum Laufen bringt. Häufig muss man viel herumprobieren, um schlussendlich zu erkennen, was wirklich funktionieren kann. Manchmal ist es frustrierend, und manchmal weiß man am Ende eines Tages lediglich, was *nicht* funktioniert, ohne eine richtige Lösung gefunden zu haben, doch auch das muss man akzeptieren. Wenn man es nicht akzeptieren kann, wird man es mit der Zeit lernen, denn ganz ehrlich: Etwas anderes bleibt einem auch einfach nicht übrig.

Ich habe mir die anfängliche *Wohnsituation* der Tiere, die doch an der ein oder anderen Stelle eine ganze Zeit lang recht unkomfortabel war, mittlerweile verziehen. Und genau deshalb bin ich mir ziemlich sicher, dass es die Tiere auch getan haben, denn wenn man Lukas Glauben schenken darf, ist niemand auf dieser Welt so nachtragend und streng mit mir wie ich selbst – und ich möchte glauben, dass mich unsere tierischen Mitbewohner:innen in dieser Hinsicht ausnahmsweise mal nicht übertrumpfen.

Das Haus im Wald

Ein Schatz, den es zu bewahren gilt

Oktober 2023

Das Haus im Wald liegt streng genommen nicht gänzlich *im* Wald, und wenn man so möchte, ist es auch nicht nur *ein* Haus. Das gesamte Hofareal liegt auf etwa 600 Höhenmetern an einem Südhang oberhalb einer kleinen Wohnsiedlung. Wir sind an drei Seiten wirklich von dichten Wäldern umgeben, doch in Richtung Tal ist alles offen (sofern man von etlichen Obstbäumen absieht). Um zum Hof zu gelangen, fährt man zunächst auf einem unbefestigten Schotterweg gut 800 Meter durch einen dicht bewachsenen Laubwald. Der Weg, der sich da den Berg hinaufschlängelt, ist von riesigen Buchen und Kiefern gesäumt und wirkt im Grunde genommen eher wie ein Wander- denn wie ein Zufahrtsweg zu einem bewohnten Hof. Spätestens an der vorletzten Kurve, bevor es dann richtig steil hinaufgeht, würden wohl alle, die nicht wirklich *wissen*, dass am Ende des Weges noch etwas kommt, einfach wieder kehrtmachen und davon ausgehen, dass sie sich verfahren hätten. Doch sobald man das letzte steile Stück hinter sich gebracht hat, gelangt man auf ein knapp zwei Hektar großes Hofareal. Zur Linken erstreckt sich eine weitläufige Streuobstwiese über den gesamten Hang unterhalb des Weges, die schließlich an eine ungenutzte Weidefläche viel weiter unten am Berg grenzt. Dort stehen in drei gleichmäßigen Reihen etwa ein Dutzend verschiedene Apfelbäume (alles alte Sorten), ein Kirschbaum, mehrere Zwetschgenbäume, eine Mispel und ein Edelkastanienbaum. Bis auf den Edelkastaniensowie einige wenige Apfelbäume sind sie allesamt kaum größer als zweieinhalb oder gar drei Meter, wobei das Gras zum Zeitpunkt unseres Einzugs allen Bäumen einen guten Meter den Stamm hinaufreichte.

Auf der rechten Seite des noch immer bergauf verlaufenden Weges befindet sich ein etwas kleineres Nachbarhaus, das von unserem Immobilienmakler nur sehr nonchalant »das Schwiegermutterhaus« genannt wurde. Es ist ein unspektakulärer Siebzigerjahrebau mit weißen Türen und einer Fassade, die in unterschiedlichen Grautönen gestrichen ist. Das einzig Schöne an diesem Haus schien mir damals die große Terrasse zu sein, die oberhalb des Garagenzubaus genau am Zufahrtsweg liegt und einen 180-Grad-Panoramablick über das gesamte Tal ermöglicht. Ein kleines Stück neben dem Nachbarhaus kommt dann auch schon das Haupthaus, so gesehen also das eigentliche *Haus im Wald*. Hier findet auch der steile Schotterweg sein Ende und geht in einen planen Hofvorplatz über.

Das Haupthaus ist ein kleines, altes Bauernhaus, wie man es sich klassischerweise vorstellt: Der untere Teil der Fassade ist in einem hellen Gelbton gestrichen, während der obere Teil mit dunklen Holzleisten verkleidet ist. Die Holzfenster haben große hellbraune Fensterläden, und auf dem Dach prangt ein bronzefarbener Wetterhahn. Das obere Stockwerk liegt bereits unterhalb der Dachschrägen, und in der Mitte des Obergeschosses, genau oberhalb der Haustür, befindet sich ein von einem alten Holzgeländer gesäumter Balkon. Die Haustür selbst ist von links und rechts über eine symmetrisch angebrachte Treppe zu erreichen, welche mit drei Stufen den leichten Höhenunterschied zwischen Hofvorplatz und Hauseingang ausgleicht. An der linken Seite des oberen Stockwerks geht das Wohngebäude in eine Terrasse über, die wiederum einen fließenden Übergang zur großen Scheune darstellt. Die Scheune besteht aus einem alten Teil sowie einem nur wenige Jahre alten Zubau, der die Fläche noch mal um einiges erweitert hat. Der Zugang befindet sich nicht direkt auf dem Hofvorplatz, sondern hinter dem Gebäude. Da alles an einem Hang liegt, hat man hier mit den verschiedenen Etagen ein wenig spielen müssen: Vom Vorplatz aus erreicht man eine offene Doppelgarage, den Raum, der als Hühnerstall genutzt wurde und wird, sowie den Heizraum (was im Grunde genommen eine ehemalige Garage ist, in die das komplette Heizsystem eingebaut wurde). Gegenüber dem Wohngebäude liegt die Terrasse, die auf langen Stelzen in den Hang hineingebaut wurde und in Richtung Tal von einem großen Kirschpflaumenbaum geschützt wird. Sie ist überdacht und bietet ein wunderbares Plätzchen für eine kurze Pause, ein ausgiebiges Frühstück oder auch einfach nur, um die Aussicht zu genießen. An der Stirnseite des Vorplatzes findet sich das alte Stallgebäude, das früher einmal Schafe und Ziegen beherbergt hat. Es ist ein kleiner Holzbau mit grün gestrichenen Leisten um die Fenster und Türen herum, der sehr verwinkelt konstruiert ist. Auch hier gibt es einen kleinen (ebenfalls grün gestrichenen) Balkon, der in einen Raum unterhalb des Giebels führt. Früher wurde hier wohl Fleisch zum Trocknen aufgehängt oder Nüsse und Ähnliches gelagert. Nun stehen dort nur noch ein paar alte Möbel sowie der ehemalige Trockenschrank.

Zwischen dem Stall und dem Scheunenzubau führt ein kleiner Weg bergauf zum hinteren Teil des Hofs. Hier findet sich eine urige kleine Holzwerkstatt (bei deren Betreten Lukas jedes Mal ein wenig den Kopf einziehen muss, weil die Decken wirklich *sehr* niedrig sind) sowie eine Gartenkammer. Neben dem Eingang in die Scheune gibt es noch das *Atelier*, ein altes Kellerstöckl, das man scheinbar kurz vor dem Verkauf noch begonnen hat zu sanieren. Es besteht aus einem Erdkeller sowie einem offenen und lichtdurchfluteten Raum mit Fachwerkgebälk oberhalb des Kellers. Direkt hinter dem Kellerstöckl ist mit grünem, feinmaschigem Drahtzaun der kleine Gartenbereich eingefasst, in dem wiederum mehrere Hochbeete sowie ein notdürftig zusammengeschusterter, überdachter Bereich für die Tomaten zu finden sind. Ja, und direkt dahinter erstreckt sich neben der Streuobstwiese nun die zweite Grünfläche: die Waldweide. Sie reicht von der Quelle zu ihrer Linken bis hinter das Nachbarhaus zu ihrer Rechten und wird, wie auch der Zufahrtsweg zum Hof, von alten Kiefern und Buchen gesäumt. Diese Weide ist anders als die Streuobstwiese und der Hofvorplatz, denn während man dort vorn durchaus eine gewisse Geräuschkulisse aus dem Tal vernehmen kann (so hört man beispielsweise Hunde kläffen, Pferde wiehern, Kinder schreien, und auch der Straßenlärm hallt je nach Windrichtung zu uns hinauf), herrscht hinter den Gebäuden einfach Stille. Eine Stille, die lediglich von dem Rauschen der Blätter im Wind und dem Zwitschern der Vögel dann und wann unterbrochen wird (wobei das ja eher zu den schönen als zu den lästigen Unterbrechungen gehört). Als wir den Hof zum ersten Mal besichtigt haben, bin ich irgendwann zielstrebig diese Weidefläche hinaufgestapft und habe mich kurz vor dem Waldrand niedergelassen. Der Ausblick und die Stille – vermutlich habe ich mich damals direkt in dieses Anwesen verliebt. Von dort oben sieht der Hof mit seinen vielen verschiedenen Gebäuden, den unterschiedlichen Dächern und den verwinkelten Ecken übrigens ein bisschen wie ein Miniaturdorf aus, das ganz für sich allein und unabhängig von allem drum herum existiert, und irgendwie fühlt es sich manchmal auch genauso an.

Wir haben auf dem Hof weder einen Anschluss an die städtische Wasserversorgung noch an die Kanalisation. Unser Wasser beziehen wir aus einer an die hundert Jahre alten Quelle im Berg, die am Tag etwa 2000–3000 Liter Wasser fördert, das mit einer Pumpe in die beiden Wohnhäuser gebracht wird. Auch in Kärnten haben wir einen Großteil unseres Trinkwassers aus der hofeigenen Quelle bezogen, und schon damals war ich der Meinung, dass dies das beste Wasser sei, das ich jemals getrunken habe – doch dann kam das Haus im Wald, sprach *Hold my Quellwasser* und belehrte mich eines Besseren. Ein Schluck von unserem Quellwasser schmeckt in etwa so, wie sich ein tiefer Atemzug klarer, kalter Bergluft anfühlt: einfach nur genial. Unsere Quelle versorgt jedoch nicht nur die beiden Häuser mit Trinkwasser, sondern eben auch die Tiere, den Garten und alles, wofür man sonst noch Wasser benötigt. Für das Abwasser haben wir eine eigene Kläranlage auf dem Hof, deren Funktionsweise mir Lukas zwar schon mehrfach erklärt hat, die für mich jedoch immer noch eine Art spanisches Dorf ist. Das Wichtigste: Sie funktioniert, sie tut ihren Job, und wider allen Erwartungen oder besser gesagt Befürchtungen riecht man sie, ganz gleich, aus welcher Richtung der Wind gerade weht, kein bisschen.

Das Haus und das Wasser werden mit einem alten Holzvergaser erwärmt, der manuell mit halbmeterlangen Holzscheiten befüllt und entzündet werden muss. Während der Sommermonate können wir aufs Einheizen verzichten und erwärmen das Wasser mit Strom, doch in den Wintermonaten läuft alles über den Holzvergaser. Da steht man dann durchaus auch zweimal am Tag da und legt Holz nach, damit alles schön warm und gemütlich bleibt. Und schließlich gibt es im Obergeschoss des Hauses noch einen kleinen Kamin, den wir an besonders kalten Tagen auch gern befeuern, denn diese Form der Wärme bringt noch mal eine ganz andere Gemütlichkeit ins Haus.

Das Einzige, bei dem wir wirklich komplett abhängig sind, ist der Strom – und das ist uns tatsächlich auch ein Dorn im Auge. Im Sommer ziehen hier immer wieder teils heftige Gewitter auf, und Stromausfälle durch Blitzschlag oder beschädigte Strommasten sind keine Seltenheit. Tja, und ohne Strom? Läuft gar nichts. Wir können nicht richtig heizen, haben kein Warmwasser oder besser gesagt überhaupt kein Wasser, denn ohne Strom funktioniert die Wasserpumpe nicht, und ohne Wasserpumpe kommt lediglich ein zartes Rinnsal aus dem Hahn, das man höchstens zum sporadischen Händewaschen verwenden kann. Über kurz oder lang wollen wir hier auf jeden Fall Abhilfe schaffen und uns durch Solarenergie beziehungsweise Photovoltaik oder zumindest mithilfe eines Notstromaggregats ein wenig unabhängiger machen. Aber alles zu seiner Zeit.

Ein weiterer Punkt, in dem sich das Haus im Wald von unserem alten Hof in Kärnten unterscheidet, ist wohl die Tatsache, dass sowohl unsere Mülltonnen als auch der Briefkasten samt Paketbox am Fuß des Berges sind, da weder die Müllabfuhr noch der Postbote regelmäßig den holprigen Waldweg hinaufjuckeln möchte. Es kommt also durchaus vor, dass man das Leeren des Briefkastens mit einem kleinen Spaziergang verknüpft, doch das hat ja bekanntermaßen sowieso noch nie jemandem geschadet. Insgesamt ist es bei uns auf dem Hof sehr viel ruhiger, als wir es aus den Jahren zuvor noch gewöhnt waren. Nach uns kommt nur noch Wald, weswegen es keinerlei Durchgangsverkehr gibt, und unsere Nachbarn sind etwa fünf bis zehn Minuten Fußweg entfernt. Unterm Strich ist es hier auf dem Hof sehr viel wahrscheinlicher, dem jungen Rehbock (Rehbert) zu begegnen, der uns immer mal wieder besucht, als etwa einem verirrten Wanderer.

Ich werde sehr oft gefragt, ob ich beziehungsweise wir uns hier – so ganz allein – nicht etwas einsam fühlen würden, doch das Gegenteil ist der Fall. Tatsächlich beschleicht mich hier immer mehr ein Gefühl der Freiheit oder gar der Unabhängigkeit, das ich zuvor jahrelang nicht mehr verspürt habe. Hier gibt es niemanden, der einen beobachten kann. Niemand kann uns in unser Tun reinreden oder es besser wissen. Es ist völlig einerlei, ob ich nach 22 Uhr die Musik laut aufdrehe oder die Kreissäge anwerfe, und es kümmert niemanden, wie lange man morgens im Bett liegen bleibt. Es mag pathetisch klingen, aber irgendwie kann ich nach all der Zeit endlich wieder vernünftig atmen. Unser Leben, ja unsere ganze Welt ist in den vergangenen Jahren so klein geworden, dass es uns beinahe erdrückt hat. Es gab keinen Raum – im wörtlichen wie auch im übertragenen Sinne –, in dem wir uns hätten entfalten oder auch zurückziehen können, aber dafür waren wir kontinuierlichem Druck von außen ausgesetzt. Es ist also nicht übertrieben, wenn ich sage, dass Einsamkeit wirklich die allerallerallerletzte Empfindung ist, die ich mit unserem Leben hier auf dem Hof verbinde.

Und mal ganz abgesehen davon gibt es ja noch so einige Mitbewohner:innen hier, die uns Gesellschaft leisten – und dabei spreche ich weder von Kühen, Schweinen, Hühnern, Kaninchen oder Katern. Aber dazu später mehr.

Das Haus im ~~Wald~~ Winter

Vom Schnee verfolgt – ein feucht-fröhliches Intermezzo in einem Akt

Dezember 2023

Unsere Winter in Kärnten waren allesamt ja recht – sagen wir mal – *abenteuerlich*, und ich muss gestehen, dass ich mich mit unserem Umzug in die Steiermark durchaus darauf gefreut habe, von nun an etwas milderen Wintern zu begegnen. Drei oder sogar vier Meter hoch Schnee, Stromausfälle, unbefahrbare Straßen und Ausgangssperren waren in den letzten Jahren so ein bisschen zum Standardprogramm geworden, auf das ich als bekennendes Sommerkind gut und gerne verzichten konnte.

Der letzte richtige Schnee in unserem neuen Zuhause war wohl schon einige Jahre her, und für gewöhnlich gab es in der Weststeiermark im Winter auch eher Staubzucker als Schlagsahne, also vermutlich Niederschlagsmengen, bei denen wir damals in Kärnten nicht einmal eine Mütze für notwendig befunden hätten – geschweige denn Räumungsdienste oder Schneeschieber. Es entbehrt daher wirklich nicht einer gewissen Komik, dass genau in unserem ersten Winter in der Steiermark alles ein bisschen anders lief, als wir (und auch sämtliche Wetterprognosen) es erwartet hatten.

Am 2. Dezember, pünktlich zum ersten Adventswochenende, begann es in den frühen Morgenstunden zu schneien. Die dünne Schicht Schnee bereitete mir durchaus Freude, da sie einfach so schön zur vorweihnachtlichen Stimmung passte und ja auch wirklich hübsch anzusehen war. Allerdings fielen die Flocken immer dichter, und irgendwann standen wir nur noch stirnrunzelnd auf dem Hof und betrachteten das wilde Treiben mit enormer Skepsis. Mit einem resignierenden Seufzer machten wir uns schließlich an die Arbeit, die wir in den letzten Jahren schon verinnerlicht hatten. Die Weidezäune, die zu diesem Zeitpunkt bereits fast am Boden lagen, mussten vom Schnee befreit werden, ebenso einige Äste der Bäume, die sich schon gefährlich stark bogen, die Kühe jammerten lautstark darüber, bei der dichten Schneedecke nicht mehr an den Überbleibseln der Weide herumknabbern zu können, und bei den Schweinen im Stall funktionierte das Heizsystem bei der Tränke nicht richtig. Hier musste tatsächlich schnell gehandelt werden, denn unter Umständen kann so ein Frostschaden die ganze Tränke in die ewigen Jagdgründe verbannen.

Dem Schnee in Kärnten oder besser gesagt dem alten Hof dort muss man nun wirklich zugutehalten, dass er einigermaßen ebenerdig liegt. Das Haus im Wald befindet sich hingegen gänzlich in Hanglage, weswegen solche Kleinigkeiten wie *Weidezaun vom Schnee befreien* mit einer enormen Anstrengung verbunden waren. Ich landete dabei häufiger auf dem Hosenboden, als mir lieb war, und bei dem Versuch, die Zäune zu erreichen, rutschte ich mehr als nur einmal einige Meter den Hang herunter. Das ganze Prozedere kostete mich beinahe zwei Stunden und ersetzte in meinen Augen ein ausgiebiges Kardiotraining. Bei gut dreißig Zentimeter Schnee einen Hang mit etwa zwanzig Prozent Steigung mehr als nur einmal runter- und wieder hochstapfen zu dürfen, verlangt einem schon ein bisschen was ab. Ich war schließlich tropfnass (Schnee, Schweiß oder beides – man munkelt ...), als ich wieder am Haus angekommen war, und musste mich dringend aufwärmen. Lukas erging es im Schweinestall nur unwesentlich besser, denn er durfte neben den Leitungen auch noch die Tränke selbst wiederherrichten, nachdem der Schwaf-&-Co.-Demontagetrupp wieder einmal am Werk war – und es macht wirklich so gar keinen Spaß, bei Minustemperaturen mit Wasser zu hantieren.

Der Schneefall hielt bis zum Nachmittag hinein weiter an und bescherte uns letztlich genau das Winter Wonderland, vor dem wir oder besser gesagt ich eigentlich gern flüchten wollten. Unsere Kühe waren alles andere als begeistert von so viel Schnee und taten den gesamten Tag über nichts anderes, als uns trotz frisch angerichteter Heuballen vorwurfsvoll anzumuhen. Die Zufahrt zu unserem Hof war im Übrigen schon lange nicht mehr passierbar, und der angekündigte Traktor mit dem Schneeschild, mit dem man die gesamte Auffahrt räumen konnte, ließ auch auf sich warten. Alle Nachbarn oder Bekannten aus dem Umkreis hier wurden jedoch nicht müde, uns zu versichern, was für eine absolute Seltenheit dieser viele Schnee wäre, denn normalerweise gebe es hier wirklich so gut wie nie mehr als Puderzucker. *Well ... here we are*!

Für Lukas und mich war der erste Winter in vielerlei Hinsicht eine Umstellung, denn wir mussten zweimal am Tag den Holzvergaser einheizen und das Feuer in regelmäßigen Abständen kontrollieren. Falls die Wärmespeicher aufgebraucht sind und nicht entsprechend nachgeheizt wird, fällt die Heizung im Haus nämlich schneller aus, als einem lieb ist. Im Sommer bleibt das alte Bauernhaus mit dem dicken Gemäuer zwar schön kühl, aber im Winter muss man es schon ordentlich einheizen, damit es zumindest in ausgewählten Räumen angenehm warm wird. Unsere Kater fingen in jenen Tagen irgendwann damit an, direkt vor dem kleinen Kamin im Obergeschoss zu campieren, und selbst als ihr Fell schon bedenklich heiß wurde, sahen sie keinerlei Notwendigkeit darin, auch nur einen Zentimeter vom geliebten Feuer wegzurücken.

Im Nachhinein habe ich herausgefunden, dass der Winter 2023/2024 wirklich besonders war – 130 Prozent mehr Niederschlag als in allen Jahren zuvor ist schon eine ganz schöne Hausnummer. Oder anders ausgedrückt: Die letzten Schneemengen dieser Art gab es wohl zuletzt vor 63 Jahren. Der Dezemberschnee war zwar innerhalb weniger Tage schon wieder zur Hälfte davongeschmolzen, doch der Rest blieb noch gut zwei Wochen liegen. Als deutlich unangenehmer habe ich im Anschluss jedoch den Wind empfunden, der uns hier am Hang ununterbrochen um die Ohren sauste und nicht selten dafür sorgte, dass ich nach wenigen Schritten auf dem Hof wieder umkehren und mich ins Haus zurückziehen musste. Der nächste Schnee indes sollte uns erst zu einem sehr viel späteren Zeitpunkt heimsuchen, genau genommen dann, als wirklich niemand mehr damit rechnete; doch dazu komme ich später noch einmal.

Beim Wintereinbruch 2023 lag der Umzug gerade mal zwei Monate zurück, und offen gestanden war es nicht nur die Kälte draußen, die uns irgendwie zu schaffen gemacht hat. Im Oktober und auch zu weiten Teilen noch im November waren wir ununterbrochen beschäftigt und in Aktion, doch spätestens mit dem Schnee hielt auch die Langsamkeit und die Ruhe Einzug im Haus im Wald. So kam es, dass ich viel Zeit hatte, über das vergangene Jahr und im Grunde genommen auch all die Jahre zuvor nachzudenken, und gleichermaßen versuchte, die Dinge zu verarbeiten. Es überrascht wohl kaum, wenn ich sage, dass diese Verarbeitung weitaus länger brauchte beziehungsweise brauchen wird als diesen einen Winter, aber irgendwo muss man schließlich anfangen. Es gibt einfach so viele Dinge, die weder Lukas noch ich während unserer Zeit in Kärnten angemessen verdauen konnten, da wir uns ständig von einer Arbeit in die nächste (oder besser gesagt von einer Katastrophe in die andere) gestürzt hatten. Ich habe mich oft gefragt, welche Ereignisse uns dabei besonders geprägt haben, was ich im Nachhinein anders machen würde oder auch einfach nur, wie es sich eigentlich anfühlt, jetzt auf alles, was war, zurückzublicken, doch die Antwort ist – zumindest für den Moment – noch sehr unbefriedigend. Ich habe nämlich schlicht und ergreifend keine. Vielleicht war der (plötzliche) Wintereinbruch 2023/24 also in erster Linie dafür gut, dass ich mich in dem übe, was ich bekanntermaßen besonders schlecht kann: geduldig mit mir selbst zu sein.

Früher oder später werde ich wohl die Antworten auf all diese Fragen haben, und wenn ich Glück habe, vielleicht sogar auch auf die wichtigste von allen: *Werden wir eigentlich wirklich vom Schnee verfolgt, oder ist das alles bloß Zufall?*

Wir renovieren ein Bauernhaus

… was haben wir uns dabei eigentlich gedacht?

Februar 2024

Ein wichtiges Argument, das unseres Erachtens *für* das Haus im Wald gesprochen hatte, war die Tatsache, dass es im Großen und Ganzen bezugsfertig war. Mit *bezugsfertig* ist jedoch in keiner Weise das gemeint, was man sonst bei Immobilien gemeinhin darunter versteht. Sagen wir mal so: Auf dem Immobilienmarkt scheint ein Bauernhof bezugsfertig zu sein, wenn das Dach nicht einzustürzen droht, wenn es ein funktionierendes Heizsystem gibt und wenn die Wasserleitungen intakt sind. Die meisten Höfe auf dem Markt haben nämlich nichts von alledem. Sie sind zumeist komplett sanierungsbedürftig – wobei man da bisweilen schon ernsthaft überlegen kann, ob es nicht günstiger und vor allem einfacher wäre, das Haus dem Erdboden gleichzumachen und ein neues zu bauen.

Aber zurück zu unserem Hof im Wald: Mit einem Badezimmer, das erst vor Kurzem komplett erneuert wurde, einem soliden und vor allen Dingen dichten Dach, einem erst vor wenigen Jahren neu eingerichteten Heizsystem und einer intakten Gebäudestruktur schien der Hof in unseren Augen (und vor allem im Vergleich zu anderen Objekten) schon beinahe einen Hauch von Luxus zu verströmen. Dabei kann man schon mal die Tatsache vernachlässigen, dass es in zwei Räumen im Erdgeschoss ein Feuchtigkeitsproblem gibt, wodurch sich der Bodenbelag wellenartig anhebt, dass die Küche vermutlich komplett ausgetauscht werden muss oder dass nichts, aber auch wirklich *gar nichts* in diesem Haus im Lot zu sein scheint. Die Wände sind so schräg, dass man es mit bloßem Auge erkennen kann, und der Boden hat zum Teil eine Schieflage, die Lukas mitsamt Schreibtischstuhl regelmäßig in Richtung Balkontür wegdriften lässt. Aber all das waren nur die Dinge, die wir bereits bei den Besichtigungen auf den ersten Blick feststellen konnten. Viel interessanter sind jedoch sämtliche Überraschungen, die erst nach und nach zutage traten.

Natürlich gibt es da zunächst die Klassiker wie Bohrlöcher, die zu groß geraten sind und daher kurzerhand mit gleich mehreren Dübeln ausgestopft wurden, lockere Steckdosenverkleidungen, Abluftrohre, die nicht nach außen, sondern nach innen führten und so weiter und so fort. Dann gab es da noch die Deckenleuchte im Wohnzimmer, deren Kabel keine intakte Isolierung mehr hatten und zu allem Überfluss auch noch durch eine Wand liefen, die mit Stroh gedämmt wurde. Unsere Vorbesitzer schienen es mit der Elektrik generell nicht so eng gesehen zu haben, denn wir entdeckten direkt am ersten Tag nach unserem Einzug mein ganz persönliches Highlight: In der Küche waren sämtliche Geräte (als da wären Herd, Backofen, Spülmaschine, Kühlschrank sowie zwei zusätzliche Steckdosen) an ein und dieselbe Stromleitung angeschlossen. Dieser Umstand sorgte dafür, dass bei der ersten Benutzung von mehr als einem Gerät gleichzeitig direkt *alles* durchgeschmort war und nun vollends den Geist aufgegeben hatte. Als unser Elektriker das Malheur begutachtete, brach ihm kurz der Schweiß aus, denn scheinbar lief nicht nur alles auf einer Leitung, sondern unsere Vorbesitzer hatten es auch nicht für notwendig befunden, eine Erdung zu installieren. Kurzum: Wir hatten Glück, dass keiner von uns einen Stromschlag bekommen hatte und uns das Haus nicht gleich am ersten Abend abgebrannt war.

Die ersten Tage und Wochen in unserem neuen Zuhause waren wirklich aufregend, da wir nie so genau wussten, was uns wohl als Nächstes erwarten würde. Unser Hauptfokus lag zunächst darauf, die alte Küche rauszureißen, die recht mitgenommen aussehenden Holzdielen in Küche und Wohnzimmer abzuschleifen und schließlich eine neue Küche einzubauen. Wir taten sehr gut daran, die Küche auf der Prioritätenliste ganz weit oben anzusiedeln, denn sie wurde – was hätte man wohl auch sonst erwartet – eine etwas größere und langwierigere Baustelle, als ursprünglich angenommen. Das Mauerwerk der Küchenzeilenwand war nicht mehr richtig intakt, weswegen einiges davon bei der Entfernung der alten Fliesen gleich mit rausbrach. Irgendwann klafften einige faustgroße Löcher in der Wand, und ich lernte die erste (und vielleicht mitunter wichtigste) Lektion in Sachen Hausrenovierung: *Manchmal wird es erst schlimmer, bevor es besser werden kann.* Doch auch die zweite Lektion ließ nicht lange auf sich warten und erschien uns an einem Dienstagmorgen in Form eines Handwerkers. Die Wand, an der wir unsere künftige Küchenzeile platzieren wollten, müsste nun noch verspachtelt und verputzt werden, bevor wir sie streichen konnten, teilte uns der bärtige Mann mittleren Alters mit und machte uns für die entsprechenden Arbeiten auf einer Fläche von nicht einmal zehn Quadratmetern einen Kostenvoranschlag über schlappe 2000 Euro – und auch das Angebot eines zweiten Handwerkers war nur unwesentlich günstiger. Schließlich ließ sich Lukas von seinem älteren Bruder (seines Zeichens Bauingenieur) telefonisch instruieren, welche Materialien vonnöten sein würden, und fuhr zum hiesigen Baumarkt, um die Sache selbst in die Hand zu nehmen (Lektion zwei: *Mach's dir selbst*). Lukas, der in seinem Leben noch nie eine Wand verputzt, geschweige denn verspachtelt hat, machte sich nach einiger Recherche im Internet schließlich selbst an die Arbeit. Es brauchte zwar eine entsprechende Einarbeitungsphase, und das ein oder andere Fluchen war auch aus der Küche zu vernehmen, doch letztlich war die Wand binnen kürzester Zeit so, wie wir sie haben wollten – und das für weniger als ein Zehntel der von den Handwerkern veranschlagten Kosten. Lektion drei: *Learning by doing.*

Den Wohnzimmerboden bearbeitete Lukas mit einem großen Bandschleifgerät, das wir uns im Baumarkt ausgeliehen hatten, und das Ergebnis war einfach nur beeindruckend. Lena kümmerte sich daraufhin um die Bodenlasur, während Lukas und ich uns den Küchenboden vornehmen wollten. Leider waren die Holzdielen hier nicht nur krumm und schief, sondern auch noch mit einem unfassbar hartnäckigen Lack versehen, sodass man mit dem Bodenschleifer nicht weit kam. Es stand also recht schnell der Gedanke im Raum, einen neuen Boden zu verlegen (der alte sah in diesem Zustand, so halb abgeschliffen, wirklich ziemlich räudig aus), doch so einfach wollte ich nicht aufgeben. Der Küchenboden landete schließlich auf meiner persönlichen Agenda, wobei es mir bald weniger wie eine Aufgabe als vielmehr wie eine Herausforderung sondergleichen vorkam. Ich begann damit, den gesamten Küchenboden auf Knien und in stundenlanger Kleinstarbeit mit dem Exzenterschleifer zu bearbeiten. Dieses Gerät ist ungefähr handflächengroß und passt sich an sämtliche Unebenheiten natürlich sehr viel besser an als der riesige Bodenschleifer – doch es kostete auch entsprechend sehr viel mehr Zeit und Nerven. Nach einigen Tagen hatte ich den hartnäckigen Lack entfernt, und darunter kamen hellbraune, alte Holzdielen zum Vorschein. Es sah genau so aus, wie ich es mir erhofft hatte, und so hatte ich wenigstens den Eindruck, dass sich meine Arbeit gelohnt hat (diese Erkenntnis würde sich jedoch nur einen Monat später in Luft auflösen ... *Auflösung folgt*).

Fürs Erste war der Boden abgeschliffen und neu lasiert, die

Wände verputzt, verspachtelt und frisch gestrichen, und Anfang November würde endlich unsere neue Küche angeliefert werden. Wir hatten küchentechnisch nun gut sechs Wochen mit einem absoluten Provisorium gelebt, und ich muss gestehen, dass ich von der Situation am Ende einfach nur noch genervt war. Im Obergeschoss hatten wir in einem kleinen Zwischenraum einen alten Herd angeschlossen, auf dem wir notdürftig unsere Mahlzeiten zubereiten konnten. Das Backrohr war jedoch defekt, entsprechenden Stauraum für die Küchenutensilien gab es nicht, und den Abwasch mussten wir in einer Mörtelmischwanne unter der Dusche machen. Es herrschte also wochenlang das blanke Chaos, und irgendwann haben wir den Überblick vollends verloren. Die tägliche Essensfrage sorgte immer wieder für Streitereien und wurde irgendwann zu unserem persönlichen Endgegner, denn niemand hatte Lust, in dem Chaos etwas Nahrhaftes zu kredenzen. Wer hätte gedacht, dass ich mich mal derart auf eine Küche freuen würde?

In der ersten Novemberwoche, fünf Wochen nach unserem Einzug, machten wir dann aber endlich die langersehnten großen Fortschritte. Innerhalb einer Woche bauten wir alle Küchenschränke auf, schnitten Arbeitsplatten zu und verschraubten alles entsprechend miteinander. Das Ganze glich einer hochgradig komplizierten wissenschaftlichen Arbeit, da freundlicherweise kein einziges der gut sechzig Pakete beschriftet war und wir immer erst einmal recherchieren mussten, *was* wir hier eigentlich gerade in Händen hielten. Nebst der Küche wurden auch endlich die Bezüge für unsere Couch geliefert, was dem Wohnzimmer nun den letzten Schliff verlieh (bis dato saßen wir nämlich auf einer Couch ohne Bezug; schön ist anders). Parallel zur Küche begann Lukas bereits mit dem Nebenraum, unserem künftigen Gästezimmer. Hier hatten wir den ehrgeizigen Plan, bis Silvester fertig zu werden, denn zu diesem Termin hatten sich unsere ersten Freund:innen angekündigt. Dieser Raum war jedoch eine einzige Katastrophe, und ich weiß beim besten Willen nicht, wie wir das fertige Gästezimmer so schnell auf die Beine stellen konnten.

Zunächst musste der Boden rausgerissen werden sowie die gesamte Dämmung. An und für sich wäre das nicht weiter schlimm gewesen, hätte uns unter dem alten Laminat nicht die gänzlich verschimmelte und sowieso schon gesundheitsschädliche Mineralwolle entgegengelacht. Sobald man die einzelnen Dämmmatten herausnahm, flogen die Schimmelsporen nur so durch die Gegend. Ich kann mich noch gut daran erinnern, wie Lukas und ich, beide mit FFP2-Masken bewaffnet, die ranzige Mineralwolle, das alte Laminat und auch die gesamte Unterkonstruktion direkt aus dem Fenster warfen, um alles im Hänger zum Wertstoffhof zu bringen. Die Entsorgung kostete uns ein kleines Vermögen, doch wir waren schlussendlich einfach nur froh, dieses versiffte Material weit, weit weg zu wissen. Zurück auf der Baustelle entdeckten wir dann die nächste Überraschung: Man hatte in diesem Raum aus unerfindlichen Gründen einfach auf den Estrich als ebenen Untergrund für den Fußboden verzichtet und die Bitumenbahnen ganz pragmatisch direkt auf der blanken Erde verlegt. Tja, somit wäre immerhin geklärt, warum das alte Laminat krumm und schief verlegt war. Was für Hänschen und Hans gilt, gilt wohl auch für Estrich und Bodenbelag: Wenn die Grundlagen nicht passen, wird am Ende nie etwas Vernünftiges rauskommen (vermutlich ist das nun Lektion Nummer vier).

Wenngleich wir, oder besser gesagt Lukas, das Gästezimmer in schierer WARP-Geschwindigkeit sanierten, konnten wir das Feuchtigkeitsproblem nicht nachhaltig lösen. Es stellte sich heraus, dass die Drainage, die außen an der Hauswand entlangläuft und das Wasser logischerweise vom Haus *weg*leiten soll, auf stümperhafte Art und Weise bergauf angelegt wurde – in Wellenform! Und weil das noch nicht reicht, wurde auch noch die Regenrinne vom Hausdach in diese Drainage geleitet. Kurzum: Das Wasser wurde nicht vom Haus *weg*-, sondern zum Haus *hin*geleitet, und durch das Auf und Ab des Drainagerohrs stand an manchen Stellen einfach *immer* das Wasser – so eben auch an der Außenwand ebenjener zwei Räume, bei denen wir im Erdgeschoss Feuchtigkeitsprobleme hatten. Ich bin sehr froh, dass ich damals, als Lukas mir die Problematik genauer erklärte (als ob ich von Haus aus über Drainagerohre, Estrich, Bitumen und Feuchtigkeit in Hauswänden Bescheid wüsste ...), mir nicht einmal ansatzweise die Tragweite und vor allem das Ausmaß der Baustelle, die da auf uns zukam, vorstellen konnte. Ich wäre wohl schreiend im Kreis gerannt. Um diese Großbaustelle kurz auf das Wesentliche herunterzubrechen: Über die gesamte Länge der Hausrückseite sowie die kurze Seite musste ein etwa zwei Meter tiefer Graben ausgehoben und die Außenfassade neu abgedichtet werden, man musste zudem komplett neue Drainage- und Regenabwasserrohre verlegen und am Ende alles wieder in einer bestimmten Reihenfolge mit verschiedenen Materialien zuschütten. Wir haben geflämmt, isoliert, geschliffen, betoniert, gegraben, geweint und geflucht, und am Ende sollte es mehrere Monate dauern, bis das Projekt abgeschlossen war. Diese Baustelle war für uns in jeder Hinsicht unbefriedigend, da man kein Ergebnis im klassischen Sinne sehen konnte. Jeder Raum im Haus war von Grund auf verändert, wenn wir mit unseren Arbeiten fertig waren, und wir konnten die Früchte der eigenen Arbeit tagtäglich betrachten und genießen. Aber die frisch betonierte Außenfassade? Die sah genauso aus wie vorher, obwohl sie uns die bis dato unangenehmste Arbeit beschert hatte. Mir ist durchaus bewusst, wie wichtig diese umfangreichen Korrekturen waren, aber ganz ehrlich – Spaß hat es deshalb trotzdem keinen gemacht.

Ganz grundsätzlich sollte man vielleicht an dieser Stelle festhalten, dass der Spaß bei der Renovierung eines Bauernhauses generell ein doch recht seltener Vogel ist. Tatsächlich hat man sehr viel häufiger das Gefühl, für all das ganz und gar nicht gewappnet zu sein. Die Dinge wachsen einem schnell über den

Kopf, man steht vor Problemen, für die man keine Lösung findet, muss Dinge bewerkstelligen, von denen man keine Ahnung hat, und ist oftmals gezwungen, tiefer in die Tasche zu greifen, als ursprünglich angenommen. Es ist schon ein ziemlich wagemutiges Unterfangen, und ich bin sehr froh, dass Lukas seinen Job als Rettungsfahrer erst im Januar 2024 wieder aufnahm und ab Herbst 2024 alles auf eine Teilzeitstelle reduzierte. Wir kommen unterm Strich sowieso nicht in dem Tempo voran, wie wir uns das vorgestellt haben (und damit haben wir mittlerweile unseren Frieden gemacht), doch wenn wir nun *beide* Vollzeitjobs hätten, würde hier auf dem Hof wohl gar nichts mehr vorwärtsgehen. Ich muss dabei meinen Hut vor Lukas ziehen, denn nach anderthalb Jahren Haus-im-Wald-Dauerbaustelle kann ich mit ziemlicher Gewissheit sagen, dass es im Grunde nichts gibt, was er nicht kann, und oftmals kümmert er sich dabei um Dinge, von denen ich nicht einmal wusste, dass man sich darum kümmern muss.

Lukas ist hier also der Haus-im-Wald-Renovierungsadministrator, Bauleiter, Hausmeister und sein eigener Handlanger in Personalunion. Doch seine allerliebste Beschäftigung scheint mir die Arbeit mit dem Bagger zu sein. Wir haben zwar (»noch«, wie ein bestimmter Jemand wohl sagen würde) keinen eigenen, doch Lukas fand nach ausgiebiger Recherche auf den einschlägigen Seiten einen Händler, der für relativ kleines Geld stundenweise sogenannte Minibagger verleiht. Seitdem kommt es durchaus häufiger vor, dass Lukas – grinsend wie ein Honigkuchenpferd und stolz wie Oskar – mit *seinem* Minibagger in Schrittgeschwindigkeit über den Hof tuckert und diverse Ausgrabungen vornimmt. Natürlich sind diese stets von *größter Wichtigkeit*, und sie werden in fein säuberlicher Kleinstarbeit bis zur Perfektion hin optimiert – ganz gleich, wie viele Stunden es dauert. Es spricht wohl Bände, dass Lukas, der mich sonst (in weiser Voraussicht) niemals fragt, welche Ideen und Aufgaben auf dem Hof ich noch für ihn im Sinn hätte, gut und gerne dreimal nachhakt, ob er mir irgendwo ein Loch ausheben, einen Weg bauen oder einfach nur einen x-beliebigen Erdhaufen von A nach B transportieren kann. Man sollte wohl niemals den immensen Einfluss unterschätzen, den Spaß auf die eigene Motivation haben kann.

Aller Motivation zum Trotz kamen wir im ersten Jahr jedoch nicht so weit, wie wir ursprünglich angenommen hatten. Wir waren naiverweise davon ausgegangen, dass wir das gesamte Wohnhaus sowie mein Büro im Atelier im ersten Jahr fertigstellen würden, um dann im zweiten Jahr direkt mit dem Nachbarhaus zu beginnen. Tja, die Realität sah anders aus. Nach vierzehn Monaten Haus im Wald hatten wir Küche, Esszimmer, Gästezimmer und Wohnzimmer fertiggestellt. Das Schlafzimmer war seit unserem Einzug unverändert geblieben, ebenso der Treppenaufgang, das Badezimmer, der Flur im Obergeschoss sowie das Kaminzimmer. An diesen Bereich haben wir uns aus dreierlei Gründen noch nicht herangewagt: Zum einen haben diese Räumlichkeiten schlichtweg keine Priorität für uns, dann wussten wir lange Zeit auch einfach nicht, was wir aus dem Kaminzimmer perspektivisch machen wollten, und zu guter Letzt ist dort der Bodenbelag des Schreckens verlegt: Steinteppich. Ein Steinteppich ist, wie der Name schon sagt, ein durchgängiger Bodenbelag aus winzigen Kieselsteinen, der direkt mit dem Estrich verklebt wird und dadurch nur mit sehr viel Arbeit aufwendig wieder entfernt werden kann. Im Grunde genommen könnte man sich mit diesem Bodenbelag schon irgendwie arrangieren, wenn unsere Vorbesitzer nicht auch hier wieder sämtliche Kosten und Mühen gescheut hätten. Der Steinteppich ist nicht nur weiß, sondern auch schlichtweg nicht versiegelt. Das bedeutet im Umkehrschluss, dass jeder Fleck und jedes bisschen Schmutz sich richtig schön zwischen die Kieselfugen drückt und quasi unmöglich wieder herauszubekommen ist. Unser Steinteppich verfügt nun also über eine illustre Ansammlung von Flecken in allen Formen und Farben und sieht im Endeffekt einfach nur furchtbar und ungepflegt aus. So richtig putzen kann man das gute Stück leider auch nicht, denn sämtliche Flüssigkeit versickert binnen Sekunden zwischen den Steinchen und ward nie wieder gesehen. Lukas und mir ist dabei ziemlich unwohl, da wir wohl oder übel davon ausgehen müssen, dass vermutlich auch an der Abdichtung wesentlich gespart wurde. Wie auch immer: Der Teppich wird weichen müssen. Und seit Findus dort oben eine Maus rückwärtsgegessen hat, wäre mir früher eindeutig lieber als später.

Wir sind unterm Strich also noch nicht so weit, wie wir uns erhofft hatten, aber wir sind dennoch nicht enttäuscht von uns und unserem Tun. In diesem ersten Jahr haben wir wahnsinnig viel geschafft, und spätestens wenn man sich die entsprechenden Vorher-nachher-Bilder zu Gemüte führt, wird einem das so richtig bewusst. Wenngleich wir sehr viel grundlegend verändert haben, so ist doch die Grundstruktur des alten Bauernhauses in Gänze erhalten geblieben. Wir haben keine Wände eingerissen, alte Holzdielen soweit möglich erhalten und nicht versucht, etwas aus dem Haus zu machen, was es einfach nicht ist: ein modernes und makelloses Zuhause ohne Ecken und Kanten. Die kommen in aller Regel nämlich ganz von allein – so zum Beispiel bei dem mühevoll abgeschliffenen Küchenboden. Hier wurde wohl kein Hartholz verwendet, weshalb jeder Kochlöffel und jeder Sprint eines Katers (trotz korrekter Versiegelung der Dielen) die entsprechenden Dellen und Kratzer hinterlässt. Was einst (zumindest für wenige Wochen) mein ganzer Stolz war, wurde alsbald ein optischer Schandfleck. Früher oder später werden wir diese Baustelle wohl noch einmal von Grund auf neu angehen, aber bis dahin werden noch einige Monate oder Jahre ins Land ziehen, und so lange genieße ich die Vorzüge eines gigantischen Teppichs in meiner Küche. Wir wollen, dass das, was wir verändern, lange Zeit überdauert – und wenn das bedeutet, dass die Dinge manchmal länger dauern oder dass wir Baustellen so lange aufschieben, bis wir wirklich wissen, was daraus einmal werden soll, dann ist das eben so. Der Spruch »Was lange währt, wird endlich gut« kommt eben nicht von ungefähr.

Letztlich ist jeder Handgriff, jede noch so kleine Arbeit für uns nur ein winziges Bruchstück von etwas viel, viel Größerem; nämlich dem, was hier zu unserem Zuhause heranwächst. Wir waren viel zu lange abhängig davon, welche Möglichkeiten uns andere einräumten, und dementsprechend begrenzt war dabei die Art und Weise, wie wir uns entfalten konnten (oder auch nicht). Nun sind wir in der Situation, alles genau nach unseren eigenen Vorstellungen gestalten zu können. Dieser einfache Satz wird dem Gefühl, das für uns damit verbunden ist, nicht einmal ansatzweise gerecht: Manchmal weiß man Dinge erst dann wirklich zu schätzen, wenn sie einem lange Zeit verwehrt wurden. Und so ist es wohl also nicht verwunderlich, dass all das hier, die schiere Freiheit, zu tun und zu lassen, was man möchte, für uns das höchste Gut darstellt. Zuhause ist mehr als nur ein Haus mit vier Wänden und einer Tür. Zuhause ist ein Gefühl – und wenn ihr mich fragt, ist es das schönste Gefühl der Welt.

Das 1x1 der Bauernhausrenovierung

1. Manchmal wird es erst schlimmer, bevor es besser werden kann.
2. Mach's dir selbst.
3. Was du nicht kannst, lernst du (ob du willst oder nicht).
4. Wenn die Basis nicht stimmt, kann das Endergebnis niemals gut werden.
5. Better done than perfect.
6. Ein gezielter Schlag mit dem Hammer löst womöglich viele Probleme.
7. Gut geplant ist halb erledigt.
8. Der Putz bröckelt immer zuerst an den eigenen Nerven.
9. Ein gezielter Schlag mit dem Hammer schafft womöglich viele Probleme.
10. »Das machen wir später« und »Nur schnell etwas ausbessern« sind eine eigene Zeitrechnung.
11. Es gibt immer noch eine Schicht darunter. Und manchmal lebt dort etwas.
12. Staub macht nicht vor geschlossenen Türen halt.
13. Zwischen Pinterest und Realität gibt es noch den Nervenzusammenbruch im Baumarkt.
14. Plan B wird überbewertet. Viel wichtiger sind Plan C, D, E und F.

15. Beziehungsfragen werden nie auf der Baustelle erörtert. Wirklich niemals.
16. Regale werden nur an der Wand montiert, wenn es wirklich nicht anders geht.
17. In diesem Sinne: Löcher in Bauernhauswände zu bohren, ist wie Lotto spielen. Die Chance, dass es hält, liegt bei eins zu drölf Millionen.

Alles für den Garten

Von Gemüse aus dem Nichts, Nacktschnecken-invasionen und einem, dessen Name nicht genannt werden darf

April 2024

Wenn es eine Sache gibt, die ich seit dem Umzug nach Österreich pauschal über all meine Gartenjahre sagen kann, dann wohl, dass sie absolut gar nichts miteinander gemein haben. Es gab seit 2019 kein Jahr, in dem der Garten dieselbe Größe oder Form hatte wie in den Jahren zuvor – und dann kommt natürlich noch das Gewächshaus hinzu.

2019 war das höchste der Gefühle das Saatband mit Radieschen, das ich (in letzter Konsequenz nur mäßig erfolg- beziehungsweise ertragreich) in einem der kleinen Hochbeete versenkt hatte. 2020 folgten dann zusätzlich ein Freilandgarten von etwa 56 Quadratmetern sowie ein winziges Folienhaus von etwa zwölf Quadratmetern am anderen Ende des Hofs. 2021 zog das Folienhaus in den (mittlerweile fast doppelt so großen) Freilandgarten, um dann 2022 schließlich von dem vierzig Quadratmeter großen Gewächshaus abgelöst zu werden. Tatsächlich gab es zwischen 2022 und 2023 die bis dato geringsten Veränderungen, denn hier gesellten sich zum Freilandgarten lediglich ein paar zusätzliche Beete in Holzeinfassung hinzu, um die Kartoffeln, die Zucchini und die Kürbisse auszulagern und somit mehr Platz innerhalb des Gemüsegartens hinzuzugewinnen. Seit Mai 2023 war für uns klar, dass wir den Hof in Kärnten verlassen und in die Steiermark ziehen würden, weswegen sich die Ambitionen für weitere bauliche Maßnahmen logischerweise (und zu Lukas' großer Freude) in Grenzen hielten. Im Grunde waren wir im Sommer 2023 zu weiten Teilen schon damit beschäftigt, mehrjährige Pflanzen aus dem Garten in Töpfe zu setzen und sie so transportfähig zu machen – denn was für die Tiere galt, galt gleichermaßen auch für mein kleines Gartenreich: Wir nehmen alles mit, woran das Herz hängt. Tja, und somit wären wir nun wohl bei Gartenjahr Nummer fünf angekommen (das Radieschen-Saatband-Experiment lasse ich in der Zählung mal außen vor) – 2024, dem Jahr mit den größten Fragezeichen.

Zunächst einmal waren wir im Grunde genommen gerade erst frisch umgezogen, und das Gewächshaus stand bis Ende November 2023 sogar noch in Kärnten. Lukas hatte es erst im Nachhinein in einer Hauruck-Nacht-und-Nebel-Aktion (wie auch sonst) abgebaut, im Hänger verstaut und in die Steiermark verfrachtet, doch einen Platz hatten wir dafür damals noch lange nicht gefunden. Entsprechend gab es erst mal lediglich den kleinen, verwilderten und eingezäunten Bereich, den ich in diesem Kontext nicht einmal »Garten« nennen möchte, denn hier stand das Gras schon höher als auf den Weideflächen, und bei näherer Betrachtung trat unter der ersten Gras-/Erdschicht eine recht illustre Ansammlung Waschbetonplatten in diversen Größen und Stärken zutage. Und mal ganz abgesehen von Waschbetonplatten und hüfthohem Gras gab es da ja noch das offensichtlichste Problem: Dieser »Garten« war einfach viel zu klein für mich und all meine Ideen.

So begannen wir also im Januar 2024 mit der Gartenplanung,

und ganz anders als in den Jahren zuvor konnte ich wirklich nur *hoffen*, dass ich in diesem Jahr überhaupt irgendetwas ernten würde, denn wir hatten uns da ein ganz schönes Mammutprojekt vorgenommen. Das Gewächshaus sollte zwischen den beiden Wohnhäusern in den Hang hineingebaut werden – allerdings musste besagter Hang hierfür erst einmal weichen. Der Freilandgarten oberhalb des Hauses sollte in der Größe mal eben vervierfacht und terrassenartig angelegt werden. Auch hier standen uns nicht nur der Hang und ein gutes Stück der Weidefläche im Weg, sondern wir sahen uns auch noch mit einer dichten Brombeerhecke konfrontiert, die der Dornenhecke aus *Dornröschen* durchaus Konkurrenz machen konnte. Spätestens an dieser Stelle kann man sich die Dimensionen unseres Gartenprojekts vermutlich ansatzweise ausmalen. Wir mussten dafür im wahrsten Sinne des Wortes die schweren Geschütze auffahren und beauftragten einen Baggerfahrer samt Helfer, die Grabungen vorzunehmen. Tatsächlich schlugen wir hier mehrere Fliegen mit einer Klappe, denn neben dem Gartenprojekt wollten wir auch noch diverse Wasserleitungen auf dem Hof verlegen und die Drainage an der Rückwand des Hauses erneuern. Am 8. April 2024 ging es schließlich los. Der Baggerfahrer schien nicht sonderlich beeindruckt von den Ausmaßen unseres Vorhabens und schätzte die Dauer der Baggerarbeiten am Hang recht optimistisch ein. In seinen Augen würde er einen, maximal anderthalb Tage brauchen, um die Erde zwischen den beiden Wohnhäusern abzutragen und die Fläche für das Gewächshaus zu schaffen. Nun zu behaupten, er habe sich in seiner Einschätzung *ein wenig* vertan, wird dieser eklatanten Fehlkalkulation nicht einmal im Ansatz gerecht. Anstatt anderthalb Tagen hat er eine Woche gebraucht, um schlussendlich schätzungsweise 250 Tonnen (!) lehmiger Erde abzugraben und von seinem Kollegen mit dem Dumper an anderer Stelle wieder aufschütten zu lassen. Am Ende war er einfach nur noch ein missgelauntes Nervenbündel, da allein schon dieses Projekt schier kein Ende zu nehmen schien – und es lag ja noch ein bisschen was vor ihm. Was die Nervenbündel-Sache angeht, stand ich ihm allerdings in nichts nach. Zu beobachten, wie innerhalb kürzester Zeit ein Chaos gigantischen Ausmaßes entstand, versetzte mich in eine Unruhe sondergleichen. Ich wusste sehr wohl, wofür wir all das taten, trotzdem musste ich mich auf Lektion eins des Renovierungseinmaleins besinnen, um nicht vollends durchzudrehen. Am 15. April begannen schließlich die Baggerarbeiten im Freilandgarten, und am 19. April versenkten die Arbeiter die Zisterne, die Lukas besorgt hatte, unterhalb der Baufläche des Gewächshauses. Sie fasste bis zu 5000 Liter Wasser, was wir im Sommer mit Sicherheit gut gebrauchen könnten. Tja, und dann? Dann stand die gesamte Baustelle plötzlich über einen Monat lang still.

Am 23. April weckte mich Lukas um kurz nach fünf in der Früh mit den Worten »Draußen ist alles weiß« – und natürlich habe ich mich zunächst einmal wieder umgedreht und das Ganze für einen schlechten Scherz gehalten. Es lagen jedoch tatsächlich ungefähr sechs Zentimeter Neuschnee, und es schneite schier unaufhörlich weiter – der reinste Irrsinn! Alles trug schon längst ein dichtes Blattwerk, und der klumpig-nasse Schnee legte sich bei gerade einmal 0,5 Grad wie eine klobige Gewichtsdecke auf alle Bäume und Büsche. An diesem Morgen stolperte ich also völlig schockiert und leicht panisch aus dem Bett quasi direkt in die Gummistiefel, um das Debakel draußen zu begutachten. Ich begann sofort damit, die Obstbäume und alles andere, was ich irgendwie erreichen konnte, von Schnee zu befreien. Nachdem ich jedoch nach über einer Stunde feststellen musste, dass ich dieser misslichen Lage allein auf keinen Fall Herrin werden konnte, weckte ich schließlich Hannah, die uns von April bis Mai auf dem Hof unterstützte. Lukas hatte an jenem Tag Frühdienst und war bereits seit halb sechs unterwegs (wohlgemerkt mit der Kettensäge im Kofferraum, um sich den Weg durch den Wald notfalls freizuschneiden). Man kann sich die verschlafene und verwirrt dreinblickende Hannah vermutlich sehr gut vorstellen, als ich um halb sieben den Kopf durch ihre Zimmertür streckte und sie über die aktuelle Wetterlage informierte. Schließlich zogen wir, mit Besenstielen und langen Stöcken bewaffnet, über den Hof und taten, was wir konnten. Die Zäune lagen am Boden, die Kronen der Apfelbäume bogen sich schon gefährlich in Richtung Erde, und die Kühe standen in ihrem Weidezelt und verstanden die Welt nicht mehr. Oftmals befreiten wir einen Obstbaum vom Schnee, um just in dem Moment, in dem wir uns dem nächsten zuwenden wollten, dabei zuzusehen, wie die gesamte Baumkrone unter der Last des Schnees zusammenbrach. Wir verloren an jenem Morgen viel zu oft diesen Kampf gegen den klumpigen Schnee, und nachdem wir nach gut drei Stunden quasi Im-Kreis-Rennen (denn wenn man einmal fertig war, konnte man im Grunde wieder von vorn anfangen) völlig durchnässt waren, traten wir den Rückzug an. Glücklicherweise ließ der Schneefall alsbald nach, und die aufgehende Sonne sorgte dafür, dass das Winter Wonderland wieder ganz schnell dem frischen, satten Frühlingsgrün wich. Dennoch: Der Schaden war angerichtet – und er war immens.

Doch zurück zu unserem Gartenprojekt. Es war in der Hauptsache gar nicht das kurze Schnee-Intermezzo, das die Baustelle komplett lahmlegte, sondern eher der tags darauf einsetzende Regen, der sage und schreibe rund vier Wochen lang nicht nachlassen wollte. Es gab nur wenige Tage, an denen es nicht von früh bis spät durchregnete, und diese Unmengen an Wasser weichten den Boden katastrophal auf. Es war schon ein wagemutiges Unterfangen, die Baustelle nur in Gummistiefeln zu durchqueren, da man ständig bis zur Wade im Morast versank und nur mit Mühe und Not vom Fleck kam. Der Einsatz eines Baggers schien dieser Tage daher gänzlich unmöglich. Es ist nicht gelogen, wenn ich sage, dass ich zu diesem Zeitpunkt nicht mehr allzu viel Hoffnung hatte, was das Gartenjahr 2024 anging. Normalerweise wären seit Anfang April die ersten

Pflanzen im Freilandgarten, und spätestens Mitte/Ende April würden die Tomatenpflanzen im Gewächshaus folgen. Doch es wurde Anfang Mai, bis die ersten Beete im Garten vollständig angelegt waren und bepflanzt werden konnten. Sellerie, Kohl und Erbsen landeten als Erstes in der Erde, wenig später folgten noch Steckzwiebeln und Lauch. Am 5. Mai war der Freilandgarten schließlich fertig angelegt und wartete nur noch auf die Bepflanzung und besseres Wetter.

Doch beim Gewächshaus sah es ein wenig anders aus: Der anhaltende Regen machte es uns unmöglich, mit dem Aufbau zu beginnen, und abgesehen davon waren die Baggerarbeiten auch noch nicht endgültig abgeschlossen. Mitte Mai musste ich zu allem Überfluss beruflich nach Deutschland reisen, und irgendwie fand zwischendrin dann noch der Almauftrieb statt. Es war alles mal wieder das reinste Chaos, doch Ende Mai, als meine Jobs erledigt waren, die Kühe auf der Alm grasten und das Regenwetter schüchternen Sonnenstrahlen gewichen war, legten wir den Turbo ein: Lukas begann am 25. Mai mit dem Aufbau des Gewächshauses, am 5. Juni wurde die neue Erde aufgeschüttet, am 9. Juni folgte die Dachfolie, und am 12. Juni legte ich die Beete an und setzte sofort die Tomatenpflanzen in die Erde.

Man könnte sich wohl fragen, warum wir uns (oder ich mir?) in aller Welt so einen Stress gemacht haben, aber ganz ehrlich? Wir haben nicht einmal daran *gedacht*, den ersten Sommer ohne Gemüsegarten zu verbringen. Es stand im Frühjahr weder für Lukas noch für mich überhaupt zur Debatte, das Gartenprojekt auf 2025 zu verschieben, denn irgendwie gehörte der Garten für uns mittlerweile genauso dazu wie die Tiere. Mir war jedoch durchaus bewusst, dass 2024 sehr wahrscheinlich nicht zu den ertragsreichsten Jahren zählen würde, denn dafür waren die Ausgangsbedingungen einfach zu schlecht. Es ging dabei nicht nur um das Timing und die Tatsache, dass wir mit den Tomaten zum Beispiel fast acht Wochen (!) hinterherhinkten, sondern zu weiten Teilen auch um die Bodenbeschaffenheit. Die alte Komposterde der Vorbesitzer hatten wir kurz vor Baustellenbeginn in den Etagenbeeten vor dem Haus verteilt, weswegen weder für den Garten noch für das Gewächshaus viel davon übrig geblieben war. Außerdem mussten wir für den Garten ja gut anderthalb Meter tief graben und für das Gewächshaus mitunter sogar vier bis fünf Meter tief, und in dieser Tiefe befand sich schlichtweg kein Leben. Regenwürmer und andere Nützlinge konnte man lange suchen, doch dafür gab es Steine *en masse*. Wir hatten es hier mit einem Lehmboden zu tun, der schon rostrot verfärbt war und aus dem man Lehmklumpen herausholen konnte, die die Konsistenz von Ton hatten. Es schien uns also wahrscheinlicher, Blumentöpfe aus unserer Erde töpfern zu können, als am Ende des Sommers wirklich viele Tomaten zu ernten. Lukas orderte mehrere Lkw-Ladungen Erde von einem benachbarten Ackerbaubetrieb, doch auch diese Erde war alles andere als vielversprechend. In den Jahren zuvor wurden Kürbisse und Mais darin gepflanzt, und da beide zu den Starkzehrern zählen, haben sie kaum nennenswerte Nährstoffe zurückgelassen. Tja, und als wäre das alles noch nicht genug, gab es da 2024 noch die schlimmste Schneckenplage, die ich jemals erlebt habe.

Durch den ständigen Regen in Kombination mit einigermaßen milden Temperaturen wurden wir im Mai förmlich von Nacktschnecken überrannt. Sie saßen nicht nur in den Beeten, sondern krochen auch über den Kaninchenstall, hingen am Terrassentisch und klebten mitunter sogar schon an unserer Hauswand. Etliche Jungpflanzen waren binnen 24 Stunden wie vom Erdboden verschluckt (und wir alle wissen, wer dieser »Erdboden« in Wirklichkeit ist …), und ich versuchte wirklich alles, um diese Plage irgendwie in Schach zu halten. Im Anti-Schnecken-Bingo kann mir nun niemand mehr etwas vormachen, denn ich habe alles versucht: Ich streute Sand und Hackschnitzel, versuchte es mit Zimt, Opferpflanzen und striegelte unter Einsatz meines Lebens sogar Edna das halbe Fell heraus, um es fein säuberlich um meine Zucchinipflanzen zu drapieren, doch die Nacktschnecken ließ das alles kalt. Unsere Hühner hatten nur wenig Interesse an den schlüpfrigen kleinen Dingern und selbst die Schwafe, die ja nun wirklich so ziemlich alles vertilgen, hatten bald schon keine Lust mehr auf das tägliche Nacktschneckenmenü. Einzig Ole konnte ich noch etwas länger für den schleimigen Snack begeistern – aber auch das nur unter der Bedingung, dass ich sie vorher in Gerstenschrot wälzte und ihm derart paniert darreichte. Zu Hoch-Zeiten sammelte ich an einem Abend binnen weniger als einer Stunde einen ganzen Zehnlitereimer voll mit Nacktschnecken aus meinen Beeten. Dabei stellte ich recht schnell fest, dass ich für diese Sammelaktion auf Einmalhandschuhe zurückgreifen musste, denn der Nacktschneckenschleim ist derart hartnäckig, dass man ihn auch nach mehrmaligem Händewaschen nur schwerlich von der Haut runterbekommt. Kein Wunder also, dass Hühner und Schwafe nur bedingt Lust darauf hatten, die Teile in den Mund respektive Schnabel zu nehmen. Letztlich bleibt es mir ein Rätsel, wie in meinem Garten überhaupt irgendeine Pflanze bis Anfang Juni, als das Wetter von Sintflut auf Dürre umschaltete, überleben konnte.

Unterm Strich kann man 2024 als Lehrjahr sehen, in dem wir die Gegebenheiten und Witterungsbedingungen auf dem neuen Hof erst so richtig kennenlernen und uns für all die Hürden und Probleme, die uns begegneten, mögliche Lösungen ausdenken konnten. Wir akzeptierten (wenn auch manchmal nur zähneknirschend), dass es für diesen Sommer nun einmal war, wie es eben war, und wir erst im darauffolgenden Jahr die nötigen Maßnahmen ergreifen könnten. So hätte ich zum Beispiel niemals damit gerechnet, dass ich hier in der Steiermark plötzlich massive Probleme mit Schädlingen (und dabei spreche ich nicht einmal von den Nacktschnecken) bekommen würde, die sogar dazu führten, dass die Tomatenernte 2024 ziemlich mau ausfiel. In erster Linie geht es dabei um die Gemüseeule – ein Falter, dessen schon beinahe lächerlich freundlich klingender

Name dem Monstrum von Schädling, das er in Wahrheit ist, nicht ansatzweise gerecht wird. Belassen wir es also bei seinem lateinischen Namen. *Lacanobia (Diataraxia) oleracea* legt bis zu 300 Eier auf einmal ab – selbstverständlich vorzugsweise an der Blattunterseite von Tomaten. Die daraus resultierenden Raupen, die in einem Farbspektrum von giftgrün bis dunkelbraun daherkommen, fressen sich anschließend genüsslich durch alles hindurch, was die Tomatenpflanze so zu bieten hat: Blätter, (unreife) Früchte, ja sogar der Stamm der Pflanze ist nicht sicher. Mein Unmut, wenn ich mal wieder von einem Raupenpopo an- beziehungsweise ausgelacht wurde, der kurz davor war, in einer noch nicht einmal ansatzweise ausgereiften Tomate zu verschwinden, lässt sich dabei nur schwerlich in Worte fassen. Mitte August konnten wir die ersten vereinzelten Tomaten ernten, etwa einen Monat später eskalierte die *Lacanobia*-Situation so richtig, und als ich Anfang Oktober längere Zeit mit meiner ersten COVID-Infektion flachlag, verlor ich den Kampf gegen die Raupen endgültig. Die 2024er-Tomatenernte reichte gerade so aus, um mit den Überresten aus 2023 noch über den Winter zu kommen. Für das Folgejahr musste ich mir unbedingt etwas anderes überlegen.

Zu den invasiven Raupen kommt außerdem noch erschwerend hinzu, dass unser Hof mit etwa 600 Höhenmetern zwar ein gutes Stück niedriger liegt als der alte Hof in Kärnten, die Sonneneinstrahlung hier aufgrund der Lage am Südhang und der generell warmen Region der Weststeiermark allerdings eine *ganz* andere Nummer ist. 2024 schenkte mir also die Erkenntnis, dass es für Tomaten im Gewächshaus durchaus einen Zustand von »zu heiß« geben kann, dass Gurkenblätter nach geraumer Zeit in der prallen Sonne knuspriger sind als so manches Herbstlaub und dass Wasser mitunter das wertvollste und gleichzeitig knappste Gut sein kann, das es gibt. In unserem ersten Sommer auf dem Hof hatte ich große Probleme mit Mehltau, sowohl bei den Tomaten als auch bei sämtlichen Zucchinipflanzen. Letztere ließen uns sowieso gänzlich im Stich, denn wenn ich an die Zucchinischwemme damals in Kärnten denke (wo ich durchaus mal fünfzehn Zucchini auf einmal ernten konnte und die schwerste dabei ganze sechs Kilo auf die Waage brachte), erschien mir unsere Ausbeute 2024 einfach nur lächerlich. Tatsächlich trug ich aus schierer Unwissenheit aber auch meinen Teil zu der mageren Ernte bei, denn ich pflanzte die Setzlinge direkt an der Hangkante unseres Freilandgartens ein; quasi am Übergang der oberen Gartenetage zur unteren. Es war mein Schwager, der mich auf meinen Anbaufehler aufmerksam machte. Er hatte zwar keine Ahnung von Zucchini oder Gemüseanbau im Allgemeinen, wusste als Bauingenieur jedoch einiges von Feuchtigkeitsverteilung im Boden und konnte mir nachvollziehbar erklären, dass sich genau an der Stelle, an der ich die Zucchini gepflanzt hatte, so gut wie kein Wasser halten kann. Nun denn, wieder etwas gelernt. Es war unterm Strich wohl die Kombination aus dem späten Einpflanzen, suboptimaler Erde, extremer Hitze und der Invasion etlicher Schädlinge, die mir im Gewächshaus wie auch im Freilandgarten das Leben schwer machte.

Neben all dem Frust des ersten Gartenjahres gab es aber auch durchaus einige Momente komödiantischen Charakters, die für allgemeine Erheiterung sorgten. So fanden wir zum Beispiel all die »Geschenke«, die der Hof für uns bereithielt, ziemlich beeindruckend: Aus unerfindlichen Gründen wächst bis heute überall (und damit meine ich *wirklich* überall) Gemüse, das wir nie ausgesät haben. Am Hang sprießt Kohl, in den Etagenbeeten wachsen vereinzelt Möhren und Radieschen, an anderer Stelle wuchert einem der Lauch entgegen, und mitten auf den Wegen entdeckt man schon mal das ein oder andere Tomatenpflänzchen. Lukas scherzt immer nur damit, dass ich wohl nachts heimlich mit den Saatgutpäckchen in der Hand aus dem Haus schleiche und die Samen wie Konfetti durch die Gegend werfe, doch ich kann an dieser Stelle ein für alle Mal sagen, dass dem nicht so ist. 2024 waren die besten Radieschen schlussendlich die, die ich nicht angepflanzt hatte, und die robusteste Tomate (ebenjene, die nicht nur dem Falter, dessen Name nicht genannt werden darf, sondern auch den ersten Nachtfrösten eisern standhielt) wuchs mitten auf dem Hofvorplatz.

Natur ist Natur, und wir Menschen haben uns damit abzufinden, dass unser persönlicher Wille dabei nicht sehr viel mehr als eine bedeutungslose Randnotiz darstellt, die selten bis gar nicht berücksichtigt wird. Das Einzige, was wir tun können, ist wohl, uns den Gegebenheiten, die von der Natur diktiert werden, anzupassen. So entschied ich mich im Frühjahr 2025 dazu, die Seitenwände und die Türen des Gewächshauses mit einem Netz zu bespannen, das nicht nur unliebsame Gäste fernhalten, sondern auch dafür sorgen sollte, dass sich andere Schmetterlinge, Bienen, Hummeln und manches Mal sogar der ein oder andere Singvogel nicht mehr hineinverirren und womöglich jämmerlich dort verenden würden. Die Erde im Gewächshaus und im Freilandgarten reicherten wir im März mit verschiedenem organischem Material (Sand, Laub, Hackschnitzel und allerlei Mist) an und bearbeiteten ihn noch ein (hoffentlich letztes) Mal mit der Bodenfräse. Stand jetzt haben wir einen richtig schönen lockeren Boden, der um Welten vielversprechender ist, als er es noch vor einem Jahr war. Da bei der anhaltenden Trockenheit, die wir im Sommer hier scheinbar in unangenehmer Regelmäßigkeit erleben dürfen, Wasserknappheit ein omnipräsentes Thema ist, gilt es natürlich auch, so sparsam wie nur möglich zu gießen. Hier versuche ich, in diesem Jahr zwei Fliegen mit einer Klappe zu schlagen, indem ich eine dicke Mulchschicht aus Hackschnitzeln ausbringe, die nicht nur das Unkraut in Schach halten, sondern auch den Boden vor Austrocknung schützen soll. Eventuell habe ich mir hierfür einen sündhaft teuren Gartenhäcksler mit dem vielversprechenden Namen *Forest Master* bestellt, und nach diversen Testläufen kann ich sagen:

Der Name ist Programm und die Mulchschicht wie aus dem Bilderbuch.

Die Gurken werde ich in diesem Jahr wohl nicht auf der Sonnenseite des Gewächshauses anpflanzen, und auch für die Zucchinipflanzen habe ich mir ein neues Plätzchen überlegt – wenngleich auch gezwungenermaßen, denn als ich vor einigen Wochen Zucchini, Gurken und Kürbisse aussäte, brachte ich natürlich immer ein bisschen mehr aus, als ich letztlich benötigen würde. Schließlich gehen ja so gut wie nie alle Samen auf – dachte ich zumindest (mal wieder). Doch nun steht eine illustre Ansammlung von Pflänzchen in meinem Gewächshaus (mal wieder), die nur darauf wartet, in die Freiheit entlassen zu werden. Die Rosmarinstecklinge, die ich im Vorjahr genommen habe, sind übrigens auch alle angewachsen, weswegen ich derzeit neben 25 Zucchini, fünf Riesenkürbissen, sechs Gurken und vier Zierkürbissen auch sage und schreibe 78 Rosmarinjungpflanzen herumstehen habe. Und zu guter Letzt gibt es auch noch die Erdbeeren, von denen ich aus Kärnten knapp drei Dutzend kleine Pflänzchen mitgebracht hatte und die sich auf wundersame Weise vervielfacht haben. Aus ehemals dreißig Erdbeerpflanzen wurden sage und schreibe 241, die sich nun an allen Ecken und Enden des Gartens und des Hofs wiederfinden. Nun gut, womöglich habe ich es auch einfach (mal wieder) gnadenlos übertrieben, aber was soll's. Im Zweifel haben wir ja einige Tiere, die sich immerhin sehr über das überschüssige Gemüse freuen werden. Glück für sie, dass ich so gern teile.

Mit allen.

Außer mit dem Falter, dessen Name nicht genannt werden darf.

Wichtige Erkenntnisse, hilfreiche Tipps und unnützes Wissen

1. Schnecken sind das eine, aber unterschätze nie die Gefahr von Ameisen.
2. Bei Insektenmangel kann man die Zucchinibestäubung auch einfach selbst in die Hand nehmen.
3. Rosmarin, Erdbeeren und Oregano lassen sich ganz einfach vermehren – man muss nie wieder Nachschub kaufen.
4. Die wild gewachsenen Tomaten (also solche, die sich selbst ausgesät haben) sind meist die robustesten.
5. Lavendel, Rosmarin, Thymian, Oregano und Co. sind pflegeleicht und werden von Schnecken komplett ignoriert.
6. Was zwei Jahre in Folge nicht funktioniert (oder wächst), wird auch im dritten Jahr nicht klappen.
7. Der erste Zucchino ist ein Wunder.
8. Der fünfzigste Zucchino ist Schweinefutter.
9. Manchmal muss man im Frühling einen radikalen Schnitt machen – dafür wird's im Sommer umso schöner.
10. Wenn möglich immer morgens gießen, denn die Feuchtigkeit am Abend lockt Schnecken an und öffnet Pilzerkrankungen Tür und Tor.
11. Pflanzen in Töpfen sind eine nette Deko, aber sie brauchen dreimal so viel Aufmerksamkeit (und Wasser) wie in der Erde.

12. Es wird immer irgendwo Blattläuse geben – das gehört dazu.
13. Ringelblumen sind ein absoluter Allrounder: Hühner lassen sie in Ruhe, Schnecken mögen sie nicht, und Schädlinge werden ferngehalten. Ach ja, und sie sehen hübsch aus.
14. Springkraut, Ampfer und Berufskraut müssen bekämpft aka ausgerissen werden, sonst hat man in einigen Jahren nichts anderes mehr.
15. Auch wenn der Garten irgendwann groß genug ist: Man hat trotzdem nicht genug Platz.
16. An eine Hangkante baut man nichts an, was viel Wasser benötigt (Grüße vom Diplomingenieur-Schwager).
17. (Sommer-)Himbeeren sollte man nach der Ernte (nur die zweijährigen, holzigen Stängel, die getragen haben) und Hortensien im Herbst zurückschneiden.
18. Stichwort Hortensien: Sie lassen sich auch leicht selbst vermehren. Beim Rückschnitt einfach einen Stängel mit mindestens zwei Augen (also Knospen beziehungsweise Austriebsstellen) unten schräg anschneiden, Rinde leicht abkratzen und in die Erde stecken.
19. Lavendel sollte man nach der Blüte um mindestens ein Drittel zurückschneiden und im Frühjahr sogar um zwei Drittel, damit sie nicht verholzen.
20. Bei sämtlichen Kräutergewächsen sollte man bei der Ernte nicht ins Holz schneiden, sondern nur den weichen Teil ernten.
21. Manche Pflanzen servieren einem das Saatgut für das Folgejahr quasi auf dem Silbertablett: Ringelblumen, Bartnelken, Sonnenblumen, Erbsen, Stangenbohnen und Co. sind prädestiniert dafür, sich für das nächste Gartenjahr einzudecken.
22. Mehltau und Zucchini gehören irgendwie zusammen – aber mit einem Mix aus 1 EL Schmierseife, 1 Päckchen Backpulver, 2 EL Rapsöl und lauwarmem Wasser lässt sich das ganz gut in den Griff kriegen.

23. Es gibt viele einjährige Pflanzen, die wunderschön sind – aber man spart sich wirklich viel Zeit, Geld und Arbeit, wenn man auf mehrjährige setzt.
24. Zucchini lagert man am besten nicht im Kühlschrank, sondern irgendwo bei 12–14 Grad in der Vorratskammer. Alles unter 8 Grad schädigt die Frucht.

Irgendwo dazwischen

Vom Mitreden und Mundhalten

Juni 2024

Während wir den Milchviehbetrieb von Lukas' Eltern bewirtschafteten, war ich so richtig in der Landwirtschaftsbubble. Das fing bei Vernetzungstreffen an, ging über Vorträge und Podcast-Einladungen bis hin zu direktem Austausch mit vielen anderen Jungbäuerinnen via Social Media oder auch persönlich. Irgendwie war ich ein bunter Hund in der Branche, obwohl Quereinsteiger:innen in der Landwirtschaft nun wirklich alles andere als selten sind, aber man schien dennoch hören zu wollen, was ich zu sagen hatte (immerhin war ich damals noch eine der wenigen, die einigermaßen offen über das Thema Generationenkonflikte sprach). Doch das änderte sich mit unserem Umzug in die Steiermark schlagartig. Zu Kärnten-Zeiten wurde ich oft als Interview- oder Gesprächspartnerin zu landwirtschaftlichen Themen eingeladen – jetzt werde ich nur noch angefragt, um die entsprechenden Beiträge mit meiner Reichweite über Instagram *zu bewerben*. Fehlende Interviewanfragen sind kein wirklich bewegender Verlust, doch die Vernetzung zwischen den Landwirt:innen, sei es digital oder analog, fehlt mir. Meinem subjektiven Empfinden nach bin ich irgendwie raus, seit wir »nur noch« eine Art Hobbylandwirtschaft haben – und sowohl die Tatsache als auch die Art und Weise, wie ich das landwirtschaftliche System oder besser gesagt die Nutztierhaltung in Deutschland und Österreich online kritisiere, tut ihr Übriges. Tatsächlich war unser Aufgeben im Sommer 2023 für manch eine:n der ultimative Beweis dafür, dass die Arbeit auf einem *richtigen* landwirtschaftlichen Betrieb für mich kaum mehr als ein kurzer Ausflug, ein Reinschnuppern in diese andere Welt gewesen sein musste und ich im Endeffekt nur zu wenig Durchhaltevermögen und Biss hatte, um wirklich und ernsthaft in die Branche einzusteigen. Über diese Kommentare musste ich fast lachen, denn wer mich beziehungsweise uns kennt oder von mir aus auch nur online verfolgt, weiß ganz genau, dass unser Weggang von Lukas' elterlichem Betrieb an vielen Dingen lag, aber definitiv nicht am fehlenden »Biss«. Solche Äußerungen stammen von den gleichen Menschen, die sich auch wahnsinnig darüber aufregen, wenn ich in den Medien als »Landwirtin« bezeichnet werde – schließlich hätte ich den Beruf niemals richtig erlernt, und außerdem sei das für mich bloß ein »Job« gewesen. Dass dieses Framing niemals (wirklich *niemals*) von mir selbst kommt, sondern mir von den Medien aufgedrückt wird, interessiert dabei letzten Endes niemanden.

Wir halten auf unserem Hof in der Steiermark nun also Nutztiere, doch ohne jedweden Nutzen. Sie sind nicht *produktionsrelevant*, und allein deshalb scheinen bei einigen aus der landwirtschaftlichen Branche sofort die Alarmglocken zu klingeln. Und ganz ehrlich? Zum Teil kann ich es sogar verstehen. Manche Menschen, die sich aktiv im Tierschutz engagieren oder gar Gnadenhöfe betreiben, scheinen manchmal zu vergessen, wo sie herkommen – oder wer sie früher einmal waren. Die meisten Gnadenhöfe sind ehemalige landwirtschaftliche Betriebe, und wenn wir das Ganze mal nüchtern betrachten: Kaum jemand ist als Tierschützer:in oder Veganer:in auf die

Welt gekommen. In der Regel gab es da irgendwann einen Moment der Erkenntnis – bei manchen früher, bei anderen später. Warum also vergessen das so viele, wenn es um den Dialog mit Landwirt:innen geht, und steigen direkt mit Vorwürfen und Verurteilungen ein? Die Erwartungshaltung an »die Mörder« und »die Ausbeuter« aka die Landwirt:innen scheint da oftmals ganz klar: »Hört doch auf damit, Tiere auszubeuten, und macht am besten einen Gnadenhof aus eurem Betrieb.« Als wenn das so leicht wäre – alles davon.

Doch leider wird auch andersherum ein Schuh draus: Menschen aus der landwirtschaftlichen Branche sind bisweilen sehr schnell dabei, *die Veganer* pauschal als ein großes Konglomerat an militanten und äußerst aggressiven Tierschützer:innen zu sehen, die Nutztierhaltung in jedweder Form am liebsten direkt abschaffen würden und die ultimative Bedrohung für die heimische Landwirtschaft sind. Selbst bei den wenigen Events, zu denen ich noch eingeladen werde, zeigt sich diese Art der Vorverurteilung immer und immer wieder – leider. Als hätte die landwirtschaftliche Branche keine größeren Probleme als die gerade einmal drei Prozent der deutschen Bevölkerung (in Österreich sind es elf Prozent), die sich wirklich vollständig vegan ernähren. Klimawandel, Inflation, die immer weiter anwachsende Weltbevölkerung – ja, mir würden durchaus ein paar andere Dinge einfallen, die mir bedrohlicher erscheinen als der verschwindend geringe Teil der Gesellschaft, den Veganer:innen ausmachen. Viele beklagen zudem auch das schlechte Image, das den Landwirt:innen noch immer anhaftet, doch ich kann mir kaum vorstellen, dass abschätzige Bemerkungen über »die Veganer« dem entgegenwirken.

Wenn ich auf Social Media lange und ausführlich recherchierte Beiträge über die Nutztierhaltung in Deutschland veröffentliche und das System (das *System* – nicht Bauer Ludwig persönlich) scharf kritisiere, weil es in meinen Augen einfach nicht sein kann, dass es 2025 noch immer Kühe gibt, die in dauerhafter Anbindehaltung leben, oder dass Sauen viel zu viel Zeit in den sogenannten Kastenständen zubringen müssen, fühlen sich viele aus der Branche persönlich angegriffen. Die meisten gehen direkt in die Verteidigungshaltung oder schlagen verbal zurück, indem sie die Informationen als vermeintlich falsch deklarieren (ohne dabei jedoch entsprechende Quellen zu benennen, auf die sich ihre eigene Information stützt). Viele andere – und das ist weitaus frustrierender – sind jedoch einfach nur *enttäuscht.* Darüber, dass ich Landwirt:innen »schlechtmache«, dass ich ihnen »in den Rücken falle«, solche Beiträge teile, obwohl es doch schon »viele Betriebe besser machen« würden, und am Ende des Tages auch einfach nur enttäuscht von *mir* als Person. Als dürfe man ein absolut archaisches System wie die dauerhafte Anbindehaltung bei Kühen beispielsweise nicht kritisieren, weil es einige Betriebe versuchen, besser zu machen – oder weil andere schlicht und ergreifend nicht die Mittel haben, die Dinge zu ändern. Manches Mal erinnert mich diese Argumentation an die Debatten im feministischen Bereich, wenn es mal wieder heißt *but not all men.*

Es muss möglich sein, das System zu hinterfragen und eventuell auch zu verändern, ohne dass sich dabei alle Landwirt:innen persönlich in ihrem Tun angegriffen fühlen. Viele von ihnen verurteilen (berechtigterweise) ja selbst Dinge wie Langstrecken-Tiertransporte um den halben Globus oder sogar die ein oder anderen Kolleg:innen für fragwürdige Umgangsformen mit ihren Tieren. Man weiß auch innerhalb der landwirtschaftlichen Branche, dass es genügend Dinge im Bereich der Nutztierhaltung gibt, die nicht richtig laufen und die keinen Fortbestand haben sollten, und auch, dass es genügend »schwarze Schafe« gibt, die so manche Tierschützer-Haltung durchaus verständlich machen. Doch aus irgendwelchen Gründen, sei es eine fehlgeleitete Form von Solidarität untereinander oder Angst vor Veränderung, wird all das manches Mal lieber unter den Teppich gekehrt, als offen im Diskurs eingestanden. Doch dies ist der Sache, der Debatte und den Grabenkämpfen zwischen Landwirtschaft und Tierschutz, absolut nicht zuträglich. Meiner Meinung nach braucht es mehr Bereitschaft dafür, sich die Dinge, die auf den ersten Blick vielleicht furchtbar wirken, einfach mal erklären zu lassen. Denn dann wüsste man, dass Kühe, die dreckig sind, nicht automatisch ein Fall für den Tierschutz sind oder dass Fußfesseln und Saugentwöhner einen tieferen Sinn haben können (der absolut *gar nichts* mit Tierleid zu tun hat). Doch dafür müsste man einander zuhören, und das erscheint manchmal ein Ding der Unmöglichkeit zu sein.

Mich beschleicht immer öfter das Gefühl, dass sich diejenigen, die ihre Tiere noch in der klassischen Form als Nutztiere halten, von mir ebenso verurteilt fühlen, wie sie es von manch militanten Tierschützer:innen kennen, doch das genaue Gegenteil ist der Fall. Ich verstehe viele Sorgen und Bedenken, Schwierigkeiten und Herausforderungen, weil ich sie selbst auch erlebt habe (wenngleich auch »nur« vier Jahre), und bin die Allerletzte, die einen Milchbauern dafür anprangern würde, dass er seine Kuh noch melkt, nur weil wir für uns einen anderen Weg gefunden haben. Und an dieser Stelle muss ich auch ganz unumwunden sagen, dass dieser Weg nur möglich ist, weil ich die entsprechende Reichweite und damit auch den Support so vieler Menschen über Instagram erhalte, die uns beziehungsweise den Tieren hier finanziell den Rücken freihalten. Was für uns funktioniert, ist noch lange keine allgemeingültige Lösung.

Ich kann also Verständnis für kleinstrukturierte Landwirtschaft haben, sie wichtig und unterstützenswert finden und gleichzeitig Konzepte wie die dauerhafte Anbindehaltung beanstanden und verurteilen. Ich kann unseren Tieren den Lebensabend auf unserem Hof ermöglichen, regelmäßig finanzielle Unterstützungen für sie sammeln und trotzdem nicht automatisch alles gut finden, was selbst ernannte Tierschützer:innen teilweise an gefährlichen Halbwahrheiten auf Social Media verbreiten. Ich kann industrielle Tierhaltung kritisieren, Lebensrealitäten von Nutztieren medial aufbereiten und verbreiten und gleichzeitig absolut nichts davon halten, nachts in irgendwelche Ställe einzubrechen, bei der Besamung einer Kuh von Vergewaltigung zu sprechen oder an vorderster Front *Go vegan or go home* zu brüllen. Verständnis und Kritik schließen einander meiner Meinung nach nicht automatisch aus, und beides hat seine Berechtigung – auf *beiden* Seiten.

Ich gewinne mit meinem Tun keinen Beliebtheitswettbewerb in der landwirtschaftlichen Szene auf Social Media, während ich für die andere Seite wiederum nicht radikal genug oder schlichtweg zu verständnisvoll gegenüber der Landwirtschaft bin. Es ist, wie es meistens ist: Man kann es nicht allen recht machen. Nur eines sollten wir uns, ganz egal, auf welcher Seite wir uns persönlich einordnen würden, unbedingt verdeutlichen: So wie es jetzt ist, kann es nicht bleiben.

Wir können nicht weiterhin wirtschaften, als gäbe es keinen Klimawandel und keinen Mangel an Ressourcen (Acker- oder Grünland), als gäbe es keine immer lauter werdenden Forderungen nach (mehr) Tierwohl und vor allem keine Finanzierungsprobleme im kleinbäuerlichen Bereich. Die Dinge müssen sich ändern, und zwar nicht nur im Kuh-, Hühner- oder Schweinestall, sondern auch in der Politik, in den Supermärkten und in den heimischen Kühlschränken. Gerade wenn es um die Frage nach einer nachhaltigeren Form der Landwirtschaft geht, wird häufig die sogenannte Kreislaufwirtschaft in den Raum geworfen – ein Prinzip, das darauf beruht, die zur Verfügung stehenden Ressourcen maximal effizient zu nutzen. Das heißt beispielsweise, dass organische Abfälle wie Kompost oder Gülle als Düngung verwendet werden, um an anderer Stelle wieder Nahrungsmittel anzubauen, oder auch dass Abfallprodukte (unter anderem auch aus der Produktion rein pflanzlicher Lebensmittel oder pflanzlicher Ersatzprodukte) wiederum als Nahrungsmittel für Nutztiere verwendet werden können, ohne dass die Nutztiere den Menschen Ressourcen (Biomasse) wegnehmen.

Bei Hafermilch fallen etwa Nebenprodukte wie Haferbrei oder Trester an, die wiederum nicht zur Lebensmittelproduktion verwendet werden können, sehr wohl aber zum Beispiel an Milchkühe verfüttert werden können, wodurch wiederum Kuhmilch produziert wird. Wenn wir hier also bei dem Beispiel der Milchkühe bleiben, könnte dadurch womöglich auch auf den Zukauf von horrenden Mengen Kraftfutter (womöglich gar aus dem Ausland) verzichtet werden, was wiederum den CO2-Fußabdruck reduziert. Da scheint der Liter Milch plötzlich gar nicht mehr *ganz* so klimaschädlich zu sein, wie oftmals behauptet wird. Es geht also, wie der Name schon sagt, um die Entwicklung eines Kreislaufs, der nicht nur Ressourcen schont, sondern auch sehr viel nachhaltiger und umweltfreundlicher ist. Klingt gut, oder?

Doch was nützt der schönste Kreislauf, wenn seine Bestandteile über etliche Ländergrenzen transportiert werden? Die Kreislaufwirtschaft in der Theorie ist das eine, doch die Kreislaufwirtschaft auf dem europäischen Binnenmarkt steht auf einem *ganz* anderen Blatt. Und hier liegt der Hund begraben: Nachhaltig kann im Endeffekt nämlich nur das sein, was auch regional ist. Solange in einem Land wie Österreich, in dem der Selbstversorgungsgrad von sämtlichen Molkereiprodukten bei 111 Prozent und der von reiner Kuh-Konsummilch sogar bei 182 Prozent liegt,[1] dennoch Milchprodukte über einen Wert von rund 1,13 Milliarden Euro importiert werden[2], *kann* die Milchwirtschaft keine nachhaltige Kreislaufwirtschaft sein; hier müsste auf politischer Ebene eine Regulierung stattfinden, etwa durch konkretere Herkunftsbezeichnungen oder

1 www.ama.at/marktinformationen/milch-und-milchprodukte/aktuelle-informationen/2024/versorgungsbilanz-fuer-milch-milchprodukte-2023

2 www.ama.at/getattachment/5511e1cd-365b-4ee8-93c4-2983cceed575/Jahresbericht_Milch_2023.pdf, S. 7

Importbegrenzungen. Gleiches gilt auch für den Handel und die Konsument:innen: Solange im Supermarkt die (möglicherweise sehr viel günstigere) Importware neben den heimischen Produkten stehen darf und die Endverbraucher:innen nicht darauf achten, regionale Betriebe mit ihrem Kauf zu unterstützen, wird das mit der nachhaltigen Kreislaufwirtschaft nicht funktionieren – wie auch? Dem Importwert von 1,13 Milliarden steht für Österreich natürlich auch ein Exportwert gegenüber; dieser beträgt 1,73 Milliarden und stellt somit natürlich einen immensen Wirtschaftsfaktor dar.[3] Doch wie sehr lässt sich das dann am Ende des Tages mit Nachhaltigkeit vereinbaren?

Ich persönlich bin davon überzeugt, dass die tierische Landwirtschaft nur dann nachhaltig sein kann, wenn sie deutlich reduziert wird. Wir können nicht in der bisherigen Menge munter weiter produzieren und gleichzeitig einen niedrigen CO_2-Fußabdruck der Produkte erreichen wollen, den man werbewirksam in die Welt schreien kann. Es geht nicht darum, komplett auf tierische Lebensmittel zu verzichten oder Nutztiere in Gänze abzuschaffen, sondern es geht darum, die Dinge wieder wertzuschätzen. Weniger ist mehr – dieser Satz trägt wohl selten so viel Wahrheit in sich wie in diesem Kontext. Tierische Lebensmittel dürfen keine Selbstverständlichkeit sein, sie müssen ein wertvolles und wertzuschätzendes Produkt werden. Und wenn das im Umkehrschluss heißt, dass nicht an fünf oder sieben Tagen in der Woche Fleisch und Milch auf dem Tisch stehen, sondern womöglich nur noch an zwei oder drei, ist schon viel getan. Die Bevölkerung wird in ihrer Gesamtheit wohl niemals zum Veganismus übertreten, und es wird immer auch Menschen geben, die auf tierische Produkte verzichten – aber die Kunst ist es doch, diese beiden (auf produktionstechnischer wie auch zwischenmenschlicher Ebene) irgendwie zusammenzuführen, ein

3 www.ots.at/presseaussendung/OTS_20240322_OTS0090/exporte-und-importe-wichtig-fuer-milchmarkt-in-oesterreich

Miteinander zu schaffen und eine Landwirtschaft zu entwerfen, die wirklich das ist, was sie jetzt und vor allem in Zukunft sein soll: nachhaltig und umweltverträglich.

Es wäre also durchaus eine Idee, sich gemeinschaftlich zu überlegen, wohin der Weg langfristig gehen könnte. Offen, ehrlich sich selbst und anderen gegenüber und ohne Vorverurteilung. Wir müssen uns irgendwo in der Mitte treffen, denn dass hier irgendeine Seite die andere zu sich ins Boot holen kann, ist äußerst unwahrscheinlich. Das hier dürfen sich in meinen Augen also alle zu Herzen nehmen, die sich der einen oder der anderen Seite in irgendeiner Form zugehörig fühlen. (Und das Überdenken der eigenen Werte und Meinungen ist übrigens nicht gleichbedeutend damit, die Haltung und das Rückgrat zu verlieren; aber das nur am Rande.)

Gegeneinander hat in der Geschichte noch nie zur Lösung eines Problems geführt. Also – warum in aller Welt sollte ausgerechnet diese Debatte *die eine* sein, in der das Gegeneinander plötzlich weiter führt als das Miteinander?

Mr. Theo Weasley

Aller guten Dinge sind (mindestens) drei

Juli 2024

Während unseres letzten Jahres in Kärnten hatte sich meine Beziehung zu unseren beiden Katern Findus und Heinrich noch mal deutlich intensiviert. Vermutlich war das der Tatsache geschuldet, dass Heinrich immer häufiger im Haus war und mir Gesellschaft leistete, während Findus das Gleiche im Gewächshaus tat. Nach unserem Umzug und mit den neu gewonnenen Freiheiten (für Zwei- wie auch für Vierbeiner) verringerte sich diese Nähe keineswegs – im Gegenteil. Unsere Kater sind nun tatsächlich das, was man im klassischen Sinne unter Mitbewohnern versteht, weil wir uns mit ihnen eben unseren ganz persönlichen Wohnraum teilen. Findus liegt gern im alten Wäschekorb unter der Treppe, manchmal auch neben dem Schreibtischstuhl in der oberen Etage und ganz selten sogar am Fußende von Lukas' Bettseite. Während des ersten Winters in unserem neuen Zuhause wurde er sogar zu einem richtiggehenden Stubenhocker, was in starkem Kontrast zu seinem bisherigen Verhalten stand, denn früher hätten ihn keine zehn Mäuse in ein Wohnhaus bekommen. Heinrich indes verbringt seine Zeit nach wie vor am liebsten im Haus, und wenn es nach ihm ginge, könnte er auf den täglichen Auslauf inzwischen wohl sogar ganz verzichten, denn der ehemalige Hofkater hat sich zu einer richtigen *Couch-Potato* gemausert. Er liegt mit Findus im Wäschekorb, in meinem Bett, auf dem Sofa, im Flur, in meinem Wollkorb, in der Küche, im Wintergarten, auf dem Fensterbrett im Esszimmer und vor dem Kamin. Diese Liste ließe sich wohl noch unendlich lange fortführen, denn Heinrich ist wirklich überall – und zwar meistens da, wo auch wir sind.

Ich für meinen Teil bin mittlerweile ein richtiger Katzenmensch geworden, und manchmal scherzen wir so dahin, dass ich – wenn es Lukas nicht gäbe – wohl vermutlich als Crazy-Cat-Lady mit fünfzig Katzen im Haus leben würde. Nun ja, nur einer von uns beiden hält das wirklich für einen Witz, für die andere ist das nämlich der unausgesprochene, aber dennoch feststehende Plan B. Aber zurück zum Thema: Mit Katzen verhält es sich für mich nun also wie mit Pflanzen, Wolle und guten Romantasy-Büchern: je mehr, desto besser. Und so kam es nicht von ungefähr, dass ich seit Dezember 2023 regelmäßig die Websites der hiesigen Tierheime durchforstete und nachsah, ob eine arme Seele noch ein Zuhause suchte. Lukas beobachtete dieses Prozedere immerzu mit sehr viel Argwohn und noch mehr Skepsis, ließ mich jedoch (vorerst) gewähren– frei nach dem Motto »Anschauen ist erlaubt«. Tja, doch dann kam der Sommer, und im Juli sollte aus unserem Katerduo endlich ein Trio werden.

Es war ein heißer Sommertag, und wir waren gerade dabei, das mittlerweile gut durchgetrocknete Heu von unserer Streuobstwiese einzusammeln, als wir mit dem Bauern, der die an unser Grundstück grenzenden Felder bewirtschaftet, ins Gespräch kamen. Wie das eben so ist, traf man sich nach getaner Arbeit auf einen kleinen Plausch und ein kühles Getränk bei uns auf dem Hof, um sich ein wenig über dies und das auszutauschen. Im Laufe des Gesprächs stellte sich heraus, dass der

Bauer auf seinem Hof nicht weniger als sage und schreibe zwanzig Katzen beherbergte (Lukas verging das Lachen bei dieser Zahl sehr schnell) und dass eine von ihnen sogar gerade erst Nachwuchs bekommen hatte (Lukas begann, bei dieser Meldung nervös auf seinem Stuhl hin und her zu rutschen). Nachdem der Mann eines der Katzenjungen als »rot getigerten Kater«, »verschmust ohne Ende« und »noch nach einem Zuhause suchend« bezeichnet hatte, seufzte mein Freund nur noch, stand vom Tisch auf und machte sich daran, die letzten Heuballen in die Scheune zu räumen – wohl in der Gewissheit, dass diese Unterhaltung eine Richtung nahm, die ihm nicht gerade behagte. Für Lukas war es vermutlich ein bisschen wie die letzten Sekunden vor einem Unfall: Man sieht es kommen, aber ist außerstande, es noch zu verhindern. Der Bauer indes verabschiedete sich schließlich – allerdings nicht, ohne mit mir noch Nummern auszutauschen, um möglichst bald ein Kennenlernen mit dem roten Kater zu vereinbaren. Den Rest des Abends verbrachte ich damit, alles an Argumenten und Überzeugungskünsten vorzubringen, was mir zur Verfügung stand, und siehe da: Meine Anstrengungen wurden belohnt. Tags darauf fuhren wir auf den Zwanzigkatzenhof, um ein kleines rotes und unheimlich neugieriges Fellknäuel kennenzulernen.

Mein Aufeinandertreffen mit dem kleinen Kater als »Liebe auf den ersten Blick« zu bezeichnen, wird dem Ganzen in meinen Augen nicht einmal ansatzweise gerecht. Es war mehr so wie zwei Magnete, die, einmal zusammengebracht, nicht mehr voneinander lassen können. Der kleine Kater wickelte auch Lukas recht schnell um seine Pfote, und so ist es wohl keine große Überraschung, dass wir wenig später mit einem drei Monate alten Neuzugang im Schlepptau zurück nach Hause fuhren.

»Und wie in aller Welt willst du das jetzt Findus und Heinrich beibringen?«, fragte Lukas mich auf dem Heimweg mit einer hochgezogenen Augenbraue.

»Heinrich war doch schon bei Finni damals so toll, das wird

er jetzt bei dem Wurm hier auch hinbekommen. Und Finni, ja, der wird sich schon arrangieren …«, antwortete ich und hoffte, dass meine Worte zuversichtlicher klangen, als sie sich anfühlten.

»Wir werden sehen«, beendete Lukas die Unterhaltung und fuhr die letzten Meter zu unserem Hof hinauf.

Wir beschlossen, das erste Aufeinandertreffen unter kontrollierten Bedingungen stattfinden zu lassen. Während Lukas die Transportbox im Flur abstellte, ließ ich unsere beiden Kater hinein und gesellte mich mit ihnen zu Lukas in den Flur. Kaum hatte Lukas die Transportbox geöffnet, schoss auch schon das rote Fellknäuel hervor und tapste ungeschickt auf Heinrich zu. Heinrich indes fauchte den Kleinen mit weit aufgerissenem Maul an, und das wäre mit Sicherheit ziemlich eindrucksvoll gewesen, wären ihm nicht einige Monate zuvor sämtliche Zähne gezogen worden. So blieben da nämlich nur mehr zwei Reißzähne und ein einsamer Backenzahn, die dem kleinen Kater entgegenlachten und logischerweise nicht die Reaktion hervorriefen, die Heinrich beabsichtigt hatte. Nachdem das Jungtier gänzlich unbeeindruckt weiter auf Heinrich zuging, sprang dieser die ersten vier Stufen die Treppe empor und warf mir einen vernichtenden Blick zu. Wenn Blicke töten könnten, wäre ich in diesem Fall nicht nur umgefallen, sondern vermutlich noch gevierteilt, verbrannt und in alle Himmelsrichtungen verstreut worden. Heinrich war *not amused*.

»Das war ja nicht so erfolgreich«, murmelte ich und blickte hoffnungsvoll in Richtung Findus, der das Geschehen zunächst aus sicherer Entfernung beobachtet hatte.

Nachdem Heinrich uns hochgradig genervt und mit betonter Gleichgültigkeit die kalte Schulter zeigte, richtete sich die ganze Aufmerksamkeit des Jungspunds nun auf Findus. Auch dieser ließ als erste Reaktion ein Fauchen hören, doch kurz darauf wendete sich das Blatt. Plötzlich und ohne offensichtlichen Friedensschluss folgte Findus dem kleinen roten Kater auf Schritt und Tritt und beobachtete von nun an jede noch so kleine Bewegung mit Argusaugen. Am Abend ließ ich Findus schließlich wie immer nach draußen, doch unser Neuankömmling sollte die Nächte zunächst noch im Haus verbringen. Heinrich, der kleine Stubenhocker, wollte wie so oft lieber drinnen schlafen, doch das war von nun an gleichbedeutend mit *in der Nähe des kleinen Rotschopfs* – und das gefiel ihm, wie man sich nach seinem unterkühlten Gebaren am Vormittag wohl denken konnte, nicht so richtig. Lukas hatte an jenem Abend Nachtdienst, und so musste ich mich allein mit dem Katzenjammer vor meiner Schlafzimmertür herumschlagen. Der kleine Kater wollte anscheinend einfach nur in Heinrichs Nähe sein, doch dessen Aversion gegenüber dem Wurm war mittlerweile so gewachsen, dass er nicht einmal im selben Raum mit ihm sein wollte – geschweige denn dazu bereit war, sein Körbchen zu teilen. Nachdem ich mehrere Stunden lang bemüht war, ihre Kabbelei weitestgehend zu ignorieren, gab ich schließlich auf. Ich bot Heinrich den Ausgang über unsere Schlafzimmerterrassentür an, doch der alte Kater sprang leichtfüßig auf mein Bett und sah mich bloß mit strenger Miene an. Ich seufzte resigniert, schloss die Schlafzimmertür und ließ den gähnenden kleinen Kater in Heinrichs Körbchen im Flur zurück. Kaum war ich wieder unter meine Decke geschlüpft, stolzierte Heinrich erhobenen Hauptes auf mich zu und platzierte seinen Hintern demonstrativ direkt unterhalb meines Kinns. Er rollte sich zu einer Kugel (mit einem nicht ganz unerheblichen Gewicht von gut vier Kilogramm) auf meinem Brustkorb zusammen und schlief dort ein. Er hätte wohl kaum subtiler sein können. Ich akzeptierte seine Besitzansprüche zumindest für den Moment und auch die Tatsache, dass ich in dieser Nacht nur wenig Schlaf und ebenso wenig Luft bekommen würde. Was tut man nicht alles für die Gunst seiner *Miausetät* …

Unser kleines rotes Fellknäuel begnügte sich mit dem Korb

vor der Schlafzimmertür, und auch abgesehen davon entpuppte es sich entgegen meinen anfänglichen Befürchtungen beziehungsweise sämtlicher *Kater*strophen, von denen man oftmals so liest, als äußerst unkompliziert. Der Kater ließ alle Vasen, Zimmerpflanzen und sonstigen Dekoartikel dort, wo sie hingehörten, und im Großen und Ganzen akzeptierte er auch das Katzenklo anstandslos. Es gab exakt einen einzigen toilettentechnischen Unfall, der jedoch besonders Lukas sehr unangenehm in Erinnerung blieb. Eines Abends erwischte ich den Wurm dabei, wie er sich in exponierter Stellung auf meiner Bettdecke positionierte, um zu tun, was ein Kater eben manchmal so tut. Laut schimpfend packte ich ihn und hob ihn hoch, um ihn zu seiner Toilette zu tragen. Leider – *leider, leider, leider* – machte das alles jedoch nur noch schlimmer. Der Kleine sah keine Notwendigkeit darin, die Schleusen nun, da sie einmal geöffnet waren, kurzfristig wieder zu schließen, und so verteilte er seinen gesamten Blaseninhalt in einer kleinen, zarten Fontäne über unser Bett. Als hätte man einen Gartenschlauch einmal durch die Luft gewirbelt und das letzte Rinnsal in der Gegend verteilt. Lukas starrte mich entsetzt an, nachdem er die dunklen Pünktchen auf seiner eigentlich hellblauen Bettdecke in Augenschein genommen hatte. Ich muss wohl nicht extra erwähnen, dass wir uns an jenem Abend erst noch dazu entschieden, das Bett frisch zu beziehen, um danach versöhnlich schlafen zu gehen.

In den Folgetagen beschäftigten wir uns intensiv mit der Namensfindung, denn hier wollte Lukas auf jeden Fall ein Wörtchen mitreden (wenn er schon kein richtiges Vetorecht bei der Anschaffung des Katers gehabt hatte). Da wir uns auch nach einigen Tagen Bedenkzeit nicht so wirklich entscheiden konnten, beließen wir es für den Anfang bei dem Arbeitstitel »Wurm«. In der engeren Auswahl befanden sich Namen wie Friedolin, Tigger, Fussel, Jasper, Friedrich – und Theo, doch wir waren uns unserer Sache einfach noch nicht ganz sicher.

Der Wurm hingegen war sich einer Sache jedoch ganz besonders sicher: Er wollte Heinrichs Zuneigung gewinnen, koste es, was es wolle. Er ging dazu über, den alten Kater bei jedem Aufeinandertreffen stürmisch zu bespringen, sich an ihm festzuklammern und seinen Kopf an Heinrichs Kinn zu reiben, und kein Fauchen, kein Hieb mit der Pfote und kein Weglaufen sollten den Wurm von seinem Kurs abbringen. Heinrichs Attitüde jener Tage als »genervt« zu bezeichnen, gleicht der Untertreibung des Jahrhunderts. Ich habe ihn schon lange nicht mehr so viel in Bewegung erlebt, denn während er die Tage bisher mit Schlafen zugebracht hatte, war er nun die ganze Zeit damit beschäftigt, vor dem kleinen Quälgeist zu flüchten. Der Wurm ließ nicht locker, und irgendwann setzte bei Heinrich die Phase der Resignation ein. Er ließ den Kleinen gewähren und die aufgezwungene Liebe über sich ergehen. Es dauerte mehrere Wochen, bis aus der anfänglichen Genervtheit und der darauffolgenden Resignation ein zarter Hauch der Zuneigung erwuchs. Der kleine Kater, der mittlerweile mit ein paar Tropfen Regentonnenwasser auf den offiziellen Namen Mr. Theo Weasley (kurz Theo) getauft wurde, hatte also auf ganzer Linie gesiegt. Erst duldete es Heinrich, dass sie sich im selben Raum aufhielten, dann war die gleiche Decke (*mit* Abstand) in Ordnung, irgendwann durften sich auch die Pfoten mal berühren, und schließlich lagen sie Kopf an Kopf da und schliefen seelenruhig und einträchtig nebeneinander. Wären Theo und Heinrich zwei Figuren in einem Roman, würde man ihre Beziehung zueinander wohl als *Slow-Burn-Romance* bezeichnen, doch ich will mich nicht beklagen. Besser spät als nie.

Findus folgte Theo nach wie vor auf Schritt und Tritt, doch mittlerweile entdeckte er auch die Vorzüge eines so jungen Katers auf dem Hof: Endlich hatte er jemanden zum Toben, Kämpfen und Spielen. Gefühlt wurde Findus von einem Tag auf den anderen selbst wieder zu einem kleinen Kater, der völlig überdreht über den Hof fetzte. Bei diesem Anblick ging mir regelrecht das Herz auf, wenngleich ich auch manchmal um die Unversehrtheit der beiden Raufbolde fürchtete. *Bis einer heult …*

Bei Theo gab es in den ersten Wochen eigentlich nur zwei Gemütszustände: Entweder er tobte komplett energiegeladen überall herum, oder er befand sich im Tiefschlaf. Interessanterweise konnte er in kürzester Zeit auch problemlos vom einen zum anderen wechseln, was mitunter dazu führte, dass er in einem Moment in einen Auf-Leben-und-Tod-Kampf mit meinem Sweatshirt (vorzugsweise mit dem Bändchen der Kapuze) verwickelt war, nur um im nächsten nahezu bewusstlos unter meinem Pulli zu erschlaffen. Generell war Körperkontakt (ganz gleich ob im Stand-by-Modus oder beim Spielen) für Theo essenziell. Er entwickelte schnell sein eigenes Begrüßungsritual, mit dem er sowohl Lukas als auch mich gern in Empfang nahm. Hierbei stupste er mit seiner feuchten Nase an meine Nasenspitze, rieb seinen Kopf an meinem Kinn und schlief dann wie ein wärmender Pelzkragen an meinem Hals ein. Die Kopf-an-Kinn-Sache war bei Lukas und Theo noch mal zu einer ganz besonderen Nummer geworden, denn anscheinend ist Lukas' Dreitagebart absolut prädestiniert, um sich daran den Kopf zu kratzen. Tja, und so kommt es, dass ebenjener Lukas, der eigentlich gar keine dritte Katze haben wollte, seine Zuneigung gegenüber Theo nun auch nicht mehr leugnen kann. Er nennt ihn zumeist nur noch liebevoll *Knilch* oder *Knecht* und ist nach wie vor ganz vorne mit dabei, wenn es darum geht, sich mit dem kleinen Rotschopf zu kabbeln. Zuletzt grub er sogar seinen alten Thermoschneehandschuh aus, um wie ein Hundetrainer mit bissfestem Lederhandschuh mit Theo in den Ring zu steigen. Ich sage es gern erneut: *bis einer heult …*

Man sagt roten Katern gern nach, dass sie einfach »anders« seien als andere Kater und dass sie ein Gen mehr hätten: das Chaosgen. Theo bildet hierbei keine Ausnahme. Zu Beginn seiner Zeit bei uns schaffte er es einmal irgendwie auf das Hausdach (bis heute wissen wir nicht, *wie* genau), nur um direkt vor meinem Küchenfenster wie ein nasser Sack herunterzufallen. Dann kam er eines Abends mit einem Plüschtier im Maul herein, und als ich mich gerade fragte, ob Lukas ihm womöglich ein neues Spielzeug gekauft hatte, musste ich feststellen, dass es sich keineswegs um ein *Plüsch*tier handelte, sondern dass Theo mir einen Siebenschläfer ins Haus geschleppt hatte. Theo steigt Leitern hoch und runter, kämpft gegen Küchenrollen und lässt sich von Lukas mit dem eingeschalteten (!) Staubsauger das Fell pflegen (Lukas bezeichnet diese Prozedur als »Problembekämpfung direkt an der Wurzel«). Er klettert alle meine Pflanzengerüste hinauf und ist bereits zweimal vor lauter Neugier in die volle Regentonne geplumpst (die wir mittlerweile natürlich entsprechend gesichert haben). Sobald wir irgendeine neue Baustelle auf dem Hof beginnen, ist Theo (aka *die Bauleitung*) direkt vor Ort und schaut sich alles *ganz* genau an – und wenn er dafür in die Zwischenwände hineinkriechen muss. Er klaut Findus gern die Mäuse, beißt mir schon mal in den kleinen Zeh – und er liebt Autos. Sobald man einen Moment lang nicht hinsieht und den Kofferraum, die Türen oder auch nur das Fenster einen kleinen Spalt offen stehen hat, ist Theo auch schon drin. Wir haben ihn schon aus dem Auto des Schornsteinfegers herausgefischt, ihn schlafend auf der Rückbank der Amtstierärztin gefunden und ihn dabei beobachtet, wie er im Auto meines Schwagers auf dem Armaturenbrett lag und sich genüsslich sonnte. Doch dem nicht genug: Theo liebt nicht nur Autos, er findet auch Auto *fahren* wahnsinnig spannend. Während Heinrich und Findus jedes Mal tausend Tode sterben, sitzt Theo am liebsten auf meinem Schoß und beobachtet andächtig das Geschehen um uns herum. Tja, und bei Regenwetter schafft er es, zielgenau jede Pfütze und jedes Schlammloch mitzunehmen, sodass er am Ende mit in Dreck panierten Pfötchen vor unserer Haustür steht und um Einlass bittet – woraufhin Lukas ihn, ohne mit der Wimper zu zucken, in die Küchenspüle stellt und ihm das Fell krault, während ich dem Herrn (dem *Kater*) die

Auf Tuchfühlung mit Theo – da werden die Hühner plötzlich zur Nebensache.

Das Haus im Wald in allen vier Jahreszeiten:
Winter, Frühling, Sommer und Herbst.

Ein anderer Blick auf unser Haus im Wald:
Hier sieht man die Streuobstwiese unterhalb und den dichten Mischwald oberhalb unseres Hofs besonders gut.

Meisen-Drive-in.

Die Hofeinfahrt: links das Wohnhaus, rechts die Terrasse.

Orange-Cat-Energy: Theo ist manchmal eben einfach anders – und vielleicht färbt er auf Lukas ab. Oder doch andersrum?

Heinrich und ich.
(Nur die Harten kommen in den Garten. Oder so.)

Der Admiral – er hat immer wirklich sehr, sehr, SEHR viel zu sagen.

Das Carla-Huhn im Liegestuhl. Huhn von Welt übt schon mal für den nächsten Strandurlaub.

Daphne auf Expedition in der Küche.

Omelette macht mir die Nudeln streitig.

Mein Freilandgarten im ersten Sommer
(der Wir-bauen-einen-Garten-aus-dem-Nichts-Sommer 2024).

Ausgebüxte Kühe einfangen: Oma Primel, Herr Salmiak und Flora waren auf Wanderschaft – bis wir sie zurück zur Alm eskortiert haben.

Auf der Alm – möglicherweise der schönste Ausblick der Welt.

Perin in ihrer Glow-up-Era. Oder doch einfach nur im goldenen Abendlicht.

Tomaten, so weit das Auge reicht: 2025 war der Sommer wirklich besonders ertragreich und auch die Äpfel und Beeren konnten sich durchaus sehen lassen.

Mein Freilandgarten im zweiten Sommer:
2025 haben wir uns für einen Stangenbohnen-Torbogen
aus einer Gittermatte entschieden.

Ein zarter kleiner Schachbrettfalter. Ich konnte ihn noch rechtzeitig aus dem Gewächshaus retten.

Ein tiefenentspannter Pappelschwärmer, der sich von einer womöglich wilden Nacht erholt.

Ein ganz besonderer Fund (für mich):
die Raupe des Schwalbenschwanzes. Sieht sie nicht toll aus?

… Und aus der Raupe wird schließlich ein wunderschöner Schmetterling: der Schwalbenschwanz.

Füße waschen darf. Die roten Kater dieser Welt haben also nicht nur ein Zusatzgen, sie scheinen sich auch allesamt eine einzige Gehirnzelle zu teilen. Daher sind Theos Eskapaden nur zu verständlich – er ist eben nicht immer an der Reihe, wenn es um die Benutzung dieser einen Gehirnzelle geht. Doch auch wenn ich noch sehr viel länger über die sonderbaren Missgeschicke und hanebüchenen Aktionen von Mr. Weasley referieren könnte, gibt es da auch noch eine ganz andere Seite.

Theo spürt Unruhe, Traurigkeit und Panik auf eine Art, wie ich es bisher noch bei keinem anderen Tier erlebt habe. Lukas merkte schon öfter an, dass Theo der geborene Assistenzkater sei – und diese Aussage kommt nicht von ungefähr. Stress zeigt sich bei mir manchmal in Form von körperlichen Symptomen wie beispielsweise Atemnot. Diese kann wiederum zu einem Gefühl der Panik führen, und so kommt das eine dann zum anderen. Im vergangenen Winter entwickelte sich aus einer solchen anfänglichen Atemnot eine ausgewachsene Panikattacke. Gerade als die Welle mich zu überrollen drohte, kam Theo ganz von allein zu mir ins Schlafzimmer, sprang zu mir aufs Bett, legte sich direkt auf meine Brust und schaute mich aufmerksam an. Das genügte noch nicht, um mich aus meiner Panikspirale rauszuholen, doch als er plötzlich seine Pfote in meine Wange drückte, konnte ich den Kater nicht länger ignorieren und fand zurück ins Hier und Jetzt. Theo legt dieses Verhalten häufig in Situationen an den Tag, in denen negative Emotionen überhandnehmen. Sei es Traurigkeit, eine Streitsituation zwischen Lukas und mir oder eben Stress und Panik. Er taucht auf wundersame Art und Weise immer genau dann auf – und auch wenn das die Probleme in diesem Moment vielleicht nicht löst, erdet es einen zumindest wieder. Und das ist schon enorm viel wert.

Ich hänge wahnsinnig an diesem Kater, und das ist vermutlich auch der Grund dafür, dass ich ihn so gut wie nie ohne seinen Tracker aus dem Haus gehen lasse. Wer ständig in irgendwelche Autos steigt und offenherzig auf alle fremden Menschen zugeht, dem kann ein bisschen Kontrolle in meinen Augen nicht schaden. Insgeheim bin ich wohl eine kleine Helikopterkatzenmutti, aber ich lasse mich von Lukas' Schmunzeln darüber nicht beirren. Als Theo gerade drei Monate bei uns war, rettete uns beziehungsweise Theo meine Überfürsorge nämlich wirklich den Hals: Der Herumtreiber kam am Nachmittag nicht wie üblich nach Hause, und wenn ich mich recht entsann, hatte ich ihn schon den ganzen Tag über nicht mehr gesehen. Ein Griff zum Handy offenbarte mir, dass sich der kleine Chaot fast drei Kilometer entfernt in der Wohnsiedlung im Tal herumtrieb. Mir rutschte das Herz in die Hose, und wir sprangen sofort ins Auto. Dem Routenverlauf zufolge hatte Theo an jenem Tag bereits beinahe acht Kilometer zurückgelegt, und auch wenn ich es nicht mit endgültiger Sicherheit sagen kann, glaube ich tatsächlich, dass er sich an diesem Tag im Oktober verlaufen hatte. Die Art und Weise, wie er mir sofort entgegengerannt kam und auf meinen Schoß kletterte, nachdem ich ihn in der Wohnsiedlung zu mir gerufen hatte, sprach Bände.

Mr. Theo Weasley ist also der chaotische Assistenzkater mit dem Zusatzgen, derjenige, der exakt drei schwarze und ansonsten nur rote Schnurrhaare hat. Der Kater, der sich an eisigen Wintertagen gern die Pfoten in meinem Pullover wärmt. Der mit nur einer einzigen Gehirnzelle und einem Dauerschnurrmotor in seinem Bauch, der nur abgeschaltet wird, wenn er sich im Tiefschlaf befindet. Unser liebstes Fotomodell, das manchmal sogar vor der Kamera einfach einschläft und trotzdem (oder gerade deshalb) süßer nicht sein könnte.

Theo ist einfach dieser Kater, von dem ich nicht wusste, wie sehr er mir gefehlt hat – bis er endlich da war. Und nun kann ich mir ein Leben ohne ihn gar nicht mehr vorstellen.

Der erste Sommer

Wurzeln schlagen im Haus im Wald

August 2024

Als ich nach unserem ersten Winter in der Steiermark bereits im März die Bienen summen hörte und die ersten Narzissen aus der Erde hervorlinsten, wurde mir klar: Hier ticken die Uhren anders. Während wir in den letzten Jahren in Kärnten oftmals noch bis weit in den Mai hinein Minustemperaturen zu verzeichnen hatten und nach dem Spätsommer der Herbst nicht selten einfach übersprungen wurde, um direkt mit dichtem Schneefall in den Winter zu starten, beginnen hier in der Steiermark die ersten Obstbäume schon im März zu blühen und spätestens Mitte April leuchtet einem schon aus allen Ecken das satte Frühlingsgrün entgegen. Wenngleich diese veränderten klimatischen Bedingungen an anderer Stelle auch so manchen Nachteil mit sich bringen, so war ich dennoch froh darüber, dass sich die Monate, in denen alles grau und trist erscheint, für uns nun drastisch reduzierten. In Kärnten konnte man gut und gerne mit einem halben Jahr Dauergrau rechnen, während wir hier in der Steiermark bloß auf etwa vier Monate kommen. Und selbst diese vier Monate sind sehr viel erträglicher, da dank der

Südausrichtung unseres Hofs auch im tiefsten Winter mit über fünf Sonnenstunden zu rechnen ist. Vorbei sind die Zeiten, in denen die Sonne um zwölf Uhr erst hinter dem einen Bergkamm erscheint, nur um drei Stunden später schon wieder hinter dem anderen zu verschwinden.

Unser erster Sommer war zugegebenermaßen zu Beginn noch sehr von der ausufernden Baustelle und meinen Bemühungen, alles möglichst schnell unter üppiger Bepflanzung verschwinden zu lassen, geprägt. Ich pflanzte über hundert Lavendelsetzlinge und unzählige Stauden, trotzdem leuchtete überall noch immer der terrakottafarbene Lehmboden hervor. Sosehr ich es auch versuchte: Ich konnte das Chaos nicht in Gänze unsichtbar werden lassen. Zudem bremsten mich die banalsten Dinge, die ich keine Sekunde lang bedacht hatte, zwischendurch ganz unverhofft massiv aus. Es war zwar ein tolles Gefühl, als das Gewächshaus endlich stand, die Tomaten eingezogen waren und das große Beet daneben mit Lavendel bepflanzt war, doch es fehlte noch eine wesentliche Sache – nämlich Wege. Wenn ich es so lassen würde, müsste ich stets durch die lehmige Erde stapfen, um zum Gewächshaus oder dem Nachbarbeet zu gelangen, und insbesondere bei Regenwetter war das eine extrem siffige Angelegenheit, die anschließend eine gründliche Reinigung des Schuhwerks mit dem Druckstrahl aus dem Gartenschlauch notwendig machte. Ehrlich gesagt war ich ungemein froh darüber, dass die gröbsten Arbeiten der Baustelle endlich vorüber waren, und mir lag nichts ferner, als nun direkt das nächste Großprojekt zu starten. Daher versuchte ich mich zunächst noch mit dem Gedanken anzufreunden, die Wege einfach im darauffolgenden Jahr anzugehen und bis dahin mit dem derzeitigen Status quo vorliebzunehmen. Aber schlussendlich hielt ich es dann doch nicht aus: Dieser halbfertige Anblick nervte mich nach wenigen Tage so sehr, dass ich – die in ihrem Leben noch keine Fliesen oder Wegplatten verlegt hat – einfach ins kalte Wasser sprang und anfing. *Learning by doing.* Binnen etwas mehr als einer Woche verlegten wir schlussendlich 54 Wegplatten um das Gewächshaus herum, von denen jede einzelne gut zwanzig Kilo wog. Und wo wir schon dabei waren, bastelten wir gleich noch eine Stufe ins Gewächshaus und zusätzlich eine mit weiteren 24 Platten ausgelegte Fläche für die Arbeitstische. Unterm Strich waren es 88 Platten in und um das Gewächshaus herum sowie noch mal etliche, mit denen wir die Wege im Freilandgarten bepflastert haben. Wenn alle Stricke reißen, wäre eine Zukunft als Bodenplattenverlegerin durchaus eine Option, würde ich sagen! Ende Juni war das gesamte Areal um das Gewächshaus herum tatsächlich in einem mehr als vorzeigbaren Zustand, und von der einstigen Großbaustelle, die sich hier kurz zuvor noch befunden hatte, war keine Spur mehr. Es sah alles unfassbar gepflegt aus, und ich muss gestehen, dass ich das Ganze durchaus mit einem gewissen Stolz betrachtete. Anfangs wollte ich mich nicht einmal heranwagen, weil mir die Herausforderung viel zu groß erschien – und siehe da: Wo ein Wille ist, ist tatsächlich auch (irgendwann) ein hübsch gepflasterter Weg.

Nachdem es im Mai kaum einen Tag gab, an dem es nicht geregnet hat, setzte Anfang Juni eine lange Dürreperiode ein. Durch die heißen Temperaturen, gepaart mit einem kontinuierlichen Wind, trockneten die Böden schneller aus, als wir mit dem Gießen hinterherkamen. An manchen Stellen traten schon Risse zutage, und die Schweine nahmen fortan Staub- statt Schlammbäder. In der Zisterne, die wir unter dem Gewächshaus vergraben hatten, herrschte über Wochen gähnende Leere, und es war einfach kein Regen in Sicht. Die Website des Wetterdiensts mit der aktuellen Regenradarkarte wurde in jenen Tagen mein persönlicher Spannungskick: Ständig bildeten sich neue Gewitterzellen und Regenwolken, doch jedes Mal (und ja, ich habe irgendwann wirklich nur noch an einen kosmischen Scherz geglaubt) löste sich die Schlechtwetterfront direkt vor unserer Nase in Luft auf oder teilte sich wie durch Zauberhand, um links und rechts an uns vorbeizuziehen. Sehnsüchtig stand ich dann in der Haustür, konnte den Regen in der Ferne sehen und mitunter sogar schon *riechen*, doch uns blieb er nach wie vor verwehrt. Ich begann schließlich damit, jeden Tag einige Hundert Liter Quellwasser abzuzapfen und in die Zisterne umzuleiten, damit ich zumindest das Gewächshaus sowie den Freilandgarten irgendwie mit Wasser versorgen konnte, denn an diesen beiden Standorten gab es keinen anderen Wasseranschluss als jenen an die Zisterne. Alles andere auf dem Hof goss ich nun tagein, tagaus mit Quellwasser, doch nicht ohne den Wasserzähler am Schlauch angeschlossen zu haben und peinlich genau darauf zu achten, wo ich wie viel von dem kostbaren Gut verwendete. Unsere Quelle fördert nicht unendlich viel Wasser am Tag, und insbesondere während längerer Trockenperioden kann es mitunter sein, dass sich die Durchlaufmenge deutlich verringert. Der Wasserspeicher an unserer Quelle fasst irgendetwas zwischen 1000 und 1500 Litern – und damit mussten wir auskommen. Wir alle, denn es ging nicht nur um Lukas, mich und unser Grünzeug, sondern auch um sämtliche Tiere auf dem Hof. Es kam also nicht von ungefähr, dass wir in jenen Tagen extrem darauf achteten, kein Wasser zu vergeuden und unsere Besucherinnen (zu Hoch-Zeiten mitunter bis zu fünf gleichzeitig) dazu anhielten, aus der täglichen Dusche keine Wissenschaft zu machen. Wasser wurde für uns also zu einer wertvollen und keinesfalls selbstverständlichen Ressource, die ich in jenem Sommer völlig neu zu schätzen lernte. Es tat mir in der Seele weh, als die Apfelbäume Mitte Juli damit begannen, ihre Blätter abzuwerfen, da ihnen schlichtweg die nötige Feuchtigkeit fehlte. Das Laub unserer riesigen Eichen rieselte völlig ausgedörrt und knusprig zu Boden, und die Weideflächen vergilbten nahezu gänzlich. Am liebsten hätte ich überall auf dem Hof große Rasensprenger aufgestellt, doch das wäre vermutlich nur ein Tropfen auf dem heißen Stein gewesen – mal ganz abgesehen davon, dass hierfür eine utopische Menge Wasser notwendig wäre. Es half also alles nichts: Wir mussten abwarten, bis der langersehnte Regen kam. Es sollte bis spät in den Juli hinein dauern, bis die Gewitterzellen nicht mehr an uns vorbeizogen, sondern uns nach über sechs Wochen Trockenheit, Wind und Hitze schließlich mit voller Wucht trafen. Für das nächste Jahr mussten wir uns definitiv etwas einfallen lassen, denn die ständige Sorge, dass uns das Wasser ausgehen könnte, ist keine angenehme Weggefährtin.

Trotz all dieser Unwägbarkeiten brachte unser erster Sommer in der Steiermark jedoch auch viele gute Dinge mit sich. Da es im Hochsommer bereits ab zehn Uhr vormittags draußen schon unerträglich heiß wurde, mutierte ich zum frühen Vogel. Tagein, tagaus kroch ich spätestens zwischen halb sechs und sechs aus dem Bett, um das gesamte Haus durchzulüften, bevor ich alle Fensterläden schloss, und anschließend in den kühleren Morgenstunden zu tun, was getan werden musste. Ganz gleich, ob ich die Zeit damit zubrachte, Unkraut zu zupfen, Platten zu verlegen oder Jungpflanzen einzusetzen: Ich genoss diese Stunden wirklich sehr. Am Morgen scheint die Welt noch zu ruhen, und man hört so gut wie kein Auto auf der Straße vorbeirauschen, während die Vögel schon alles geben und mich stets mit einem imposanten Konzert begrüßen. Auf gewisse Art und Weise bleibt so für ein paar Stunden die Zeit stehen und lässt einen in einer Welt, in der es sonst nur um höher, schneller und weiter geht, kurz innehalten und zur Ruhe kommen. Den gleichen Effekt hatten auch meine regelmäßigen Waldspaziergänge für mich, und nachdem ich auch noch feststellen durfte, dass kaum hundert Meter von unserem Grundstück entfernt die tollsten Pilze wuchsen (Pfifferlinge, Steinpilze, Maronen, Parasol und: Krause Glucke – *if you know you know*), war ich aus diesem Wald kaum mehr rauszukriegen.

Lukas und ich stellten im Laufe des Sommers außerdem fest, dass die Singvögel im Winter nicht sonderlich sparsam mit den von uns zur Verfügung gestellten Sonnenblumenkernen umgegangen waren. Überall auf dem Hof schossen Sonnenblumen in die Höhe, die zum Teil handgelenkdicke Stämme entwickelten und wie ein dichter Sichtschutz am Rand des Hofvorplatzes emporragten. Es war also durch und durch eine Zeit des (Kennen-)Lernens, und wir wussten schon bald, was wir im Folgejahr alles nicht mehr oder zumindest völlig anders machen wollten, und das ging schon bei der Heuernte los.

Da wir nach wie vor nicht im Besitz eines Traktors oder anderer größerer Gerätschaften waren, mit denen man sich um die Heuernte kümmern konnte, mussten wir uns anderweitig Abhilfe verschaffen. Die Mäharbeiten übernahm unser Freund Johannes, die kleinen Ballen würden schließlich von einem Lohnunternehmer gepresst werden, und alle Schritte dazwischen wurden von einem benachbarten Bauern durchgeführt, der im Gegenzug für unsere Mithilfe bei seinen eigenen Flächen sogar einige seiner Heuballen an uns abgeben wollte. Über den Preis würde man sich dann schon noch einig werden, so sagte er zumindest. Für Lukas und mich war es das erste Mal, dass wir Heu nicht lose oder in Form von großen Rundballen produzierten, sondern alles zu kleinen, handlichen Quaderballen pressen ließen. Spätestens nachdem wir rund 300 Ballen in die Scheune getragen hatten und meine Beine in der kurzen Hose aussahen, als hätten sich einige tollwütige Katzen daran vergangen, war es wohl für alle klar, dass wir damit noch keine großen Erfahrungen hatten. Trockene Grashalme können mitunter messerscharf sein und so manchen blutigen Kratzer hinterlassen – und da ich beim Tragen der Ballen diese ständig irgendwo touchierte, bereute ich meine Hosenwahl sehr schnell. Tatsächlich war die Kleiderwahl nicht die einzige Lektion, die uns die Heuernte erteilte, denn im Nachhinein hatten wir noch so unseren Ärger mit dem vermeintlich hilfsbereiten Bauern. Er wollte uns die Ballen nun (ungeachtet dessen, dass wir wesentlich zur Ernte beigetragen haben) zu einem schon beinahe lächerlich hohen Preis verkaufen, sodass wir am Ende des Tages weitaus günstiger davongekommen wären, hätten wir die Ballen einfach alle direkt eingekauft. Nach langem Hin und Her lenkte der Bauer schließlich ein und überließ uns die Ballen zu einem marktüblichen Preis, aber dennoch: Auch hier würden wir im nächsten Sommer anders an die Sache herangehen.

Unser erster Sommer brachte also Höhen und Tiefen mit sich, und wir lernten unser neues Zuhause (und irgendwie auch uns selbst) noch mal sehr viel besser kennen. Ungeachtet dessen, was wir aus heutiger Sicht vielleicht anders gemacht hätten, war es unterm Strich schon okay, wie es nun einmal war. Das Leben auf dem Hof lehrt einen eben nicht nur, welche Hose man wann am besten trägt, wie lange man bei Wassermangel duschen sollte und inwieweit man sich auf Angebote, die zu gut klingen, um wahr zu sein, einlässt. Dieses Leben lehrt in gewisser Weise auch Demut, Ausdauer und Geduld. Vieles, was ich 2024 angelegt oder angepflanzt habe, würde erst im nächsten Jahr wirklich sichtbar und vor allen Dingen schön werden, denn manchmal verhält es sich bei den Pflanzen wie mit den Menschen: Es braucht eine gewisse Zeit, um anzukommen und Wurzeln zu schlagen. Und auch wenn so manche Blüte den Kopf hängen lässt oder die Blätter allzu schnell welk werden, so kann es doch im nächsten Jahr schon wieder ganz anders aussehen. Irgendwie nehmen die Dinge eben immer ihren Lauf, und selbst wenn wir die Irrungen und Wirrungen dieses Weges nicht immer ganz nachvollziehen können, so ist eines trotzdem ganz gewiss: Früher oder später werden wir schon irgendwie ans Ziel kommen.

Und wenn man angekommen ist, muss man nirgendwo anders mehr hin. Dann hat man Zeit.

Und zwar alle Zeit der Welt.

Dem Himmel so nah

Von Urlaubskühen, Marmeladenglasmomenten und einem besonders abenteuerlichen Almabtrieb

September 2024

Wenn man mich fragt, was bei meinen bisherigen Sommern auf dem Bauernhof zu den schönsten Erlebnissen zählt, dann wären wohl sämtliche Ausflüge auf die Alm ganz vorne mit dabei. Tatsächlich geht es nicht nur mir so, sondern auch all unseren Freund:innen und Helferinnen. Wenn man sie im Vorfeld fragt, was sie gern unternehmen oder unbedingt sehen möchten, ist die Antwort immer die gleiche: die Alm. Es ist wohl die Abgeschiedenheit, die unberührte Natur und die Stille (die bei genauerem Hinhören gar nicht so vollkommen ist, wie man meinen könnte), die uns alle immer und immer wieder die schmale Bergstraße zu unserer Alm hinauffahren ließen. Einfach mal einen Moment durchatmen, abschalten und für den Rest der Welt nicht erreichbar sein – es war (m)ein persönlicher Pause-Knopf, den ich in meinem damaligen Leben oftmals dringend gebraucht habe.

So kommt es also nicht von ungefähr, dass ich im Sommer

2023 befürchtete, die Alm in Kärnten nach meinem Umzug schmerzlich zu vermissen. Bis dato hielt ich unsere Bergweide, ungeachtet dessen, dass es die einzige war, die ich überhaupt kannte, für die allerschönste überhaupt, weshalb ich mir auch nicht vorstellen konnte, irgendwo anders noch mal einen so schönen Flecken Erde in den Bergen zu finden. Im Herbst 2023 allerdings, kurz vor unserem Umzug, ereigneten sich dort oben einige sehr unglückliche und mitunter gar traumatische Dinge, weswegen mir der Abschied im Endeffekt dann doch nicht so schwerfiel, wie ich anfangs befürchtete. Die Nachwehen der damaligen Ereignisse hielten so lange an, dass ich auch im Frühjahr 2024 nicht gerade in Jubelschreie ausbrach, als Lukas mir verkündete, für unsere Kühe einen Platz auf einer Alm in der Steiermark gefunden zu haben. Ich meine, mich sogar entsinnen zu können, dass meine Reaktion ein gleichgültiges Schulterzucken war, gefolgt von einer hochgezogenen Augenbraue, als Lukas noch hinzufügte, dass unsere Kühe gemeinsam mit den Rindern von einem Dutzend anderer Höfe dort oben sein würden.

»Na, das kann ja was werden«, murmelte ich also nur bedingt euphorisch.

»Abwarten. Vielleicht ist es ja ganz schön dort oben«, versuchte mich Lukas zu beschwichtigen.

So eine Gemeinschaftsalm muss natürlich ein bisschen anders organisiert werden als unsere eigene Alm damals in Kärnten, weswegen Ende April ein verbindlicher Termin für den Almauftrieb ausgerufen wurde: Am 20. Mai sollte es für unsere fünfköpfige Rinderbande hinauf in die Berge gehen. Lukas organisierte im Vorfeld einen Viehanhänger, mit dem wir unsere Kühe in drei Fuhren auf die Alm bringen wollten. Zugegeben, ich war am Ende dann doch ein wenig vorfreudig-nervös und einfach wahnsinnig gespannt darauf, wo wir unsere Tiere nun gleich abladen würden. Weder Lukas noch ich kannten die Alm bisher, doch wir wussten, dass Freunde von uns, Stephi und Johannes, ihre Tiere bisher jedes Jahr dort hinbrachten – und das reichte uns als Qualitätsmerkmal.

Am 20. Mai führten wir um 7:37 Uhr problemlos die ersten beiden Kühe, Pflaume und Birke, in den Viehhänger hinein, schlossen die Ladeklappe und machten uns auf den Weg. Eine halbe Stunde später passierten wir eine Schranke am Waldrand und ließen somit auch endgültig die asphaltierte Straße hinter uns. Das Auto ruckelte ganz schön, als wir mit dem Anhänger den holprigen Schotterweg entlangfuhren, doch mein Hauptaugenmerk lag auf etwas ganz anderem: dem Wald. Dieser Wald schien mir so gesund und so voller Leben, dass es schon beinahe surreal war. Zwischen den Bäumen fanden sich kleine Lichtungen, auf denen das Gras und die Wildblumen fast schon hüfthoch standen, und eine Kurve später erblickten wir Flächen, die von einem so dichten Moosbett bewachsen waren, dass man geneigt war, sich einfach dort hineinzulegen. Irgendwo huschte ein Eichhörnchen durchs Geäst, etliche Bäche sprudelten einfach mitten aus dem Berg hinaus, und an den wenigen Stellen, an denen man zwischen den Bäumen in Richtung Tal schauen konnte, war der Ausblick schier unendlich. Das Sonnenlicht tanzte durch die Baumspitzen und ehrlich, ich wäre wohl nicht sonderlich überrascht gewesen, wenn irgendwo Feen und Kobolde hinter den Felsen hervorgelinst hätten. *Magisch*, ja, das trifft es wohl als Beschreibung am allerbesten. Wir fuhren gut zwanzig Minuten durch diesen Wald, und wenn ich für jedes »Ist das schön!«, das mir unweigerlich immer wieder herausrutschte, eine Kerbe in meinen Hirtenstock geschlagen hätte, wäre wohl am Ende nichts mehr von ihm übrig geblieben.

Auf einer Höhe von etwa 1500 Metern ließen wir den Wald schließlich hinter uns und gelangten auf eine nebelverhangene Hochebene. Die Zufahrt war von einem rustikalen Holzzaun gesäumt und führte uns auf direktem Weg zu einer Almhütte, die direkt an eine recht große Scheune angrenzte. Wir waren nicht die Ersten, die ihre Tiere dort oben abluden, und wenn ich mir den kleinen Menschenauflauf am Weidezaun so anschaute, kam mir unweigerlich der Gedanke, dass der alljährliche Almauftrieb hier ein richtiges Event zu sein scheint. Ein Event, das dementsprechend gebührend gefeiert wird – vorzugsweise mit Alkohol. Lukas und ich lehnten dankend jedes Bier ab, das uns angeboten wurde, denn schließlich mussten wir noch ein paar weitere Kühe hinauftransportieren (so zumindest die offizielle Begründung – denn die Tatsache, dass es nicht einmal neun Uhr morgens war, schien hier nicht als Grund zu gelten). Birke und Pflaume indes erkundeten bereits die neue Alm, indem sie die Nase tief in das saftig grüne Gras steckten und wie zwei überdimensionierte Mähroboter über die Wiese schlurften. Wenig später gesellten sich auch Primel, Herr Salmiak und Flora dazu, woraufhin unser Rinderquintett auch schon vollzählig war. Mittlerweile war ein Großteil der anderen Kühe ebenso auf der Alm angekommen, und so spazierten nunmehr gut sechzig Rinder verschiedener Rassen über die Alm. Da gab es Fleckvieh, Jersey-Kühe, Murbodner und Angus-Rinder. Die Angus waren ein wahrlich hektischer Haufen, der beinahe kopflos von A nach B eilte und von Menschen in ihrer Nähe absolut gar nichts zu halten schien. Sie waren gerade mal wieder über alle Berge davongestürmt, als Lukas und ich uns wieder unserer Truppe zuwendeten – und beide gleichzeitig feststellten, dass einer fehlte: Herr Salmiak.

»Wo in aller Welt ist der schon wieder hin?«, murmelte Lukas leise.

»Vielleicht ist er irgendwo dort hinten bei den Bäumen«, antwortete ich ebenso leise – doch dann lenkte eine Bewegung meine Aufmerksamkeit auf den anderen Kamm der Alm.

»Lukas, schau. Ist das jetzt wirklich sein Ernst?«, sagte ich und nickte grinsend in Richtung Bergkamm.

Dort sah ich die Herde Angus-Rinder, die nun zügig über den Kamm trabte und sich auf den Weg in Richtung Bach machte. Es war ein eindrucksvolles Bild, wie etwa zwanzig kohlrabenschwarze Rinder den Hang hinunterliefen, und ich musste unweigerlich an die Szene aus *König der Löwen* denken, in der eine Herde Gnus in Panik durch eine Schlucht jagt. Doch eines dieser Rinder passte so gar nicht ins Bild, denn zwischen all den von der Nasen- bis zur Schwanzspitze schwarzen Tieren leuchtete ein strahlend weißes Flotzmaul hervor – das von Herrn Salmiak. Er hatte tatsächlich eine ebenso dunkle Fellfarbe wie die Angus-Rinder und warum auch immer führte er dort drüben gerade eine fremde Herde an. Lukas brach in schallendes Gelächter aus und erzählt diese Anekdote (nicht ohne einen Hauch von etwas, das sehr an väterlichen Stolz erinnert) bis heute immer wieder.

»Um ihn brauchen wir uns wohl keine Sorgen zu machen«, winkte er schließlich noch immer lachend ab.

So unterschiedlich all die Tiere auf der Alm auch sein mochten, eine Sache hatten sie gemein: Jedes von ihnen trug eine Glocke. Die nackten Hälse unserer Bande erregten schnell eine gewisse Aufmerksamkeit – nämlich die des Hirten, der den Sommer auf der Alm verbringen und auf die Rinder achtgeben würde. Er störte sich ein wenig daran, dass keines unserer Tiere eine Glocke trug, denn die Glocke war schließlich etwas, das ihm die Arbeit immens erleichterte, wenn die Kühe ausgebrochen oder bei schlechter Sicht nur schwer aufzufinden waren. Unsere Freunde hatten glücklicherweise noch eine übrig, mit der wir immerhin unsere Herdenchefin Primel ausstaffieren konnten – doch dafür musste ich erst einmal zu ihr kommen. Unsere Damen grasten gemeinsam mit mehreren Dutzenden anderen Rindern, als ich langsamen Schritts auf sie zuging. In meinem Rücken hatte ich den Zufahrtsweg und den Zaun, an dem noch immer etliche Menschen standen und mir nun bei meinem Versuch, der Kuh eine Glocke anzulegen, aufmerksam zuschauen würden. Ich war mir durchaus darüber im Klaren, dass es für meine Aktion nun nur zwei mögliche Szenarien geben konnte und ich mich bei einem davon zur absoluten Lachnummer machen würde. Es hing nun alles von Primel ab. Die anderen Rinder stürmten davon, sobald ich mich auf weniger als drei Meter näherte, doch meine Mädels blieben völlig desinteressiert an Ort und Stelle. Ich ging Schritt für Schritt auf Primel zu, sprach mit ihr (so wie immer) und begann, sobald ich sie erreicht hatte, sie am Hals zu kraulen (so wie immer). Die betagte Braunviehdame ließ mich gewähren und hielt auch vollkommen still, als ich ihr schließlich das dunkelgrüne Band mit der Glocke um den Hals legte. Zufrieden grinsend wandte ich mich wieder in Richtung Zaun, während Primel schon wieder mit dem nächsten Grashalm beschäftigt war. *Mission accomplished!*

Wir hatten also wirklich einen Glücksgriff gemacht und einen wunderbaren Urlaubsplatz für unsere Damen (und den Herrn) gefunden. Den ganzen Sommer machten wir immer wieder Ausflüge auf die Alm, und jedes Mal war es aufs Neue etwas ganz Besonderes. Bei gutem Wetter kann man bis nach Slowenien blicken, und bei Nebel drücken sich die Nebelschwaden direkt über das Almplateau hinweg, und man steht mittendrin. Und wenn das Firmament mit Wolken verhangen ist, scheint es fast so, als könne man den Himmel berühren, wenn man nur die Hand danach ausstreckte.

Im September neigte sich der Almsommer nun langsam dem Ende zu, und man teilte uns den für alle verbindlichen Termin für den Abtrieb mit: Am 28. September würden unsere Kühe wieder nach Hause kommen. So zumindest der Plan – doch die Realität sollte ganz anders aussehen.

Am 10. September erreichte Lukas ein überraschender Anruf vom Besitzer der Alm, der uns mitteilte, dass der diesjährige Abtrieb nun kurzfristig zwei Wochen früher stattfinden würde: Anstelle des 28. Septembers sollte es nun der 14. September sein. Wenngleich diese Terminverschiebung alles ein wenig ins Chaos stürzte, so kam sie uns in einer Hinsicht wirklich sehr gelegen. In jener Woche war Birte, eine ehemalige Praktikantin und mittlerweile sehr gute Freundin, bei uns zu Besuch, und mit ihr würden wir ein weiteres Paar unterstützender und sehr kompetenter Hände zur Verfügung haben. Wir ahnten damals noch nicht einmal ansatzweise, wie wichtig diese zusätzliche Hilfe sein würde.

Lukas und ich mussten nun also gänzlich umdisponieren. Der Hänger war eigentlich schon für den 28. bestellt, und für den 14. war er nicht mehr zu haben. So standen wir bis Donnerstagabend ziemlich verloren da und hatten keine Ahnung, wie wir unsere Bande von dort oben nach Hause transportieren sollten. Über fünf Ecken fanden wir schließlich doch noch jemanden, der Zeit und Muße hatte, mit dem Traktor und dem großen Viehhänger den Transport für uns zu übernehmen, denn mit einem kleinen Hänger selbst zu fahren, war mittlerweile keine Option mehr. Für das ganze Wochenende waren heftige Stürme und vor allen Dingen Schnee in allen Lagen über tausend Meter gemeldet. Wir hatten noch nicht einmal die Winterreifen auf dem Auto – wie in aller Welt sollten wir also einen Hänger mitsamt Kühen durch den Schnee bringen?

Nur einen Tag später, es war *Freitag, der 13.* September, schickte mir der Hirte von der Alm ein aktuelles Foto vom Blick aus seinem Fenster: Es war weiß – und zwar *alles*. Wo vor wenigen Tagen noch sattgrünes Gras zu sehen gewesen war, befand sich nun eine geschlossene Schneedecke. Bei uns im Tal fiel nun auch zum ersten Mal in jener Woche der Strom aus, da die anhaltenden Stürme etliche Bäume hatten umstürzen lassen und einer davon wohl auf einer Stromleitung gelandet war. In den frühen Abendstunden meldete sich ein anderer Bauer, der ebenfalls Rinder auf der Gemeinschaftsalm hatte, mit einer weiteren Hiobsbotschaft bei Lukas: Durch den Schnee und die anhaltenden, immer stärker werdenden Schneeverwehungen hatten die Kühe wohl beschlossen, ihr Heil in der Flucht zu suchen. Mehrere Herden seien in unterschiedliche Richtungen ausgebrochen, und im Grunde wisse gerade niemand so recht, wohin es sie verschlagen hatte. Daher habe sich nun ein kleiner Suchtrupp aus einigen Bauern auf den Weg zur Alm gemacht, um die Lage in Augenschein zu nehmen. Sorgenfalten machten sich auf Lukas' Stirn breit, und ich musste sehr schlucken.

Nur zwei Stunden später meldete sich ebenjener Bauer wieder bei Lukas zurück und erklärte, dass fünf Kühe direkt in der Nähe des Stalls auf der Alm gefunden wurden, und drei davon würden zu unserer Bande gehören. Doch welche drei gefunden wurden, konnte man uns leider nicht sagen. Am nächsten Morgen sollten sich nun alle Besitzer:innen und Landwirt:innen samt Verstärkung um halb acht am Fuß des Berges treffen: Lagebesprechung, Suche, Abtrieb – das war zumindest der Plan. Die Alm allein umfasst etwa hundert Hektar, der angrenzende Wald in Richtung Tal ist mindestens doppelt so groß – und der Sturm wurde im Laufe des Abends immer stärker. Die Fensterläden schlugen unsanft gegen die Hauswände, und die ersten Pflanzenkübel gingen zu Bruch. *Freitag, der 13.* – wenn es nicht so ernst gewesen wäre, hätte ich wohl laut gelacht.

Als am nächsten Morgen um sechs Uhr mein Wecker klingelte, lag ich bereits seit einer halben Stunde hellwach im Bett. Der Wind war in der Nacht unfassbar laut gewesen, und ich konnte im Morgengrauen die große Linde vor unserem Schlafzimmerfenster dabei beobachten, wie sie sich ununterbrochen von links nach rechts wiegte. Nüchtern betrachtet war es ein wahres Himmelfahrtskommando, bei diesem Wetter auf die Alm zu fahren. Doch anhaltender Regen und Temperaturen knapp über dem Gefrierpunkt bei uns im Tal bedeuteten Schnee auf der Alm. Was wäre also die Alternative gewesen?

Um kurz nach sieben saßen wir schließlich zu dritt im Auto. Im Rucksack hatten wir etliche Stirnbänder, Halstücher, Mützen und dicke Handschuhe verstaut. Dazu kamen weitere Wechselklamotten, Halfter, Hirtenstöcke, Eimer voller Kraftfutter, Snacks und Getränke im Kofferraum. Unsere Stimmung war wahrlich angespannt, da niemand von uns wusste, was uns dort oben erwarten würde. Wo sind die Kühe? Wie schlimm ist das Wetter? Und bekommen wir sie alle gut verladen? Heute weiß ich, dass unsere Unwissenheit darüber, was uns dort oben noch alles bevorstand, in jenem Moment ein Segen war.

Am Treffpunkt angelangt wurden mir die Dimensionen dieser Aktion erst so richtig bewusst. Mehrere Traktoren mitsamt Viehanhänger standen auf dem kleinen Wanderparkplatz, dazu ein weiterer mit einem riesigen Schneeschild, einer mit Seilwinde und noch einige Autos. Mittlerweile hatte man herausgefunden, welche unserer Rinder bereits in der Scheune bei der Almhütte auf uns warteten: Herr Salmiak, Flora und Primel waren in Sicherheit, doch von Birke und Pflaume (sowie an die fünfzig anderen Rindern) fehlte jede Spur. Schätzungsweise fünfzehn Personen drängten sich auf dem Parkplatz, und bis auf Birte, Stephi und mich waren es ausnahmslos Männer. Sie hatten Motorsägen dabei, telefonierten ständig mit den Hirten oben auf der Alm und entwarfen einen Schlachtplan. Birte stupste mich nur von der Seite an und raunte mir ins Ohr: »Man weiß, dass die Lage ernst ist, wenn die Bauern ihren Rucksack dabeihaben.«

Ich hätte es wohl nicht treffender formulieren können.

Um 8:23 Uhr waren wir bereits seit knapp einer Stunde ein ganzes Stück unterhalb der Alm auf der Suche nach den entlaufenen Rindern. Wir vermuteten, dass die Kühe talabwärts geflüchtet sein müssten – weit weg von der geschlossenen Schneedecke. Im Auto vor uns saß ein Hirte einer benachbarten Alm; ein alter, schweigsamer Mann, der uns meiner Wahrnehmung nach eher als Last denn als Hilfe betrachtete. Alle anderen Männer waren in eine andere Richtung aufgebrochen und teilten sich dort auf. Nur wir sollten dem Hirten in den Wald hinein hinterherfahren und dort *helfen*. Birte schaute auf der Rückbank links aus dem Fenster, ich übernahm vom Beifahrersitz aus die rechte Seite. Wir suchten die Gegend hochkonzentriert nach Kühen ab und achteten gleichzeitig auf die Bäume, die sich wie Algen im Wasser mit jeder Sturmböe gefährlich stark gen Boden neigten. Auf unserem Weg lagen immer wieder große Äste oder sogar ganze Bäume, die von dem Hirten auf seinem Weg hinunter ins Tal entweder schon zersägt oder von uns nun auf die Seite gezerrt wurden. Nach einigen Kurven machte mein Herz einen kleinen Sprung, denn ich entdeckte in weiter Ferne einige braune Flecken. Da stand eine Herde von etwa zwanzig Rindern! Doch als ich jeden Kopf einzeln betrachtete, machte sich recht schnell Ernüchterung breit. Es waren Angus-Rinder, Fleckvieh, Murbodner und einige Bergschecken, doch kein Braunvieh. Keine Birke, keine Pflaume.

Im Radio spekulierte der Moderator amüsiert darüber, dass es in neun Monaten wohl einen Babyboom geben könnte. Schließlich wären nun alle zu Hause und würden es sich dort gemütlich machen. Ich schüttelte bloß den Kopf und schnaubte leise.

Wir geleiteten die Herde gemächlich und mit gebührendem Abstand den Weg entlang in Richtung eines leer stehenden Stalls, wo wir sie dem anderen Suchtrupp, der uns bereits entgegenkam, übergaben. Sie sperrten die Herde in das alte Gebäude, damit wir uns allesamt wieder auf die Suche nach den übrigen Rindern machen konnten. Anschließend übernahm ein anderer Bauer mittleren Alters die Organisation des Suchtrupps und schickte uns mit Stephi zusammen mit dem Auto einen anderen Weg entlang. Wir kamen nicht weit, denn dort lagen schon wieder Äste quer. Ich stieg aus und zerrte in zugegebenermaßen blindem Aktionismus an dem ausladenden Birkengeäst herum. Ich brachte das Gestrüpp recht schnell in Bewegung und zog es an den Wegesrand, doch unglücklicherweise quittierte der Ast, an dem ich gezogen hatte, auf den letzten Zentimetern seinen Dienst und brach entzwei. Ich wiederum fiel mit all dem Schwung, mit dem ich eigentlich ziehen wollte, hintenüber – direkt in das kalte, modrige Bachrinnsal, das neben dem Weg entlanglief. Ich saß nun also bis zum Bauchnabel im ranzig riechenden Wasser – und war damit am (vorläufigen) Tiefpunkt des Tages angelangt.

Ich konnte von Glück reden, dass wir genügend Wechselklamotten eingepackt hatten, denn ich hätte mir in diesem Aufzug dort oben wohl den Tod geholt. Ich schlüpfte also bei orkanartigen Sturmböen mitten im Wald aus meiner nassen Kleidung und legte mich so gut es eben ging irgendwie wieder trocken. Wir opferten anschließend einen der Kraftfuttereimer, um meine nassen Sachen hineinzustopfen, und fuhren wieder los. Leider kamen wir bloß zwei Kurven weiter, denn dort, oberhalb einer etwa zweieinhalb Meter in die Höhe ragenden Felswand, hatte der Wind einen Baum gänzlich entwurzelt und wie ein Dach über den Weg gestürzt. Das Wetter war wahrlich mehr als bedenklich, aber was in dieser Kurve los war, war mit nichts zu vergleichen. Der Wind fegte so heftig den Berg hinauf, dass man seine Gegenüber kaum verstehen konnte, und die Bäume bogen sich zum Teil so sehr, dass man nur mehr auf das bedrohliche Geräusch von berstendem Holz wartete. Zuerst wollten wir zu Fuß weiter, doch als wir sahen, dass der Baum über dem Weg langsam ins Rutschen geriet, traute sich niemand mehr, auch nur einen einzigen Schritt vorwärtszugehen. Einzig Stephi schlüpfte durch das Geäst der Fichte und ging um die Kurve, um zu schauen, ob dort eventuell einige der Rinder standen. Ich konnte gar nicht so schnell schauen, da war sie schon hinter der Kurve verschwunden. Wir hatten kein Handynetz, es war ohrenbetäubend laut – und eine von uns vieren war nun allein aufgebrochen. Nachdem sie auch nach einigen Minuten nicht wieder zurückkam, folgte ihr Lukas schließlich.

»Wir können sie ja nicht hierlassen«, brüllte er mir schulterzuckend über den tosenden Wind entgegen.

Birte und ich standen nunmehr nebeneinander an die Felswand gepresst, da uns dies als der sicherste Ort auf dem ganzen Weg erschien. Birte hatte die Bäume talwärts im Blick, und ich beobachtete die knarrenden Bäume bergaufwärts. Nach einigen wenigen, quälend langsam vergehenden Minuten kam Lukas mit Stephi im Schlepptau wieder zurück. Wir setzten uns alle sofort wieder ins Auto und brachen die Suche ab. An diesem Punkt war es im Wald einfach nur noch lebensgefährlich.

In Ermangelung an Alternativen fuhren wir zurück zu der alten Scheune, wo wir den Rest des Suchtrupps mit den bislang eingefangenen Rindern zurückgelassen hatten. Mittlerweile hatte man dort knapp dreißig Rinder eingesperrt und plante nun deren Abtransport. Zeitgleich erreichte mich wie durch ein Wunder eine Nachricht von dem Hirten unserer Alm, der mit dem anderen Suchtrupp tatsächlich noch weitere Kühe gefunden habe – vier Stück an der Zahl. Doch unsere beiden Vermisstenfälle waren weiterhin unauffindbar.

Vor dem alten Stall bauten nun einige der Männer einen kleinen Auslauf mit mobilen Metallgattern, an dessen Ende einer der Viehhänger platziert wurde, der uns endlich erreichte. Man wollte die Tiere nun also aus dem Stall hinaus in den Auslauf und dann direkt in den Hänger hineintreiben. Es war ein gutes Dutzend Männer, die jedoch gefühlt alle gleichzeitig die Planung übernehmen wollten und dabei planloser nicht hätten sein können. Zu allem Überfluss begannen sie nun auch noch, Bier zu trinken – als hätten wir gerade keine anderen Sorgen. Mir wurde flau im Magen.

In den nächsten Stunden waren wir nun alle damit beschäftigt, die Kühe zu verladen. Anfangs wollte man sie (so wie jedes Jahr) noch nach ihrer Zugehörigkeit zu den verschiedenen Betrieben sortieren, um sie dann gezielt zu ihren Höfen zu bringen, doch das Wetter machte diesen Plan recht schnell zunichte. Der Sturm wurde immer heftiger, und zu allem Überfluss setzte nun auch noch ungemütlicher Graupelschauer ein, daher lautete die Devise nun nur noch »in die Hänger treiben, was geht« und »weg, weg, weg«; völlig einerlei, zu welchem Hof die Tiere gehörten. Uns allen ging es mittlerweile nur noch darum, schnellstmöglich und vor allen Dingen unversehrt von diesem gottverdammten Berg runterzukommen.

Es war eine verhängnisvolle Mixtur: alkoholisierte Männer,

die mitunter eher zum alten Schlag der hiesigen Bauern gehörten, das (lebens)gefährliche Wetter dort draußen und maximal gestresste Tiere, die kaum mehr wussten, wo vorn und hinten ist. Die ersten Kühe, die wie von allein aus dem Stall hinauseilten und schließlich im mobilen Auslauf standen, waren die Angus-Rinder. Dazwischen fanden sich ein üppig gebauter Fleckvieh-Ochse und einige junge Kühe. Lukas, Birte und ich standen gemeinsam mit einigen anderen außen um das Gatter herum und stabilisierten die Metallgitter händisch, damit sie nicht einfach umkippten. Im Auslauf selbst waren etwa fünf Männer, die die Tiere irgendwie in den Hänger treiben wollten, doch das ging leider vollends nach hinten los. Die Angus-Rinder waren derart panisch, dass sie kopflos durch den Auslauf jagten und es an ein Wunder grenzte, dass keiner der Männer unter den wahnsinnigen Rindern landete. Die Situation war gefühlt (und vermutlich auch tatsächlich) nur einen Wimpernschlag davon entfernt, in katastrophaler Weise zu kippen. Von irgendwem außerhalb des Auslaufs kam schließlich die Ansage, das Gatter immer näher an die Kühe zu schieben, sodass sie bis auf den Viehhänger keinerlei Ausweichmöglichkeiten mehr hätten. Ich stand allein an einem etwa vier Meter breiten Stück Gatter und beobachtete mit aufgerissenen Augen das Geschehen. Dort drinnen herrschte blanke Panik und pures Chaos. Die Männer standen überall um die Tiere herum, weshalb die Tiere wiederum keinerlei Fluchtmöglichkeiten in *irgendeine* Richtung hatten und schließlich vollends durchdrehten. Die Angus-Rinder flüchteten vor den Männern und dem Viehhänger und drückten sich so gegen den bisher eigentlich noch einigermaßen entspannten Fleckvieh-Ochsen, der genau vor meinem Gatter stand. Doch dieser ging nun gezwungenermaßen rückwärts und schob sich somit mit aller Kraft gegen das Gatter, das ich von außen stabilisierte. Für eine Sekunde kippte das gut anderthalb Meter hohe Metallgatter in meine Richtung, und erst da begriff ich so richtig, dass ich gleich unter dem Gatter und mehreren Hundert

Kilo Rind landen würde. Ich stemmte mich mit aller Kraft dagegen und blickte nur kurz über die Schulter. Dort, angelehnt an die Außenwand des Stalls, standen zwei Männer, die das Treiben scheinbar unbeteiligt beobachteten. Erst als ich sie anbrüllte, kamen sie mir, zeitgleich mit Lukas, der von der anderen Seite herbeieilte, zu Hilfe. Birte und ich sahen uns nur völlig entgeistert an. *Wie in aller Welt waren wir hier nur gelandet?*

Es dauerte knapp zwei Stunden, bis fünf oder sechs Hänger mit Rindern beladen waren, und es war die schiere Hölle, das Ganze mit anzusehen. Kühe gehen nicht gern in einen Viehhänger hinein, denn alles, was von ihrer tagtäglichen Routine abweicht, sorgt bei ihnen für Unruhe, Stress und Angst. Selbst die entspannteste Kuh mutiert vor der Laderampe bisweilen zum stursten Bock, und oftmals braucht es viel Zeit, Geduld und gutes Zureden, um sie schließlich in den Hänger zu bekommen. Leider hatten wir an jenem Tag nichts von alledem. Niemand hatte die Zeit oder die nötige Geduld, um irgendeinem der Tiere gut zuzureden, weshalb man sich für eine andere Methode entschied. Man wählte Druck und Zwang – als könne man den Tieren die Angst nehmen, indem man sie weiter schürt. Die Männer schoben die Rinder nun also zum Teil zu sechst oder siebt in den Hänger oder trieben sie gewaltvoll hinein. Es waren ihre eigenen Tiere, es waren fremde Tiere – es war letztlich völlig egal. Jemand von außen rief noch in den Tumult hinein, ob denn niemand hier einen Viehtreiber dabeihätte, und ich schickte innerlich binnen Sekunden mehrere Stoßgebete gen Himmel, dass nun niemand »Hier« schrie. Ein Viehtreiber ist nichts anderes als eine Art Minitaser, den man mitunter dazu verwendet, störrische Tiere voranzutreiben. Wenn man den Kühen mit Strom daherkommt, bewegt sich auch das sturste Rind in die gewünschte Richtung, doch Strom und noch mehr Druck waren wirklich das Allerletzte, was wir in dieser ohnehin schon völlig verfahrenen Situationen gebrauchen konnten. Als niemand auf den Viehtreiber-Ruf reagierte und man dazu überging, zu siebt ein drei oder vier Wochen altes Kälbchen in den Hänger zu treiben, fühlte ich mich kurzzeitig wie beim Rodeo und konnte nur noch schwer schlucken. Birte und ich blickten uns immer wieder an und wussten vermutlich beide ganz genau, dass der jeweils anderen einfach nur noch zum Weinen zumute war. In diesem Moment hoffte ich bloß, dass unsere Tiere auf Anhieb brav mit mir in den Hänger gehen würden. Dass sich niemand der mittlerweile teils angetrunkenen Männer einmischte. Und dass wir sie überhaupt finden würden. Birke – ausgerechnet Birke, die kaum etwas sieht und bei dem Höllenlärm, den dieser Sturm verursacht, auch quasi nichts mehr hören kann.

Nachdem wir alle Tiere mehr oder minder erfolgreich verladen hatten und der letzte Hänger losfuhr, erreichte mich endlich die erlösende Nachricht: Der andere Suchtrupp hatte die übrigen Kühe gefunden – und zwar alle. Sie hatten sich in ein kleines Waldstück mitten auf der Alm zurückgezogen, das nur wenige Hundert Meter von der Almhütte entfernt ist. Mir fiel ein tonnenschwerer Stein vom Herzen. Nun müssten wir also mit der gesamten Transportkolonne nur noch die letzten 300 Höhenmeter durch den Wald zur Alm hinauffahren. Die Kühe dort nur noch in den Stall treiben und in den Hänger verladen. Unten im Tal wiederum nur noch bei einem Bauern alle Kühe ausladen, nach Hofzugehörigkeit separieren, wieder in die Hänger treiben und zu ihren Höfen nach Hause bringen. Und all das bei orkanartigen Böen mitten auf dem Berg.

»Nur noch.«

Wir brauchten eine schiere Ewigkeit, um in einer Traktorkolonne den Waldweg hinauf in Richtung Alm zu fahren. Während Birte den Türgriff umklammert hielt, war ich damit beschäftigt, mit zittrigen Händen irgendwelche Schmutzpartikel aus meinem Auge zu fischen, die mit der letzten Windböe dort gelandet waren. Mit tränenverschmiertem Gesicht beobachtete ich, wie sich die Bäume links und rechts vom Weg durchbogen und immer wieder Äste auf der Straße lagen, die von den

Traktoren zwar ignoriert werden konnten, aber von uns, die mit dem Auto unterwegs waren, erst einmal beiseitegeräumt werden mussten. Der Wind fegte noch immer den Berg hinauf, und je weiter wir kamen, desto mehr Schnee säumte den Weg.

Oben angekommen zögerten wir einen kurzen Moment, aus dem Auto zu steigen. Lukas' Auto ist nicht klein und wiegt an die zwei Tonnen, trotzdem wackelte und vibrierte das gesamte Gefährt und schüttelte uns ordentlich durch. Das Aussteigen war schon eine Kunst für sich, denn wir hatten wirklich so unsere Mühe, die Autotüren festzuhalten. Der Wind peitschte uns unsanft ins Gesicht, und meine Augen fingen sofort wieder an zu tränen. Die anderen lotsten uns zum Eingang der Hütte, wo sie zu dritt (!) die Tür öffneten und uns hineinließen. Unser erster Gang führte uns zur Hintertür, die etwas windgeschützter am Hang liegt und uns zu einem Teil unserer kleinen Herde führen sollte. Die Männer hatten bereits die Hälfte der Rinder in den Stall getrieben, die andere Hälfte stand dicht an die Hauswand gedrängt hinter dem Gebäude. Und da waren sie: Flora, Herr Salmiak und Birke. Ich seufzte erleichtert.

Offen gestanden war ich davon ausgegangen, dass wir nun sogleich mit dem Verladen anfangen würden, doch als wir schließlich die Hütte weiter durchquerten, dem Stimmengewirr einiger Männer folgten und eine weitere Tür aufstießen, kamen mir ernsthafte Zweifel. Da saßen sie allesamt, mit Bier und Zigaretten ausgestattet, wie bei einem illustren Stammtisch beisammen. Nicht genug der Tatsache, dass bereits am ersten Verladepunkt Bier konsumiert worden war, nein, hier oben sollte es nun munter weitergehen.

Wir saßen fast eine Stunde in diesem verrauchten Raum beisammen und harrten der Dinge, die da kommen sollten. Der Pegel stieg, und mit ihm sank gleichzeitig auch die Motivation, endlich mit dem Verladen loszulegen. Am Ende gab irgendwer doch noch den entscheidenden Anstoß, und die gesamte Truppe setzte sich in Bewegung. Wir wollten nun die übrigen Tiere, die hinter der Scheune standen, zu den anderen in den Stall treiben, um sie von dort aus grüppchenweise in die Viehhänger zu bugsieren, die einer nach dem anderen rückwärts an das Tor heranfahren sollten. Doch es war schon eine ziemliche Herausforderung, sicher zum großen Scheunentor zu gelangen, denn auf dem Weg dorthin hob es mich kurzerhand für den Bruchteil eines Moments wortwörtlich von den Füßen. Ich drückte mich mit dem Rücken an die Außenfassade des Stalls und setzte vorsichtig einen Fuß vor den anderen, allerdings nicht ohne mich noch zusätzlich an Birtes Arm festzuklammern. Vom Berg *fliegen* steht nun wirklich nicht auf meiner *Bucket List*.

Im Endeffekt konnten wir die Kühe wirklich einfach und schnell in den Stall treiben. Es hat zwar sechs Männer gebraucht, um das Scheunentor aufzuhalten, doch die Kühe schienen dankbar, endlich ein Dach über dem Kopf zu haben. Lukas, Birte und ich unterstützten zunächst einige der Männer am Scheunentor. Es bebte richtiggehend unter unseren Händen, und ich wäre offen gestanden nicht überrascht gewesen, wenn der nächste Windstoß es schlichtweg aus den Angeln gehoben und durch die Gegend gefegt hätte. Es war wirklich beängstigend, und um es mit Birtes Worten zu sagen: Irgendwann wusste man nicht mehr, ob man aufgrund der Kälte oder schlichtweg vor Angst am ganzen Leib zitterte. Sobald der erste Hänger beladen war, verdrückten wir uns alle drei in den Stall. Im Eifer des Gefechts hatten wir jedoch den Eimer mit Kraftfutter draußen vergessen, und wenn man dem Wind so lauschte, würden wir diesen wohl so schnell nicht wiedersehen. Ich hatte bei der Annahme, dass es im Stall besser sein würde, jedoch weit gefehlt. Der Lärm im Stall war noch ohrenbetäubender als draußen im Freien. Fenster schlugen immer wieder auf und zu, das geschlossene Scheunentor auf der anderen Seite wackelte bedrohlich, und das Dach vibrierte unter den orkanartigen Sturmböen. Mein Blick huschte nach rechts, wo ein Teil der Kühe in ein separates Abteil gesperrt war, und blieb an einem sehr vertrauten Paar dunkler Augen hängen. Primel – und direkt daneben stand Pflaume. Ich weiß zwar nicht, ob sie mich in diesem Moment wirklich erkannt haben, doch ich begrüßte die beiden und strich ihnen durch das Gitter hindurch sanft über den Kopf.

Der einzige Vorteil des Alkoholkonsums einiger Männer war der, dass sie nicht mehr vehement an ihren Plänen festhielten und sich recht schnell davon überzeugen ließen, dass wir unsere Bande von den anderen Tieren separieren und somit getrennt verladen und nach Hause bringen könnten. Keiner von uns hatte große Lust darauf, die Kühe bei dem Bauern im Tal noch mal auszuladen, um sie gleich darauf wieder einladen zu müssen, und sie selbst würden wir wohl auch nicht davon überzeugen können, ein zweites Mal an diesem Tag in den Hänger zu gehen. So lotsten wir eine Rindergruppe nach der anderen in die insgesamt fünf Viehhänger, bis nur noch unsere fünf übrig waren. Es wäre wohl gelogen, wenn ich sagen würde, dass die Kühe dort oben im Stall leichter die Rampe hinaufgetrieben werden konnten als am vorherigen Verladepunkt. Meine innere Anspannung wuchs ins Unermessliche, denn ich hatte einfach nur Angst, dass unsere Kühe (allen voran Birke) womöglich nicht beim ersten Versuch hineingingen und sich dann einige der Männer dazu berufen fühlen würden, doch einzugreifen. Denn wir alle wissen, wie deren Methoden ausgesehen hätten. Wenn wir nur den Eimer mit Kraftfutter, der mittlerweile mit Sicherheit schon buchstäblich über alle Berge war, nicht draußen vergessen hätten …

Nachdem schließlich der vorletzte Hänger das Scheunentor verließ, schlüpfte Lukas kurzerhand hinaus. Ich selbst bekam davon kaum etwas mit, denn ich war damit beschäftigt, eine sehr nervöse Birke im Blick zu behalten. Noch bevor der letzte Hänger – unser Kuhtaxi – wieder herangefahren kam, war auch Lukas zurück. Und in der Hand hielt er den bereits verloren geglaubten Eimer mit Kraftfutter. Ich musste unweigerlich lächeln.

»Das kriegen wir jetzt schon hin, oder?«, murmelte ich Primel entgegen.

Um 14:21 Uhr öffnete sich schließlich die Klappe des Viehanhängers. Ich begann, den Eimer mit Kraftfutter zu schütteln, und rief meine Kühe so, wie ich sie immer rief. Als würden wir gerade von der einen Weide zur nächsten spazieren; als würde ich sie bloß zum nächsten Siloballen bringen. Sämtliche Ohren bewegten sich in meine Richtung, und auch wenn man wohl vortrefflich darüber streiten kann, ob sie ihre Aufmerksamkeit wegen meiner Stimme oder des Kraftfutters auf mich richteten, setzten sich die Kühe in Bewegung. Ich ging Schritt für Schritt rückwärts auf der Rampe vorweg, schwenkte den Eimer, rief nach den Kühen und redete beruhigend auf sie ein. Wir hatten bloß diesen einen ersten Versuch, es auf unsere Art zu machen. In diesem Moment hörte ich den Sturm nicht mehr, und ich sah auch die Männer nicht mehr, die mit ihren Stöcken in der Hand bereitstanden, um uns jederzeit unter die Arme zu greifen. Zu unser aller Erstaunen war es Birke, die mir allen voran in den Hänger folgte, doch schon direkt dahinter kamen die anderen vier. Lukas bildete das Schlusslicht, das den Tieren von hinten zuredete, und nach kaum einer Minute war der Spuk auch schon vorbei. Alle im Hänger, Klappe zu. Und so manchem Zuschauer stand das Erstaunen förmlich ins Gesicht geschrieben.

Es dauerte noch knapp vierzig Minuten, bis unsere Anspannung nachließ, denn so lange haben wir gebraucht, bis wir endlich vom Berg runter und aus dem Wald heraus waren. Weitere zwanzig Minuten später standen wir zwei Kurven von unserem Hof entfernt und luden unsere Tiere ab. Es war der letzte Punkt, an dem der Traktorfahrer noch vernünftig wenden konnte, daher würden wir die letzten Meter zu Fuß zurücklegen. Im Tal herrschte auch ein strenger Wind, doch das war nichts im Vergleich zu dem, was oben auf der Alm los gewesen war. Wahrscheinlich hätten wir es nicht einmal geglaubt, wären wir nicht eben selbst noch mittendrin gewesen. Letztlich waren wir kaum eine Viertelstunde unterwegs, bevor wir das Gatter hinter den letzten Kuhpopos schlossen und der Almabtrieb des Schreckens für uns ein Ende nahm. Was blieb, war Erschöpfung – und irgendwie auch ein gewisser Stolz auf unsere Kühe und Herrn Salmiak, dass alles so reibungslos vonstattengegangen war. Es gibt wenig, das einen – *mich* – so sehr mit Stolz erfüllt wie Tiere, die einem (besonders in Ausnahmesituationen) ihr Vertrauen schenken.

Letzten Endes zeigen uns Erlebnisse wie dieses, dass wir alles richtig machen. Denn wie gesagt, kein anderer Bauer, und sei er noch so erfahren und alteingesessen, konnte seine Tiere stressfrei verladen. Vielleicht sollte es einem auch zu denken geben, dass wir die Einzigen waren, die Kraftfutter dabeihatten. Natürlich hatten auch wir unsere Hirtenstöcke parat, doch ein Eimer mit Kraftfutter gehört für uns einfach ebenso zur Viehtrieb-Grundausstattung. Womöglich hat so mancher Bauer einfach vergessen, dass auch die brutalste Peitsche ohne Zuckerbrot wirkungslos ist. Druck erzeugt am Ende des Tages irgendwann nur noch Gegendruck, und durch rohe Gewalt wird man von einem Tier niemals das dauerhaft bekommen, was man gern hätte.

Es könnte alles so einfach sein.

Selbst Birke sieht das.

Warum ist also so mancher Bauer mit zwei gesunden Augen so blind für das Offensichtliche?

Die Hühner (und ihr Schwarmführer)

Eine Liebeserklärung an mein Federvieh

November 2024

Es gab verschiedene Gründe dafür, dass wir bei unserem Umzug in die Steiermark lediglich zwei Hennen im Gepäck hatten. Zunächst einmal waren Mechthild und Daphne Hühner *mit Vorgeschichte*, und zu jeder habe ich eine (wenn man die Hennen befragen würde wohl eher sehr einseitige) Beziehung. Daphne ist das humpelnde Huhn, das meine Schwester 2022 bei einem ihrer Besuche in Kärnten aufpäppelte. Bei ihrer Abreise nahm sie mir das Versprechen ab, auf Daphne ganz besonders aufzupassen, und wir verpassten ihrem Lieblingshuhn einen zweiten Ring um den Fuß, damit alle Beteiligten diese von den drei anderen, quasi identisch aussehenden schwarzen Hennen unterscheiden konnten. Dieser Ring sorgte dafür, dass man die fußlahme Henne nicht mehr nur an ihrem Humpeln erkannte, sondern auch schon von Weitem hörte, da jedes Humpeln ein leises Klickgeräusch zur Folge hatte, das die beiden aufeinanderschlagenden Ringe verursachten. Mechthild, oder auch *die militante Mechthild*, wie ich sie sehr viel lieber nenne, fiel mir damals dadurch auf, dass sie ein besonders schönes Gefieder hatte und immer ein bisschen strenger schaute als all ihre Kolleginnen. Bekanntermaßen schauen Hühner sowieso schon selten freundlich drein (eher so, als wäre man Staatsfeind Nummer eins), aber Mechthild machte daraus einfach noch mal eine ganz eigene Kunstform.

Weiters gehören Hühner ebenso wie (viele) Katzen in meinen Augen einfach zu einem Bauernhof dazu, und auch wenn beide Hennen mit ihren knapp vier Jahren weit entfernt davon waren, regelmäßig Eier zu legen, mussten sie trotzdem mit. Mehr als zwei Hennen gab der Platz auf der Autorückbank jedoch nicht her, und Lukas versuchte meinem Bestreben, noch mehr Tiere mitzunehmen, mit einem Versprechen Einhalt zu gebieten: In der Steiermark würden wir uns über kurz oder lang ein paar (!) Junghennen zulegen, die uns dann auch wieder regelmäßig ein Frühstücksei bescheren sollten.

So landeten wir also mit Daphne und Mechthild auf dem neuen Hof, und auch wenn ich damals, im September 2023, nicht damit gerechnet hätte, lernte ich die Hühner in den folgenden Wochen und Monaten noch mal von einer ganz neuen Seite kennen.

Zu Beginn hatten die Hennen einen eingezäunten Auslauf direkt hinter dem Haus. Sie konnten aus dem Stall über eine Hühnerleiter zur Klappe hinauf und dann den lieben langen Tag draußen herumstreunen. Wir dachten ehrlicherweise, dass es damit getan sei, doch Daphne machte uns einen gehörigen Strich durch die Rechnung. Von einem Tag auf den anderen ging sie nicht mehr nach draußen, und nachdem ich mich eine Weile zu ihr in den Stall gesetzt hatte, erkannte ich das Problem recht schnell: Zu Daphnes Fußleiden gesellte sich ein Sehproblem auf dem rechten Auge, das dazu führte, dass die Henne keinerlei Tiefenwahrnehmung mehr hatte. Als ich Daphne probeweise auf halber Höhe auf die Leiter setzte, um zu sehen, ob sie es überhaupt noch dort hinaufschaffen würde, plumpste sie nach dem ersten Schritt wie ein nasser Sack seitlich von der

Leiter hinunter – direkt in meine Hände. Wir unternahmen noch zwei weitere Versuche, doch es blieb dabei: Räumliches Sehen und das Abschätzen von Distanzen fielen ihr zunehmend schwer, weswegen die Hühnerleiter nach draußen nun zu ihrem persönlichen Endgegner wurde. Seufzend entschloss ich mich also dazu, den Hühnern die Tür zum Hofvorplatz zu öffnen. Meine Bedenken dabei reichten von »Ob sie wohl davonlaufen?« über »Was, wenn sie in die Beete gehen?« bis hin zu »Überall Hühnerhaufen!«, doch am Ende des Tages erwiesen sie sich allesamt als unbegründet. Na ja, zumindest fast. Hühnerhäufchen fanden sich leider vorzugsweise auf der Terrasse recht häufig, denn die wurde sehr schnell zum persönlichen Hotspot der beiden Damen, da wir dort meistens aßen und daher öfter mal ein Krümel für sie abfiel. Es schien fast, als hätten wir ein stillschweigendes Agreement getroffen: Ich eröffnete ihnen die große, weite Welt des gesamten Hofareals, und sie ließen im Gegenzug meine Beete in Ruhe. Im ersten Jahr funktionierte das auf wundersame Weise wirklich sehr gut. Tatsächlich musste ich die Hennen häufiger aus dem Haus als aus dem Garten scheuchen, denn im Eingangsbereich hatten wir die Näpfe mit Wasser und Trockenfutter für die Katzen platziert. Ja, und da Katzenfutter in sämtlichen Aggregatzuständen *der Shit* für Hühner zu sein scheint, nutzten Daphne und Mechthild im Sommer jede sich bietende Gelegenheit, durch die offene Haustür hineinzustolzieren. Findus, Theo und Heinrich hatten dabei häufiger das Nachsehen, als ihnen lieb war.

Alles in allem hatten wir ein ruhiges erstes Jahr mit unserem gefiederten Damenduo. Keine Schäden im Garten, keine Probleme mit Füchsen oder Greifvögeln, und zu unserer allergrößten Verwunderung begannen sie sogar wieder damit, Eier zu legen. Nicht jeden Tag, aber immerhin oft genug, dass Lukas und ich zu zweit damit über die Runden kamen. Der Wunsch nach weiteren Hennen war zwar noch immer da, doch er wurde erst dann richtig dringlich, nachdem Daphne im November

2024 krank wurde. Wir bemühten uns sehr um sie und päppelten die betagte Hühnerdame so gut es ging wieder auf, doch wir konnten ihren Tod schlussendlich nicht verhindern. Nachdem wir die Hühnerdame in einem Schuhkarton unter der alten Buche vergraben hatten und Mechthild allein zurückblieb, stellte sich unweigerlich die Frage: Was nun?

Eine Henne ohne Gesellschaft war nun wirklich arm dran, weswegen ich schnellstmöglich auf fedrigen Zuwachs und Gesellschaft für Mechthild pochte. Es war schließlich meine Patentante, die uns den finalen Anstoß gab, indem sie uns – ohne von dem Daphne-Drama zu wissen – ein paar Hühner für unser neues Zuhause schenken wollte. So kamen im Oktober 2024 sechs neue Hennen zu uns auf den Hof: eine braune Henne (Magda), eine weiße (Lotte), eine gescheckte (das Carla-Huhn) sowie drei schwarze (Gonzales, Raclette und Tiffany). Sie alle fanden sich recht schnell in ihrem neuen Zuhause ein, und auch Mechthild ließ sich ohne Weiteres in die neue Hühnergang integrieren. Nun flanierten also sieben Hennen über unseren Hof und sorgten gleichzeitig für einen immer vollen Eierkarton im Kühlschrank. Doch der Frieden war nicht von Dauer. An einem Tag im Dezember 2024 waren plötzlich alle meine Hühner wie vom Erdboden verschluckt, und wenig später erschloss sich mir auch, weshalb. Ein Greifvogel hatte eine der schwarzen Hennen erwischt. Er war zudem noch so dreist, die arme Gonzales direkt unterhalb meiner Etagenbeete zu rupfen und zu zerlegen und erst die Flucht zu ergreifen, als ich mit Theo im Schlepptau um die Ecke gestürmt kam. Wenngleich die Instinkte Gonzales in diesem Fall wohl im Stich gelassen hatten, so funktionierten sie bei den anderen umso besser. Sobald eine Gefahrensituation dieser Art eintritt, ergreifen alle Hennen für gewöhnlich die Flucht, suchen sich ein Versteck und rühren sich nicht mehr vom Fleck. Man möchte kaum glauben, wie wahnsinnig gut Hühner darin sind, sich zu verstecken, doch ich habe wirklich lange gebraucht, bis ich die übrigen sechs in allen

Ecken des Hofs verteilt wiedergefunden hatte. Zwei hatten sich in der Garage versteckt, eine im Heizraum, zwei weitere pressten sich seitlich hinter dem Lavendel an die Gewächshauswand, und die Letzte, Magda, fand ich erst sehr viel später; sie hatte sich zwischen einige alte Waschbetonplatten gedrängt und war wirklich nur mit viel Mühe auffindbar. Nun hatten wir also den Salat: ein Raubvogel. Noch dazu ein erfolgreicher Raubvogel, weshalb man ziemlich sicher davon ausgehen konnte, dass er sein Glück erneut versuchen würde.

Der Raubvogel entpuppte sich wenig später als Mäusebussard, der sich wider alle Erwartungen eine ganze Weile nicht mehr blicken ließ, nachdem ich ihn um sein Festmahl gebracht habe. Es blieb bis in den Januar hinein ruhig, doch dann sollte er erst so richtig loslegen. Es war ein sonniger Vormittag, und ich saß gerade mit dem Laptop im Esszimmer und arbeitete. Draußen auf der Fensterbank lag Theo, und die Hühner marschierten über den Hof. Während ich gerade die letzten Zeilen einer Mail tippte, nahm ich aus den Augenwinkeln wahr, wie Theo plötzlich vom Fensterbrett sprang – und alles Weitere geschah im Bruchteil einer Sekunde. Ich richtete meinen Blick auf den Hofvorplatz und traute meinen Augen nicht, als ich dort einen Vogel, der mit Sicherheit einen guten halben Meter groß war, auf einer meiner Hennen sitzen sah. Im Nachhinein bin ich mir nicht ganz sicher, ob es Beschützerinstinkt, Wut oder etwas ganz anderes war, was mir das Adrenalin hat einschießen lassen, aber ohne groß darüber nachzudenken, riss ich das Esszimmerfenster auf und sprang nur mit Wollsocken an den Füßen wild fuchtelnd und noch lauter schreiend hinaus. Ich muss einen wahrlich verstörenden Anblick geboten haben, denn der Vogel flog unverrichteter Dinge wieder davon und ließ die Henne am Boden zurück. Noch immer in Wollsocken (und in Unkenntnis darüber, dass ich bei meinem Sprung aus dem Fenster mein Wasserglas umgekippt und den Inhalt quer über den Tisch verteilt hatte) eilte ich zum Ort des Geschehens und stellte fassungslos fest, dass der Henne (es war das Carla-Huhn) zwar etliche Federn fehlten, sie ansonsten jedoch unverletzt schien. Einzig der linke Flügel stand ein wenig seltsam ab, doch es war immerhin nichts gebrochen. Nun ging das gleiche Spiel ein zweites Mal von vorn los: alle Hennen finden und möglichst schnell in den Stall treiben. Mittlerweile trug ich das entsprechende Schuhwerk, fand mein Federvieh binnen zehn Minuten an den irrwitzigsten Ecken des Hofs wieder und brachte sie alle sicher in den Stall. Es war unglaublich, dass der Bussard das Carla-Huhn nicht ernsthaft verletzt hatte, und noch viel unglaublicher, dass ich zur richtigen Zeit am richtigen Ort war und somit den menschlichen Bussardschreck mimen konnte.

Als Lukas am Abend nach Hause kam, beratschlagten wir, wie wir nun weiter verfahren sollten. Es blieb uns für den Moment nichts anderes übrig, als die Hennen in den Auslauf hinter dem Haus zu sperren, denn dort – so zumindest Lukas' Einschätzung – würde der Vogel nicht angreifen. Der Auslauf sei viel zu nah am Haus, und auch das Stallgebäude sowie das Atelier auf der anderen Seite würde wohl ausreichend Schutz bieten.

»Kein vernünftiger Raubvogel würde freiwillig hier reinfliegen, dafür sind die Fluchtmöglichkeiten viel zu schlecht«, sagte er zuversichtlich.

Ich war mir da nicht so sicher, aber für den Moment wollte ich ihm mal Glauben schenken. Doch Lukas hatte sich verschätzt (oder der Vogel war einfach nicht *vernünftig* genug), denn wenige Tage später folgte Angriff Nummer drei.

Ich war gerade im Obergeschoss des Hauses, als ich ein lautes Rumpeln auf dem Dach und anschließend lautes Gegacker von draußen vernahm. *Die Hühner,* schoss es mir wie ein Geistesblitz sofort durch den Kopf, und ich sprintete die Treppen herunter, direkt in die Küche. Das Küchenfenster war das einzige, das in den Hühnerauslauf gerichtet war, weshalb ich kurzerhand auf die Theke sprang und den Kopf aus dem Fenster streckte. Und wieder saß da dieser vermaledeite Greifvogel auf einer meiner

Hennen (dieses Mal hatte es Tiffany getroffen) und glotzte mich ungläubig an. Woher jedoch die rumpelnden Geräusche auf dem Dach herrührten, würde wohl für immer des Bussards wohlbehütetes Geheimnis bleiben. In Anbetracht dessen, dass wir es hier offensichtlich mit einem *unvernünftigen* Bussard zu tun hatten, könnte das Gerumpel auch von einem sehr missglückten Landeversuch stammen – wer weiß das schon so genau. In jedem Fall sprang ich ein zweites Mal in wenigen Wochen direkt aus dem Fenster und brüllte den Bussard unflätig und wenig damenhaft an. Ob man es glauben möchte oder nicht, aber auch hier ließ er von der Henne ab und flog davon. Tiffany indes (und ich möchte anmerken, dass ich mich wirklich sehr geehrt fühlte) rannte, kaum dass der Vogel sie aus seinen Fängen entlassen hatte, direkt auf mich zu und ließ sich anstandslos auf den Arm nehmen. Mein Gefluche schien auf sie nur wenig Eindruck gemacht zu haben – oder aber sie sah in mir genau das, was ich in diesem Moment war: ihre Rettung in letzter Sekunde.

Ein erfolgreicher Raubzug und zwei fehlgeschlagene Versuche – das war nun wirklich genug. Lukas orderte wenig später ein riesiges Netz, mit dem wir immerhin den Auslauf hinter dem Haus Bussard-sicher machen könnten, doch bis das geliefert wurde, verhängte ich eine strikte Ausgangssperre für die Hennen. Es tat mir wirklich leid, die geschäftigen Damen im Stall einzusperren, in dem sie die Welt nur durch eine vergitterte Tür betrachten konnten, doch Sicherheit hatte in diesem Fall einfach Vorrang. Es dauerte eine ganze Woche, bis die Lieferung endlich eintraf, und man kann sich wohl vorstellen, welche Missstimmung im Hause Huhn in der Zwischenzeit herrschte. Jedes Mal, wenn ich an der Gittertür vorbeiging, gackerten sie mich vorwurfsvoll von der Seite an (ja, Hühner können *wirklich* vorwurfsvoll gackern), und wenn ich zum Füttern oder Eiereinsammeln in den Stall wollte, wurden sie immer wagemutiger. Lotte und Magda waren eindeutig die treibenden Kräfte, denn sie schlüpften mir mehrfach in Windeseile durch die Füße hindurch und rannten auf den Hof. Wenn es meine Zeit zuließ, setzte ich mich mit einem der Campingstühle mitten auf den Vorplatz und ließ die Hennen zum betreuten Picken aus dem Stall, doch wie man sich wohl denken kann, waren das dank der Temperaturen um den Nullpunkt immer nur recht kurze Ausflüge. Kaum dass das Paket mit dem Netz geliefert wurde, machten wir uns auch schon an den Aufbau. Hübsch sah es wahrlich nicht aus, und ich hatte auch so meine Zweifel, ob der Bussard dieses schwarze Netz wirklich so gut wahrnehmen konnte und nicht bald schon aus den Maschen herausoperiert werden müsste, doch was soll's. Immerhin konnten die Hennen nun wieder halbwegs ihre Freiheit genießen. In den Tagen und Wochen darauf war ich wesentlich entspannter, wenn ich den Bussard über unserem Hof kreisen sah, und ich bekam auch keinen Adrenalinschub, als Bussard eins seine Kumpels Bussard zwei, drei, vier und fünf mitbrachte und sie nun wie in wilder Formation über unserem Hof durch die Lüfte segelten. Wir hatten also im Frühjahr 2025 so unsere liebe Not mit dem Federvieh, doch wenig später sollte noch eine dritte Vogelart den Stellungskrieg zwischen Hennen und Bussarden ordentlich aufmischen, denn Mitte März kehrten endlich unsere Krähen zu ihren angestammten Nistplätzen am Waldrand zurück.

Die Krähen hatten schon im Jahr zuvor in den großen Kiefern am unteren Ende unseres Grundstücks genistet und jeden fliegenden Eindringling mit viel Brimborium in die Flucht geschlagen. Ich war jedes Mal zutiefst beeindruckt, wie sich die Krähenpaare, die übrigens tendenziell lebenslang und monogam als Brutpaar zusammenbleiben, organisierten. Um sie noch ein bisschen mehr an unseren Hof zu binden, begannen wir schließlich, sie mit Nüssen und allerlei anderen Snacks anzufüttern. Meistens kamen sie in den frühen Morgenstunden, um sich abzuholen, was auch immer wir bereitgestellt hatten, und es waren auch nicht immer nur zwei. Manchmal stritten sich bis zu sechs Krähen lautstark um eine einzige verbliebene Erdnuss. Bei der

Menge an Krähenvögeln sahen wir schwarz für unsere diesjährige Kirschernte, aber das war mir ihre Anwesenheit allemal wert. Sie steckten ihr Revier immer weiter ab, und Mitte April hatten sie den gesamten Hof zu ihrem Hoheitsgebiet erklärt – inklusive Luftraum. Es war ein absolutes Spektakel, wenn die Krähen die Bussarde zu zweit in der Luft attackierten und erst dann von den sehr viel größeren, doch weitaus weniger wendigen Raubvögeln abließen, wenn sie sie ein ganzes Stück von ihrem Revier wegtreiben konnten. Es ging sogar so weit, dass ein Bussard, der still und leise (was eigentlich eher selten der Fall ist, da sie quasi ununterbrochen herumkreischen) am linken Rand der unteren Weide in einem verdorrten Zwetschgenbaum landete, dort keine dreißig Sekunden verharren konnte, ohne dass von der rechten Seite gleich zwei Krähen in Doppelformation heranflogen und zum Angriff übergingen. Wir sprechen hierbei auch nicht von ein paar Bäumen, die recht nah beieinanderstehen, sondern von einer Distanz über mehrere Hundert Meter. Beeindruckend, ich sag's ja.

Wir wussten also aus Erfahrung, dass die Krähen einen entscheidenden Teil zur Lösung des Bussardproblems beitragen konnten, doch den letzten Nagel im Sarg sämtlicher Hühnerjagdbestrebungen der Bussarde setzte jemand anders: Stephi und Johannes hatten nämlich ziemlich große Probleme mit ihrem Hahn – der Gute schien weder Respekt vor der siebenjährigen Tochter noch vor der achtzigjährigen Oma zu haben und attackierte beide gleichermaßen, wodurch ihm langsam, aber sicher ein One-Way-Ticket in den Suppentopf drohte.

»Es sei denn, ihr würdet ihn vielleicht nehmen ...?«, sinnierte Stephi schließlich bei einem unserer Besuche laut vor sich hin.

Lukas war als bekennender Langschläfer kein Fan von der Idee, einen Hahn auf dem Hof zu haben und womöglich jeden Morgen weit vor seiner normalen Aufstehzeit unsanft geweckt zu werden, doch auch ihm erschloss sich irgendwann die Genialität ihres Vorschlags. Wir nahmen den Hahn also unter der

Bedingung bei uns auf, ihn – sollte es aus welchen Gründen auch immer bei uns *gar nicht* funktionieren – wieder retournieren zu können. Ich für meinen Teil fürchtete den territorialen Hahn nur wenig, und das würde mir wohl hoffentlich den entscheidenden Vorteil für unser künftiges Zusammenleben liefern. Tiere nehmen es durchaus wahr, wie Menschen auf sie reagieren. Sie spüren unsere Unruhe, unseren Stress, manchmal auch unsere Traurigkeit und in jedem Fall unsere Angst, und nicht selten reagieren sie dementsprechend. Der Hahn war wohl der Ansicht, beim geringsten Anzeichen für Schwäche unsererseits den Macker machen zu können – und das ging einfach gar nicht.

Wir waren also einigermaßen gespannt, wie die Zusammenführung der Hennen mit ihrem neuen Geschwaderführer wohl verlaufen und wie er sich Lukas und mir gegenüber verhalten würde. Doch entgegen allen Annahmen waren es nicht wir, die den werten Herrn als Erstes in die Schranken verwiesen – es war Magda, unsere braune Henne. Mit Ausnahme von Mechthild kannte keine der Hennen einen Hahn, und entsprechend groß waren die Verwirrung, die Neugier und die Furcht, als er die Hühnerschar aufmischte. Magda saß lange Zeit abseits auf der Hühnerstange und beobachtete den Hahn und die anderen Hennen bloß, doch als der Neuankömmling Raclette besteigen wollte, Raclette wiederum *überhaupt* keine Ahnung hatte, was der Kerl von ihr wollte, und wie am Spieß zu kreischen begann, setzte bei Magda der Beschützerinstinkt ein. Ungeachtet dessen, dass sie im Vergleich zum Hahn nicht einmal als halbe Portion zu bezeichnen war, da sie kaum ein Drittel seiner Größe ausmachte, griff sie den Besteiger todesmutig an. Der Hahn hatte vermutlich noch nie erlebt, dass sich überhaupt *irgendwer* gegen ihn zur Wehr gesetzt hat – und dass das erste Mal von dieser kleinen, wuseligen Henne ausging, brachte ihn sichtlich aus dem Konzept. Die beiden teilten einander einige saftige Hiebe aus, doch allein aufgrund der Tatsache, dass Raclette unbestiegen mit Magda auf die Sitzstange zurückkehrte, lässt wohl auf eine

Niederlage des Hahns schließen. Hennen 1 – Hahn 0. Schwesternschaft wird bei den Hühnern eben noch großgeschrieben.

Auch wenn der Hahn, den wir in Anlehnung an den General, unseren alten Hahn in Kärnten, nun Admiral tauften, ein paar Startschwierigkeiten hatte, entpuppte er sich letztlich als absoluter Glücksgriff. Mit seinem Geleit und dem der wachsamen Krähen am Himmel ließen wir die Hennen fortan wieder über den ganzen Hof laufen, denn der Admiral passte auf – und wie! Er führte seine Damen zwar über die offene Streuobstwiese, über den Hofvorplatz und sogar in den Wald hinein, doch sobald die Bussarde sich blicken ließen, konnte man die Hühner plötzlich lange suchen. Der Hahn gewöhnte sich an, in einem solchen Fall alle sechs Hennen unter der Treppe am Schweinestall *zu parken* und ihnen erst wieder Freigang zu gewähren, sobald die Luft (im wahrsten Sinne des Wortes) wieder rein war. Diesen Vorgang wiederholte er derart häufig und stets nur dann, wenn schwarze Schatten über den Himmel huschten, dass man hier wirklich nicht mehr von einem Zufall sprechen kann. Er wusste durchaus, was er da tat – und es war genau das Richtige. Der Admiral hielt seine Hennen beisammen, zeigte ihnen die besten Würmer und schmackhaftesten Krümel, und manchmal konnte ich ihn sogar dabei beobachten, wie er ein Maiskörnchen in den Schnabel nahm und es einem der Hühner hinhielt – die es dann ernsthaft aus seinem Schnabel rauspicken durfte. Das nenne ich mal partnerschaftliches *Commitment*! Das Einzige, womit er so seine Schwierigkeiten hatte, war die Streitschlichtung zwischen den Hennen. Im April 2025 bekamen wir weitere sechs Junghennen, und natürlich verhielten sich die Althühner gegenüber den Jungen in den ersten Tagen wie die letzten Aasgeier. Sie hackten auf den Neuen herum und rupften ihnen sogar die ein oder andere Feder, woraufhin die Junghennen Zeter und Mordio schrien. Tja, und der Admiral? Der hüpfte von einem Streithuhn zum anderen und wusste gar nicht, was er mit ihnen anfangen sollte. Immerhin waren die Streitereien nicht von Dauer, und die

Hackordnung wurde binnen weniger Wochen endgültig geklärt, weshalb sich der Admiral glücklicherweise wieder dem widmete, was er am besten konnte: aufpassen und Futter verteilen.

Die Ausflüge in den Wald wurden indes zu einem allgemeinen Highlight – und das nicht nur für die Hennen. Ich wurde zunehmend neugierig, was in aller Welt sie da draußen eigentlich treiben, weshalb ich mir an einem Nachmittag meine Kamera schnappte und ihnen einfach hinterherstiefelte. Weit waren sie nicht gekommen, denn sie hielten sich an jenem Tag (und wenn man dem aufgewirbeltem Laub Glauben schenken darf, auch an allen Tagen davor) hauptsächlich an dem kleinen Bachrinnsal auf, das in einem schmalen Graben den Berg hinunterlief. Die tief stehende Sonne schien damals schräg durch die Bäume hindurch, und über uns rauschten die Baumkronen im Wind. Ich saß inmitten der Hühnerschar, und plötzlich löste sich wie von selbst der ganze Stress und Arbeitsfrust, der sich in den Tagen zuvor bei mir angesammelt hatte. Zum ersten Mal seit Langem hatte ich das Gefühl, durchatmen zu können. Die Hühner teilten meine Ruhe nicht so wirklich, denn sie waren allesamt sehr *beschäftigt*, und um ehrlich zu sein, ist das in meinen Augen sowieso das treffendste Adjektiv, um die gefiederten Damen zu beschreiben. Raclette und Lotte streiften zwischen den strahlend gelb blühenden Sumpfdotterblumen herum und scharrten in dem morastigen Boden umher. Mechthild und Tiffany wiederum waren ein Stück abseits des Bachs mit Sandbaden beschäftigt und wälzten sich genüsslich durch den staubtrockenen Waldboden. Dabei legen sie sich seitlich hin, plustern sich auf, scharren mit den Krallen seitlich eine Menge Erde in ihr Gefieder und begeben sich in ziemlich ungesund anmutende Positionen. Hühner reinigen durch ein Sandbad ihr Gefieder und befreien sich auch von etwaigen Milben und anderen Parasiten – wobei ich nicht abstreiten möchte, dass es mit Sicherheit auch einen gewissen Entspannungsfaktor hat. Die Damen baden mit Hingabe, denn dieses Prozedere kann gut und gerne schon einmal zwanzig Minuten und mehr in Anspruch nehmen; Huhn von Welt möchte es schließlich gründlich machen. Nachdem die beiden ihr Bad schließlich beendet hatten, taten sie ein paar Schritte, um sich anschließend ausgiebig aufzuplustern, sich zu schütteln und somit sämtlichen Staub und Sand aus dem Gefieder zu bekommen, der dort noch zurückgeblieben ist. Es erinnerte fast ein bisschen an die Special Effects auf einem Taylor-Swift-Konzert, wie die Hühner mal eben ihre eigene dramatische Staubwolke aus dem Flügel schüttelten und anschließend wie Phönix aus der Asche daraus hervortraten. Sie sind eben immer für einen epischen Auftritt zu haben.

Nun bleibt im Endeffekt nur noch eine Frage offen: Wie verhielt sich der Hahn uns Menschen gegenüber? Sagen wir so: Bei Lukas hat er es bisher, Stand Frühjahr 2025, kein einziges Mal versucht, sehr wohl aber bei mir. Ich saß gerade im Stall vor den Legenestern, um die Eier einzusammeln, als er mir von hinten auf den Rücken sprang. Ich schnellte auf und schimpfte lautstark mit ihm (bekanntermaßen habe ich ja mittlerweile durchaus eine gewisse Expertise im Vögelanschreien), was wiederum Lukas auf den Plan rief. Er machte kurzen Prozess, packte den Hahn und überreichte ihn mir schließlich.

»Du musst jetzt Dominanz demonstrieren«, sagte er trocken und wies mich an, den Hahn abzusetzen und auf den Boden zu drücken.

Es ging zu keinem Zeitpunkt darum, dem Admiral Schmerzen zuzufügen oder ihn zu bestrafen, sondern darum, die Machtverhältnisse klarzustellen. Hennen ducken sich auf den Boden, wenn sie sich einem Hahn oder anderen Hühnern unterwerfen, und genau das simulierte ich nun mit dem Admiral. Als ich ihn wenig später losließ, stapfte er schimpfend davon und plusterte sich ganz schön auf, aber von einem erneuten Angriff sah er zumindest an jenem Tag ab. An den Folgetagen versuchte er es durchaus noch das ein oder andere Mal, aber er wagte es wirklich nur, wenn ich ihm den Rücken zukehrte. Frontal ergriff er immer direkt die Flucht – *alter Schisser*. Bei seinem letzten Versuch, sich mir gegenüber zu behaupten, jagte ich ihm kurzerhand mit einer zwei Meter langen Papprolle hinterher, die wir eigentlich nur für den Müll vor der Garage abgelegt hatten. Der Hahn war entsetzt und ließ es daraufhin schließlich für kurze Zeit ganz bleiben. Mittlerweile verstehen wir uns (meistens) auch ohne herumfliegende Schuhe, Papprollen oder den Einsatz des Gartenschlauchs (sehr effektiv, wenn man mich fragt). Wenn er doch mal wieder das Gefühl hat, sich mir gegenüber behaupten zu wollen, bleibe ich stehen, schaue ihn an und ermahne ihn mit strenger Stimme: »Überdenke dein Tun!«

Im Gegensatz zum Bussard scheint der Hahn also ein vernünftiger Vogel zu sein, denn auch ein einfaches, aber strenges »Aaaber weg da« aus der Ferne reicht schon, um ihn auf dem Weg zum Katzenfutter zum Umkehren zu bewegen. Zwar nur unter lautstarkem Protest, aber immerhin. Ich bin sehr stolz auf diesen pädagogischen Erfolg.

Mittlerweile leben wir hier also alle in friedlicher Koexistenz zusammen. Lukas hat gelernt, das morgendliche Krähen des Hahns zu verschlafen, und ich habe gelernt, dem Admiral besser nicht den Rücken zu kehren. Der Hahn selbst hat wohl gelernt, dass mit den Damen nicht zu spaßen ist – und dank Magda und Raclette weiß er nun auch, dass selbst in der Hühnerwelt der Konsens beim Paarungsakt eine gewisse Rolle spielt.

Und die Hennen? Die Hennen wiederum wissen mittlerweile, dass in Hinsicht auf das Verstecken Vorsicht manchmal besser ist als Nachsicht. Dass sie zusammen viel stärker sind als allein und dass sie sich mit vereinten Kräften gegen alles und jeden wehren können – selbst gegen einen liebestollen Hahn. Gemeinsam sind sie unbesiegbar.

Und das scheint mir doch eine durchaus sinnvolle Erkenntnis zu sein – nicht nur für die Hühner.

Das andere Leben

Warum wir tun, was wir tun

Januar 2025

Unser Leben war in den Jahren, in denen wir den Milchviehbetrieb von Lukas' Eltern bewirtschafteten, von einer Sache ganz besonders geprägt: Arbeit. Die Kühe haben dabei den Rhythmus vorgegeben – morgens melken und auf die Weide treiben, am Nachmittag von der Weide zurück in den Stall bringen und am Abend schließlich noch mal melken. Alles andere musste irgendwie dazwischen stattfinden, denn Milchkühe sind eben kein lästiger Sportkurs, den man bei akuter Unlust spontan absagen kann. Wenn in der Nacht eine Kuh kalbte, wenn am späten Abend die Kälber auf der Alm ausgebrochen waren oder irgendwo anders Not am Mann war, waren wir da. Dabei war es völlig egal, was wir gerade taten und wie spät es war oder wie erschöpft wir beide waren. Was getan werden musste, wurde getan. Punkt.

Lukas und ich arbeiteten beide nebenher noch in unseren Hauptjobs (er als Rettungssanitäter, ich als Autorin und Content Creatorin), was für uns neben dem landwirtschaftlichen Betrieb noch eine weitere Belastung darstellte. Die Arbeit war also allgegenwärtig; sie war nicht einfach nur eine Aufgabe, sondern eine Selbstverständlichkeit. Sie gehörte in diesen Jahren zu unserem Leben dazu wie die Luft zum Atmen, und gleichzeitig hat sie alles andere komplett überlagert und uns nicht selten die Luft abgeschnürt. Ich kann mich ehrlicherweise gar nicht erinnern, dass wir jemals regelmäßig irgendwelchen klassischen Freizeitbeschäftigungen nachgegangen wären, denn dafür fehlte uns schlichtweg die Zeit. Im Sommer fuhren wir ein paar wenige Male einige Dörfer weiter in ein kleines Freibad, doch auch hier saßen uns die Melkzeiten im Nacken, denn mehr als zwei Stunden konnten wir uns selten freischaufeln. In Wahrheit verpasste ich sogar oft die Hälfte der Zeit, weil ich einfach einschlief, kaum hatte ich mein Handtuch ausgerollt, denn auch die Müdigkeit war in jenen Jahren allgegenwärtig. Leider war es eine Form der Müdigkeit, bei der es mit ein paar Stunden Extraschlaf allein nicht getan war. Wir waren müde vom Kämpfen, vom Durchhalten und vom ständigen Diskutieren und Streiten mit Lukas' Eltern, ob und vor allem wie wir den Hof weiter bewirtschaften sollten. Es war eine wirklich in jeder Hinsicht zermürbende Phase, die sich über vier Jahre hin erstreckte. Manchmal lief es etwas besser, manchmal schlechter, aber es war nie wirklich gut. Wir rissen uns ein Bein für diesen Betrieb aus und hätten unser anderes vermutlich noch freiwillig dazugegeben, wenn wir gewusst hätten, dass es dann genug gewesen wäre – dass wir selbst gut genug gewesen wären. Doch leider konnten wir diesen Punkt nie erreichen. Wäre ich meine beste Freundin gewesen, so hätte ich mich wohl an den Haaren von diesem Hof gezogen, denn dieses Leben hatte ich ganz einfach nicht verdient. Leider war ich mir selbst jedoch so gar keine gute Freundin – ich war mir nicht einmal eine freundliche entfernte Bekannte, und so zogen wir es eben weiter durch. Zu einem viel zu hohen Preis.

Ende 2023 war sowohl bei Lukas als auch bei mir gänzlich die Luft raus; körperlich, moralisch, emotional, psychisch. Wir waren fertig mit der Welt, und ich bin mir ziemlich sicher, dass die nächste unvorhergesehene Katastrophe uns den Rest gegeben hätte. Sie hätte uns den Rest gegeben, und trotzdem hätten wir auch das noch irgendwie gemeistert. Weil wir eben so waren: Wir waren die Arbeit gewohnt, die Müdigkeit, den Schmerz und alles, was wir eigentlich nie gewohnt sein wollten oder sollten. Doch dann fanden wir das Haus im Wald. Für den Umzug mobilisierten wir beide noch ein letztes Mal unsere Kraftreserven, um aus diesem Leben, das wir viel zu lange ausgehalten hatten, auszubrechen.

Für uns war von vornherein klar, dass unser Weggang von Lukas' elterlichem Betrieb gleichzeitig das Ende unserer kurzen Karriere in der produktiven Landwirtschaft sein würde. Aus reiner Neugier schauten wir uns durchaus auch das ein oder andere Exposé von Milchviehbetrieben an, die zum Verkauf standen, doch abgesehen von den Millionenbeträgen, die wir dafür auf den Tisch hätten legen müssen, wollten wir diese Arbeit auch schlicht und ergreifend nicht mehr machen. Ja, den Betrieb von Lukas' Eltern hätten wir übernommen, wenn man uns denn gelassen hätte, aber wir wollten nicht um jeden Preis irgendwo Kühe melken, weil das zu unserem Glück notwendig wäre (Spoiler: War und ist es bis heute nicht).

Tja, und nun leben wir auf einem kleinen, alten Bauernhof und müssen zwar nicht mehr morgens und abends melken, aber haben dennoch eine ziemlich stattliche Anzahl an Tieren, um die sich gekümmert werden muss – jeden Tag, das ganze Jahr über. Haben wir mit unserem Umzug also am Ende des Tages doch bloß die eine kräftezehrende Arbeit gegen die andere eingetauscht?

Jein.

Zugegeben, die Frage nach dem Warum ist durchaus berechtigt. Wir hätten uns eigentlich genauso gut irgendwo eine Wohnung oder ein Häuschen im Grünen suchen können, ohne die ganze Bagage im Schlepptau und vor allen Dingen ohne die ganze Verantwortung, die damit einhergeht. Warum in aller Welt tun wir also, was wir tun?

Auch wenn wir zäh sind und in der Vergangenheit mehr ausgehalten haben, als eigentlich zumutbar ist, gab es doch etwas, das uns irgendwie an dem Leben in Kärnten hat festhalten lassen. Es war mit Sicherheit nicht das frühe Aufstehen, das uns all die Jahre hat verweilen lassen, der (Achtung, Sarkasmus) unerschütterliche Reichtum, der mit der Arbeit einherging, oder gar die Tatsache, dass wir auf dem Hof Lebensmittel produzierten. Nein, es ist vielmehr unser Bedürfnis, in und vor allem mit der Natur zu leben, Tiere um uns herum zu haben und mit unseren eigenen Händen etwas zu erschaffen.

Ich möchte an einem Ort leben, von dem ich nicht »aufs Land fliehen« muss, um mich zu erholen. Ich möchte vor die Tür gehen und tief durchatmen können, möchte meinen Garten hegen und pflegen, meinem Gemüse beim Wachsen zuschauen und in saftige Tomaten beißen. Es gehört für mich mittlerweile einfach dazu, dass ich meine Nudeln mit gierig dreinblickenden Hennen teilen muss und dass die Kühe wie junge Fohlen über die Weide springen, wenn ich mit dem Eimer Kraftfutter um die Ecke komme. Oder dass ich die Schweine mit Unkraut aus meinem Garten zu den glücklichsten Schweinen der Welt machen kann (denn niemand, wirklich *niemand* freut sich so über Unkraut wie unsere Schwafe). Ich möchte ständig in Gummistiefeln herumlaufen, die Kleidung voller Fell und Erde haben und mit einer Katze auf dem Schoß die Abendsonne genießen.

Das Leben auf einem Bauernhof war mein Traum, solange ich denken kann, und daran hat sich bis heute auch nichts geändert. Trotzdem beschleichen mich manchmal ganz leise ein paar Zweifel, denn auch wenn wir nun ein komplett neues Leben führen: Die Herausforderungen sind nicht verschwunden, sie sind nur *anders*. Manchmal, wenn ich nach einem langen Tag am Schreibtisch am liebsten nur raus möchte, um meinen Kopf durchzulüften, zu entspannen und runterzukommen, warten direkt die nächsten Probleme auf mich. Da haben dann die Schweine mal wieder den Auslauf durchplaniert und alles um fast einen Meter absacken lassen (ehrlich, die atmen die Erde irgendwie einfach weg), oder die Weidefläche für die Kühe stellt sich plötzlich als zu knapp bemessen heraus, oder, oder, oder. Das sind natürlich alles keine Katastrophen, die ich allein genau in diesem Moment zu lösen habe, aber es sind eben doch Dinge, die man dann im Hinterkopf hat – die ganze Zeit. Quasi Mental Load in der Bauernhof-Edition. Ich sehe mich ständig mit irgendwelchen Problemen konfrontiert, und wir entdecken gefühlt im Minutentakt Dinge, die wir umbauen, neu bauen, reparieren oder kaufen müssen. Ganz ehrlich? Manchmal dreht sich mein Hirn dann nur noch im Kreis und schreit »einfach anzünden« (was natürlich nicht ganz ernst gemeint ist). Frei nach dem Motto: Problem weg, Problem gelöst, oder so ähnlich. Es gibt auch Zeiten, in denen ich mir wünschen würde, weniger Verantwortung zu haben oder zur Abwechslung vielleicht sogar mal nur für mich selbst Verantwortung tragen zu müssen. Wir sind mit diesem Hof und all den Tieren eine riesige Verpflichtung eingegangen, und dabei geht es nicht nur darum, sich tagtäglich um alles zu kümmern. Es ist am Ende des Tages eben auch eine sehr große finanzielle Verantwortung, die wir auf den Schultern tragen, und ehrlich gesagt fände ich es bisweilen auch ganz schön, wenn die einzige Finanzfrage, die ich mir stellen muss, die nach dem Urlaubsbudget ist.

Bei all dem Kitsch und der Landlebenromantik ist das eben die Kehrseite der Medaille. Wir werden sehr oft um unser Leben hier auf dem Hof beneidet, und nur wenige schieben das nicht ganz unwesentliche »Aber« hinterher: »Aber wenn ich dann an die ganze Arbeit denke« oder »Aber die vielen Sorgen, die mit den Tieren verbunden sind«; ja, es gibt etliche Abers, und ja, ich sehne mich oftmals nach weniger Arbeit, weniger Verantwortung und dafür mehr Spontaneität, doch ich empfinde gleichzeitig auch unendliche Dankbarkeit dafür, dass wir diesen Ort unser Zuhause nennen dürfen. Trotz des Fernwehs, das manchmal aufkeimt, ist die Sehnsucht nach unserem Haus im Wald schon nach zwei Tagen an einem anderen Ort zumeist so groß, dass ich am liebsten sofort wieder nach Hause zurück möchte.

Genau diesen Zwiespalt erlebten wir erst vor wenigen Tagen wieder, und zwar in Reinform. Lukas riss mich an einem Mittwoch kurz nach Mitternacht aus dem Tiefschlaf, weil die Kühe das Gras auf der anderen Seite des Zauns für grüner befunden hatten und kurzerhand ausgebrochen waren. So turnten wir also fast zwei Stunden im Nieselregen durch die Nacht, wobei die Reparatur des Zauns weitaus mehr Zeit in Anspruch nahm als das Einfangen der Kühe. Es war also eine recht kurze und vor allen Dingen wenig erholsame Nacht, nach der wir in den Tag starten durften, der sich leider als keineswegs entspannter herausstellte. Schwein Lasse war der eigene Auslauf plötzlich nicht mehr groß genug, weswegen wir ihn dabei ertappten, wie er die Waldweide erkundete, nachdem er irgendwie durch drei Tore hindurchgeschlüpft war. Wer unsere Schweine und ihre Dimensionen kennt, weiß: Ein Schwaf schlüpft nicht elegant irgendwo hindurch, es kugelt vielmehr – was den Ausbruch (wir würden ihn später liebevoll *Pigson Break* nennen) umso bemerkenswerter machte. Nun sollte man anmerken, dass ausgebrochene Schweine und ausgebrochene Kühe wenig bis gar nichts gemeinsam haben. Kühe reagieren sofort auf das erstbeste Kraftfutterrascheln im Eimer und trotten einem treudoof hinterher (oder lassen sich zumindest mit Leichtigkeit in die entsprechende Richtung steuern), doch Schweine sind da ganz anders gestrickt. Zu allem Überfluss war Lasse auch noch allein unterwegs, was das ganze Unterfangen nicht wirklich einfacher gestaltete, da es keine Rotte gab, der er folgen konnte. Zudem lässt sich ein Schwaf nicht lenken – im Gegenteil. Hat ein Schwaf sich einmal für eine Lauf- beziehungsweise Fluchtrichtung entschieden, bleibt es dabei. Es ist ihm indes völlig einerlei, ob da ein Zaun, ein Stock oder ein Mensch im Weg steht; es rauscht wie ein U-Boot-förmiges Geschoss blitzartig an einem vorbei und ward nicht mehr gesehen. Es kostete uns an jenem Vormittag anderthalb Stunden, bis wir Lasse wieder im Stall hatten, und ich bin mir bis heute nicht restlos sicher, ob wirklich *wir* das Schwaf eingefangen haben oder ob das Schwaf uns gegenüber irgendwann schlicht und ergreifend Gnade walten ließ. Ehrlicherweise muss ich gestehen, dass ich mehr als nur ein bisschen genervt und überfordert von der Situation war. Was hätten wir getan, wenn wir ihn nicht eingefangen bekommen hätten? Was, wenn er in den Wald gerannt wäre? Wenn der Jäger ihn womöglich für ein Wildschwein gehalten hätte? Ja, es rauschten etliche Gedanken durch meinen Kopf, einer unschöner als der andere, und zwischenzeitlich fragte ich mich kurz, wie um Himmels willen ich in diesem Leben gelandet war – einem Leben, in dem ich übermüdet und verdreckt durch fast knietiefen Schlamm wate, um ein wild gewordenes Wollschwein wieder einzufangen, für das ich die Verantwortung trage. Ist das etwa dieses Erwachsenenleben, von dem alle immer sprechen? *Excuse me?*

Dennoch war mir klar, dass wir – sofern die Situation nicht mit dem Worst-Case-Szenario endete – spätestens tags darauf schon wieder darüber lachen würden. Und wir würden in ein warmes Zuhause zurückkehren, das wenig mit der tatsächlichen Temperatur als vielmehr mit dem Gefühl dahinter zu tun hatte – und das ist immens viel wert.

»Zuhause« war über viele Jahre hinweg ein Wort, das ich gemieden hatte, denn das Gefühl, das ich damit verbinde, war mir damals gänzlich abhandengekommen. In Kärnten waren wir immer nur »zurück auf dem Hof«, aber niemals »zu Hause«. Doch seit nun genau einem Jahr und drei Monaten gehört es wieder zu meinem Wortschatz, und ich möchte es nie wieder missen. Zuhause ist das goldene Licht, das bei Sonnenuntergang für kurze Zeit alles auf dem Hof erstrahlen lässt. Zuhause ist der Waldkauz, der uns nachts manchmal um den Schlaf bringt. Und Zuhause ist, mit Lukas auf der Terrasse zu sitzen und zu überlegen, welches Projekt wir als Nächstes angehen. Für uns und unser Leben gibt es eben kein Rezept und keine Anleitung, keine Vorlage und kein Betriebsmuster, das uns an die Hand nimmt und uns erklärt, was wann wie zu tun ist. Wir (er)finden uns und unser Leben mit den Tieren immer wieder neu, auf unsere eigene Art und Weise. Und während in Kärnten unsere Welt immer kleiner wurde (und wir selbst gleich mit), passiert hier nun das genaue Gegenteil.

Was ist nun also der wesentliche Unterschied zu unserem früheren Leben? Warum ist die Arbeit jetzt eine andere und warum tun wir, was wir tun? Der entscheidende Punkt ist der, dass wir machen können, was wir wollen. Wir können uns unser Leben ganz nach unserem Geschmack und unseren Bedürfnissen gestalten, und nichts und niemand kann uns hineinreden. Die Früchte unserer Arbeit gehören uns allein, und man kann sie uns nicht wegnehmen oder auf irgendeine Art und Weise verwehren. Wir ernten, was wir hier säen – in jeder Hinsicht.

Ich weiß jetzt, dass ein Leben nicht nur aus Arbeit bestehen muss. Dass man es nicht aushalten oder ertragen muss. Und ich weiß auch, dass *mein Leben* ohne all die felligen und gefiederten Mitbewohner:innen ein anderes wäre – zwar eines mit weniger Lärm und weniger Sorgen, aber eben auch ein Leben mit weniger Sinn. Ich weiß, dass wir tun, was wir tun, weil es sich für uns richtig anfühlt. Weil wir hier gestalten dürfen, statt funktionieren zu müssen. Weil uns dieses Leben nicht müde macht, sondern erfüllt.

Es ist wahrlich nicht das einfache Leben.

Aber es ist unseres – und ich würde es um nichts in der Welt eintauschen wollen.

Ein Mehrgenerationenhaushalt

Primel, Perin und Pflaume – was war, was ist und was hätte sein können

April 2025

Zwischen dreien unserer sieben Rinder gibt es eine ganz besondere Verbindung: Primel, Perin und Pflaume stehen in direkter Verwandtschaft zueinander und bilden daher unseren ganz eigenen Mehrgenerationen(kuh)haushalt auf dem Hof. Primel nimmt dabei ein wenig die Rolle der Matriarchin ein. Sie wurde am 6. Januar 2010 geboren und hat mit ihren fünfzehn Jahren nun schon ein durchaus stattliches Alter erreicht. Direkt danach folgt Perin, die am 23. August 2012 als erstes Kalb von Primel geboren wurde. Mit Pflaume machen wir schließlich einen kleinen Zeitsprung, denn sie wurde erst am 8. Juli 2020, als fünftes von insgesamt sieben Kälbern, von Perin auf die Welt gebracht. Für mich ist es etwas ganz Besonderes, dass wir hier Oma, Mutter und Tochter vereint wissen und ihnen einen entspannten Lebensabend ermöglichen können, denn ihr Dasein hätte eigentlich eine völlig andere Richtung nehmen sollen. Doch beginnen wir mit den Damen selbst.

Primel ist unsere Kuh mit der gewissen Attitüde – *Diva* oder *Grande Dame* sind Worte, die einem in den Sinn kommen, wenn man sie betrachtet. Perin wiederum ist die kuhgewordene Skepsis auf vier Beinen, denn Vertrauen ist etwas, das man sich bei ihr hart erarbeiten muss. Berührungen am Kopf sind tabu, und generell kommt menschliche Nähe nur an gewissen Tagen infrage. Ich werde häufig gefragt, ob Primel und Perin sich gegenseitig als Mutter und Tochter erkennen, doch das kann ich beim besten Willen nicht beurteilen. Was ich jedoch mit Sicherheit weiß: Sie haben ein sehr inniges Verhältnis zueinander. Auf der Weide stehen sie häufig ganz eng zusammen, und es kam schon vor, dass sie aneinander *angedockt* haben. Meist ist es Primel, die sich mit ihrem Kopf direkt an Perins Bauch oder wahlweise auch ihren Kopf lehnt und in dieser Position verharrt. Dieses Andocken scheint mir ein besonders großer Vertrauensbeweis, da Kühe direkt vor ihrer Nase einen blinden Fleck haben. Ihr Sichtfeld umfasst in Summe zwar 330 Grad, doch in ihrem Rücken wie auch direkt vor der Nase sind sie blind. Sowohl Primel als auch Perin habe ich in meinen ersten beiden Büchern jeweils ein ganzes Kapitel gewidmet, weshalb ich den Fokus an dieser Stelle in erster Linie auf die jüngste der drei Damen legen werde: Pflaume.

Pflaume ist diejenige Kuh, die mir etliche erste Male beschert hat: die erste Geburt auf der Weide; das erste Kälbchen, das wir lange Zeit mit der Flasche aufgezogen haben; die Erste, deren Namen ich bestimmt habe. Außerdem ist sie die erste und sehr wahrscheinlich auch einzige Kuh, die ich von Geburt an bis heute in ihrem Leben begleiten darf. Pflaume ist zutraulich, neugierig und unglaublich liebesbedürftig. Diese Charakterzüge rühren wohl nicht von ungefähr, schließlich waren wir Menschen lange Zeit Pflaumes wichtigste und phasenweise auch einzigen Bezugspersonen, denn sie kam in einer Zeit zur Welt, in der es sonst keine Kälber auf dem damaligen Hof gab. Zudem blieb sie verhältnismäßig lange mit ihrer Mutter Perin zusammen und wurde erst Wochen nach der Geburt unter größtem Trennungsschmerz und klagevollem Muhen endgültig von ihr getrennt. Ja, wir Menschen (allen voran unsere ehemalige Praktikantin Marie und ich) waren ihre Bezugspunkte Nummer eins, weshalb sie uns schon bald wie ein junger Hund auf Schritt und Tritt folgte.

Pflaume hatte (oder *hat* – manche Dinge ändern sich einfach nie) wahnsinnig viele Flausen im Kopf, und meistens herrschte Chaos, wo auch immer sie auftauchte. Sie entdeckte schon bald, dass sie mit einem gezielten Hopser eine ganze Hühnerschar zum Auseinanderflattern bringen konnte, lutschte leidenschaftlich gern und sehr geräuschvoll an matschigen Bananen herum und spielte am allerliebsten mit dem großen grauen Gymnastikball. Sie stupste ihn mit der Nase an oder hechtete ihm ungelenk hinterher, wenn ich dem Ball einen ordentlichen Schubser verpasst hatte und er durch den ganzen Auslauf kullerte. Ich sag's ja: Die Gute hatte Flausen im Kopf. Es dauerte weit bis in den Herbst hinein, bis Pflaume endlich die so dringend notwendige vierbeinige Gesellschaft in Form anderer Kälber bekam, und es muss wohl kaum erwähnt werden, dass sie ab Minute eins der Boss in der Kindergartengruppe war.

Unterm Strich hat sie sich in ihrer Art und in ihrem Wesen bis heute nicht wirklich verändert. In unserer Kuhherde ist sie diejenige, die ganz vorn in der Warteschlange steht, wenn ich mit dem Striegel anrücke, und am Ende angemessen entsetzt ist, wenn ich es wage, von ihr zu einer anderen Kuh zu wechseln. Pflaume weicht mir währenddessen nicht von der Seite und versucht, mit intensivem Kopf-an-Oberkörper-Rubbeln auf sich aufmerksam zu machen. Es braucht strenge Worte und manchmal auch einen Schubser, damit sie von einem ablässt, doch selbst mit etwas Abstand lauert sie auf jede Lücke in der Striegelschlange – die Hoffnung stirbt eben zuletzt. Man könnte also durchaus meinen, dass sie noch immer das chaotische, überdrehte und aufmüpfige kleine Kalb aus dem Sommer 2020 ist –

mit dem kleinen, aber feinen Unterschied, dass sie nunmehr im Körper einer ausgewachsenen Kuh steckt. Sie hat links und rechts von der Nase zwei weiße Punkte, die ich liebevoll als ihre »Grübchen« bezeichne, und wenn man ihr tief in die Augen schaut, merkt man sofort, dass ihr der Schalk im Nacken sitzt. Ihre absolute Lieblingskraulstelle ist der Hals (die sogenannte *Wamme*).

Während Primel ein Jahrzehnt als Milchkuh in Diensten stand und in dieser Zeit zehn Kälber zur Welt brachte und Perin ihr mit neun Jahren als Milchlieferantin und sieben Kälbern in kaum etwas nachsteht, war Pflaumes berufliche Laufbahn doch wesentlich kürzer. Sie brachte am 30. Dezember 2022 ihr erstes und einziges Kälbchen zur Welt, denn auch wenn unsere Pflaume wirklich viele Talente hat, so war sie als Milchproduzentin eher unterer Durchschnitt. Man könnte meinen, dass eine Milchkuh eine Milchkuh und Milch eben Milch ist, doch wie so oft sieht die Realität ein klein wenig anders aus. Im Idealfall sollte die Kuh das ihr zur Verfügung gestellte Futter maximal effizient verwerten und damit sehr viel Milch mit extrem guten Inhaltsstoffen produzieren. Viel Fett und viel Eiweiß macht sie bei den Molkereien besonders beliebt, und nicht selten werden hierfür sogar extra Aufschläge pro Kilogramm Milch bezahlt. Doch Pflaume konnte nichts von alldem vorweisen. Sie gab selbst in der Hochphase ihrer Laktation nur sehr wenig Milch (mitunter kaum mehr als achtzehn Liter am Tag, was für eine Milchkuh wirklich wenig ist) mit unterdurchschnittlichen Inhaltsstoffen und fraß dabei trotzdem genauso viel wie andere Kühe im Stall, die tagtäglich doppelt so viel Milch in den Tank brachten. Zudem sah es in Pflaumes Stammbaum auch eher mau aus, denn abgesehen davon, dass auch ihre Mutter und ihre Großmutter nun nicht *die* Vorzeigemilchkühe waren, brachte auch die väterliche Linie keine sonderlich gute Genetik mit ein, die Pflaume in ihrer Karriere als Milchkuh hilfreich gewesen wäre. Im Hinblick auf die Milch schnitt Pflaume also weder bei Quantität noch bei Qualität gut ab, was sie wahrscheinlich nicht sehr alt hätte werden lassen. Sie gab *zu wenig* und nahm dafür *zu viel* – das reicht, um eine Kuh in der Milchwirtschaft rote Zahlen schreiben zu lassen oder sie wenigstens zu einem Nullsummenspiel zu machen.

Bei Perin verhält es sich ein wenig anders. Ihre Milchleistung sowie die Inhaltsstoffe waren durchschnittlich – man könnte sie also als solide Einkommensquelle für einen Milchviehbetrieb bezeichnen. Doch nach sieben Kälbern und mit mittlerweile neun Jahren war sie (wenn man es an dieser Stelle mal ganz nüchtern aus wirtschaftlicher Perspektive betrachtet) *verbraucht*. Sie hatte ihren Zenit überschritten – was die Schwierigkeiten, sie erneut zu besamen, hinreichend bewiesen. Zudem machte ihre Hüftfehlstellung immer mehr Probleme und ließ sie zum Teil torkeln und schwanken, als würde sie gleich wie ein nasser Sack umfallen. Wir unternahmen dennoch etliche Versuche, sie noch einmal erfolgreich besamen zu lassen, da wir nur zu gut wussten, was es bedeuten würde, wenn es nicht klappen sollte. Doch erst als unsere Pläne für den Umzug und die Evakuierung so mancher Kühe eigentlich schon langsam Gestalt annahmen, landete der Tierarzt noch einen Treffer. Trotzdem hätte diese weitere Trächtigkeit Perin im landwirtschaftlichen System nicht allzu viel Lebenszeit geschenkt, denn das Kalb kam nicht nur tot zur Welt, sondern Perin selbst war über Wochen hinweg massiv geschwächt, brauchte immer wieder Infusionen und tierärztliche Behandlung (die Hunderte von Euro kosteten und nur durch die Zuwendungen, die wir über *Chickago Care*, dem Patenschaftsprojekt für unsere pensionierten Nutztiere, bekamen, finanzierbar waren) und gab im Endeffekt einfach nicht genug Milch. Perin war also nicht nur *verbraucht*, sondern sie war schlichtweg nicht mehr *rentabel*. Die Strapazen dieser Geburt hatte sie schon kaum mehr verkraftet, weswegen eine weitere unter Umständen (oder vielmehr ganz sicher) ihr Ende bedeutet hätte.

Primel hingegen ist so ein bisschen die Katze mit den neun Leben unter den Milchkühen, denn eigentlich wäre sie schon vor sechs Jahren aus dem System gefallen. Sie gab zwar viel und vergleichsweise sehr fette Milch, doch gleichzeitig war sie massiv anfällig für Euterentzündungen. Tatsächlich stand bei ihr auch sehr lange der Verdacht im Raum, dass sie eine chronische Mastitis haben könnte, denn der Zellwert ihrer Milch war quasi nonstop jenseits ferner liefen. All das gestaltete den Melkprozess bei Primel deutlich aufwendiger als bei anderen Kühen. Manchmal, wenn die Zellzahl (also die Anzahl der somatischen Zellen, mitunter schlichtweg Abwehrzellen, die auf Krankheitserreger wie Bakterien reagieren) besonders hoch war und ihre Milch die zulässigen Höchstwerte für den gesamten Stalldurchschnitt gesprengt hätte, mussten wir sie separat in eine Milchkanne melken. So brauchte man für Primel allein oftmals genauso viel Zeit, wie für alle anderen Kühe zusammengenommen. Im Frühjahr 2020 wollte Lukas' Vater sie daher verkaufen, doch niemand hatte Interesse an der Milchkuh, und da sie trächtig war, durfte man sie auch nicht schlachten. Ende 2021 wiederum, als Lukas' Vater der Annahme war, Primel nun bald wirklich auf ihre letzte Reise schicken zu können, prangte in der Meldung aus dem Labor plötzlich das Wort »trächtig« hinter Primels Name – und das, nachdem der Tierarzt ihr Unfruchtbarkeit aufgrund einer Ovarialzyste attestiert hatte. Die Dame hatte offenbar andere Pläne, und diese umfassten ein mehr oder minder romantisches Stelldichein mit unserem Deckstier. 2022 kam unter dramatischen Umständen schließlich Primels letztes Kalb zur Welt. Es war wie bei Perin eine Totgeburt und verlangte der Kuh physisch (und ich möchte meinen, auch psychisch) alles ab. Es war klar, dass ihre Karriere nun ein Ende hatte – doch für mich war auch klar, dass dieses Ende der Anfang von etwas Neuem sein musste: Primel als *Pensionistenkuh*. In der landwirtschaftlichen Realität, also außerhalb unseres kleinen Hofkosmos, ohne mein Zutun und ohne die Unterstützung meiner Community, hätte

Primel spätestens im Winter 2022 ihren letzten Weg angetreten, und der hätte sie aller Wahrscheinlichkeit nach direkt in ein Schlachthaus geführt. Dort wäre sie nur eine von vielen – *viel zu vielen*.

In Deutschland gab es im Jahr 2024 3,6 Millionen[4] (!) Milchkühe, die in Summe über 33,9 Millionen[5] (!!) Tonnen (!!!) Milch produzierten. Deutschland ist somit EU-weit der größte Produzent von Kuhmilch, und während die Anzahl der Betriebe und auch die der Milchkühe tendenziell rückläufig ist, so bleibt die Menge der produzierten Milch doch weitestgehend stabil[6]. Das liegt im Endeffekt daran, dass die einzelnen Kühe immer mehr Milch geben. Sie werden gezielt darauf gezüchtet, dass die Lebensleistung ansteigt und sie somit langlebiger, leistungsfähiger und rentabler sind. Das Bundesinformationszentrum Landwirtschaft (BZL; eine Abteilung der Bundesanstalt für Landwirtschaft und Ernährung, die der Aufsicht des Bundesministeriums für Ernährung und Landwirtschaft unterliegt und »Informationen […] ausgewogen, verlässlich und aus staatlicher Hand«[7] bereitstellt) bezeichnet diese Lebensspanne einigermaßen makaber als sogenannte Nutzungsdauer. Diese liegt bei Milchkühen im Durchschnitt bei 38,9 Monaten, und wenn man das Alter von 28 Monaten, in dem eine Kuh der Statistik nach zum ersten Mal ein Kalb bekommt, nun hinzuzählt, sprechen wir von

4 www.landwirtschaft.de/infothek/infografiken/uebersicht-aller-infografiken/wie-viel-milch-gibt-eine-kuh

5 www.thuenen.de/media/ti-themenfelder/Nutztierhaltung_und_Aquakultur/Haltungsverfahren_in_Deutschland/Milchviehhaltung/Steckbrief_Milchkuehe_2025.pdf, S. 3

6 www.thuenen.de/media/ti-themenfelder/Nutztierhaltung_und_Aquakultur/Haltungsverfahren_in_Deutschland/Milchviehhaltung/Steckbrief_Milchkuehe_2025.pdf, S. 6

7 https://www.ble.de/DE/BZL/bzl_node.html

insgesamt fünfeinhalb Jahren[8]. Eine Kuh kann theoretisch bis zu zwanzig Jahre und älter werden, doch die Milchindustrie setzt bei gerade einmal einem Viertel dessen, was möglich ist, den Rotstift an. Auch wenn die Tendenz auf den Betrieben und in der Zucht immer mehr in Richtung Langlebigkeit der einzelnen Milchkühe geht, verlassen dennoch viel zu viele Tiere die Höfe, noch bevor sie ihre dritte Laktation beendet haben. Die Gründe hierfür spiegeln das wider, was ich eingangs über unsere drei P-Damen berichtet habe: Es sind in erster Linie Eutererkrankungen und Fruchtbarkeitsprobleme, welche die Karriere so vieler Milchkühe frühzeitig beenden.

Ein weiteres Problem, das mit dem gut gemeinten Prinzip der höheren Langlebigkeit der Milchkühe einhergeht, sind die Kälber. Die Kühe verbringen zwar (theoretisch) eine immer längere Zeit auf den Betrieben, und oftmals wird auch davon gesprochen, die Laktationen aufgrund der höheren Leistungsfähigkeit der Kühe über mehr als die durchschnittlichen 305 Tage in die Länge zu ziehen, doch sie bringen dennoch im Schnitt jedes Jahr ein Kalb auf die Welt.[9] Gemeinhin gehen wir davon aus, dass nur die männlichen Kälber keinen Nutzen auf einem Milchviehbetrieb haben, doch für viele weibliche Kälber sieht es genauso aus. Die Kuhkälber dienen einem Austauschprinzip folgend als Ersatz für ausgediente Milchkühe im Bestand der Höfe, doch wenn für jedes neue Kuhkalb theoretisch eine Milchkuh, die auf eine längere Lebens-/Nutzungsdauer gezüchtet wird, weichen müsste, geht die Rechnung einfach nicht auf. Es herrscht ein Überangebot an Kälbern, und das wiederum führt zu einem enormen Preisverfall. Oftmals rechnen sich somit nicht einmal die ersten Wochen der Aufzucht, weswegen

8 www.nutztierhaltung.de/rind/milch/tiergesundheit-monitoring/zucht-auf-langlebigkeit/

9 www.landwirtschaft.de/tier-und-pflanze/tier/rinder/gibt-die-kuh-auch-ohne-kalb-milch

etliche Betriebe nicht nur die Stierkälber, sondern auch viele Kuhkälber bereits nach wenigen Wochen an spezialisierte Mastbetriebe verkaufen – sowohl im konventionellen wie auch im ökologischen Bereich. Tatsächlich werden die Biokälber mitunter sogar an konventionelle Mastbetriebe verkauft, da es im Biobereich einfach noch zu wenige davon gibt. Das Biokalb der Biomilchkuh hat also nicht zwangsläufig einen schöneren Lebensweg vor sich als seine Kollegen und Kolleginnen aus dem konventionellen Bereich. Entschuldigt bitte, wenn an dieser Stelle die ein oder andere Konsument:innenillusion wie eine Seifenblase zerplatzt.

Die Probleme und vor allen Dingen Perspektiven von Milchkühen wie Primel, Perin und Pflaume stehen sinnbildlich für all das, was in sehr viel größerem Rahmen tagtäglich im System Milch passiert. Die Kälber und die Kühe haben oftmals kaum einen (oder im schlimmsten Fall gar keinen) Wert mehr. Sie sind nur noch Zahlen, sie sind austauschbar und ziemlich schnell nicht mehr rentabel. Sie haben keine Geschichte, keinen Charakter, keine Persönlichkeit. Und das, obwohl in diesen gemächlichen Zeitgenossinnen so viel mehr steckt, als wir ihnen in der Rolle, in die wir sie für unsere Ernährung zwängen, überhaupt zugestehen.

Kühe können im Schnitt bis zu fünfzig ihrer Artgenoss:innen erkennen und bilden innerhalb der Herde nicht nur eine strenge Hierarchie, sondern durchaus auch freundschaftliche Beziehungen. Sie sind imstande, Ursache-Wirkungs-Zusammenhänge zu verstehen, und richten sich auf der Weide am liebsten in Nord-Süd-Richtung aus (das hat etwas mit dem Magnetfeld der Erde zu tun). Kühe muhen von Region zu Region unterschiedlich, und wenn man ganz genau hinhört, wird schnell klar, dass es nicht nur regionale Abweichungen gibt: Jede Kuh macht ihr eigenes Muh, und je nach Stimmung oder der damit verbundenen Nachricht ändert sich die Tonlage entsprechend. Die Damen verbringen ihre Zeit am liebsten im Liegen – das tun sie jeden Tag zwischen zehn und zwölf Stunden, doch nur dreißig Minuten davon befinden sie sich in einer Art Tiefschlaf. In diesen Momenten nehmen sie die irrwitzigsten Positionen ein, und als unbedarfte Beobachterin kann man durchaus eine kurze Schrecksekunde lang annehmen, die Kuh sei für immer dahingerafft. Das menschliche Auge nimmt etwa 25 Bilder pro Sekunde wahr, bei der Kuh sind es zwischen vierzig und sechzig. Rottöne können sie jedoch nur schwer erkennen, und mit der Tiefenwahrnehmung ist das auch so eine Sache (daher betreten sie nur sehr ungern Gitterroste, Pfützen und andere glänzende oder spiegelnde Oberflächen). Eine Kuh trinkt am Tag bis zu hundert Liter Wasser (was in etwa einer gut gefüllten Badewanne entspricht), produziert an die 200 Liter Speichel und kann Gerüche aus einer Distanz von zehn Kilometern wahrnehmen. Entgegen der landläufigen Meinung stinken Kühe nicht, sie riechen nach Stall, Heu, frischem Gras und manchmal auch nach Wiesenkräutern. Anders verhält es sich jedoch mit kranken Kühen, denn ihnen kann man die Erkrankung mitunter nicht nur an*sehen*, sondern auch an*riechen*. Bei den Damen gibt es Tage mit guter und Tage mit schlechter Laune, wobei es drei unangefochtene Hauptgründe für schlechte Laune gibt: 1. wenig schmackhaftes, angesabbertes, altes oder im schlimmsten Fall *gar kein* Futter, 2. von der Herde getrennt werden und 3. weniger Futter, Zuneigung und Aufmerksamkeit bekommen als die Nebenkuh. Gleich danach kommen noch die Punkte In-den-Hänger-Müssen und Hitzestress in jedweder Form. Man stelle sich nun mal die Laune von Oma Primel vor, wenn sie ohne Frühstück von der Herde getrennt und bei dreißig Grad in den Hänger getrieben wird, während Pflaume gerade ein Ganzkörper-Treatment erhält – das möchte ich lieber nicht erleben.

Die Zunge einer Kuh ist rau wie Schmirgelpapier, und ihr Maul (das sogenannte Flotzmaul) hat eine ebenso individuelle Struktur wie der menschliche Fingerabdruck. Kühe besitzen nur im Unterkiefer richtige Zähne, denn oben gibt es lediglich eine Kauplatte. Unsere Damen haben eine interne Dauerfehde mit den Katern (ich weiß beim besten Willen nicht, warum), und am oberen Ende der Schwanzwurzel gibt es diesen einen ganz bestimmten Punkt, an dem man eine Kuh förmlich zur Ekstase kratzen kann. Es ist ihnen körperlich unmöglich, sich dort selbst zu kratzen, weswegen Kuh bei einer kurzen Krauleinheit durchaus mal vor Verzückung schmatzen, sabbern oder begeistert in den Futtertrog beißen kann. Eine durchschnittliche Kuh produziert am Tag etwa zehn Kuhfladen, was auf das Jahr gerechnet zwar zwölf Tonnen Mist entspricht, diese jedoch in Summe circa zwei Millionen Fliegen und Käfer versorgen und damit auf eine Biomasse von etwa einer Viertel Tonne kommen. Kühe haben ein Langzeitgedächtnis, weswegen der unangenehme Besuch vom Tierarzt sicherlich niemals in Vergessenheit gerät, und sie sind imstande, Entscheidungen abzuwägen und zwischen unterschiedlich guten Optionen nach eigener Präferenz zu wählen.

All das sind nicht bloß Fakten und vermeintlich unnützes Wissen, das man sich auch im Internet zusammensuchen kann, sondern vielmehr Dinge, die ich bei unseren Damen zum Teil schon selbst regelmäßig erleben durfte. Sie sind eigen, jede für sich – und genau das ist die eine Sache, die in der industriellen Tierhaltung so gern beiseitegeschoben und für die Konsument:innen unsichtbar gemacht wird. Eine Kuh hat nicht weniger Charakter als ein Hund, doch unser Blick auf diese beiden Arten könnte unterschiedlicher wohl kaum sein.

Ich bin sehr froh, dass wir unserem Dreiergespann Pflaume, Perin und Oma Primel ein anderes Leben ermöglichen können, wenngleich ich auch um so viele andere weiß, denen dieses Glück nicht vergönnt ist. Oft denke ich an all die Kühe, die wir damals in Kärnten zurücklassen mussten (weil die sieben, die wir mitgenommen haben, wirklich das absolute Maximum des Möglichen waren) und deren Schicksal kaum vier Monate später in den meisten Fällen mit dem Gang zum Schlachter besiegelt wurde. Peggy, Suzette, Rehsi, Selina und all die anderen, ja, das Herz schmerzt beim Gedanken an sie noch sehr, aber der Anblick unserer glücklichen pensionierten Kühe tröstet immerhin ein kleines bisschen.

Man kann niemals alle retten, doch das schmälert den Wert der wenigen Leben, die man erhalten kann, keinesfalls. Und darum geht es doch am Ende des Tages.

Kann ich den Rucksack bitte irgendwo abstellen?

Über alte Muster, Rückschläge und die Suche nach der Leichtigkeit

Mai 2025

Im September 2023 ging ich in jeder Hinsicht auf dem Zahnfleisch. Nicht nur der Sommer hatte enorm an meinen Kräften gezehrt – es waren im Grunde genommen die gesamten vier Jahre zuvor, die ihre Spuren hinterlassen hatten. Es gab die sichtbaren Spuren, wie etwa die Tatsache, dass tiefe Augenringe mein Gesicht zierten, ich gut sechs Kilo an Gewicht verloren und zu allem Überfluss auch das Lachen verlernt hatte. Ganz nebenbei gab es da auch schon wieder (oder immer noch?) die chronischen Rückenschmerzen, immer wiederkehrende Magenverstimmungen und andauernde Kopfschmerzen der üblen Sorte. Die Spuren, die man jedoch weder auf den ersten noch auf den zweiten oder dritten Blick erkennen konnte, waren die auf meiner Seele. Da waren diese toxischen Glaubenssätze, die ich so sehr verinnerlicht hatte, dass es mir unmöglich erschien, sie mir nicht immer und immer wieder vor Augen zu führen und nach ihren Maximen zu handeln und zu leben. Ausnahmesituationen, die in immer größerer Frequenz aufeinanderfolgten und ein abnormales Level an Stress mit sich brachten, das irgendwann schließlich zu einem fast schon gewohnten Hintergrundrauschen in meinem Gehirn wurde – selbst dann, wenn gerade kein Chaos herrschte. Stress, Schmerz, Erschöpfung und das Gefühl des Nicht-mehr-Könnens waren derart allgegenwärtig, dass es niemanden überraschte, wenn ich (mal wieder) davon sprach, dass ich meine Grenze erreicht hatte. Doch in aller Regel folgte nur wenig später schon die nächste kleinere oder größere Katastrophe, die uns dazu zwang, noch ein weiteres kleines bisschen über uns hinauszuwachsen; mal wieder ein bisschen mehr zu geben. *Mehr, mehr, mehr*. Mehr war das neue Genug, nur dass *mehr* eben leider grenzenlos und kaum umsetzbar ist, wenn man aus einem ohnehin schon leeren Tank schöpfen muss. Die traurige Bilanz nach vier Jahren auf dem Hof in Kärnten: ein Bandscheibenvorfall respektive Operation, Gastritis, anschließend Bandscheibenvorfall-Rezidiv und von da an chronische Rückenschmerzen, Depression und Burn-out, ein Kurzaufenthalt im Krankenhaus nach einem Kreislaufkollaps aufgrund von Erschöpfung und etlichen (Beinahe-)Nervenzusammenbrüchen, die still und leise hinter verschlossener Tür stattfanden. So viel zu meinem persönlichen Status quo jener Tage. Damals war ich so groß darin, meine eigenen Bedürfnisse hintanzustellen, dass ich irgendwann völlig verlernt hatte, sie überhaupt noch zu erkennen.

Ich begegnete unserem Umzug in die Steiermark also im Grunde genommen mit dreierlei Empfindungen: Erschöpfung, Erleichterung und Vorfreude. Man sagte mir, dass der Tapetenwechsel vermutlich recht schnell eine Linderung meiner körperlichen und psychischen Symptome mit sich bringen würde, und auch wenn ich damals nicht so wirklich daran glaubte, wagte ich sehr wohl zu hoffen. Die Ausgangssituation war damals denkbar ungünstig, doch so gesehen konnte es für mich eigentlich nur noch bergauf gehen. Und genau das tat es ab dem 23. September 2023 auch – zumindest für knapp zwei Wochen. Zwei Wochen lang war da eine Leichtigkeit zu spüren, die zuvor über Jahre hinweg lediglich durch ihre konsequente Abwesenheit geglänzt hatte. Ich wachte morgens auf und war voller Freude, Optimismus und Tatendrang. Mir wurde klar, dass all das hier, der Hof, die Tiere, das ganze Drumherum, nun zu unserem Zuhause werden würde und dass wir auf gewisse Art und Weise endlich frei waren. Frei von Zwängen, frei von der täglichen Arbeit im Stall, frei von Streitereien, frei von Druck. Die Liste ließe sich endlos fortsetzen. Tatsächlich ist es die traurige Wahrheit, dass wir etwa anderthalb Monate vor dem Umzug mit Lena und Birte sogar *zwei* Listen angefertigt haben: eine Liste mit all den Sachen, auf die wir uns in der Steiermark auf dem neuen Hof freuten – und dann noch eine weitere mit den Dingen, bei denen wir froh waren, sie bald los zu sein. Eine davon war recht schnell abgearbeitet, doch bei der anderen konnten wir gar nicht aufhören, neue Punkte aufzuzählen. Am Anfang fanden wir das alle noch lustig und scherzten darüber, aber mit jedem weiteren Punkt auf der Liste wurde die Stimmung ernster.

In jedem Fall gab es nach unserem Umzug besagte zwei Wochen Leichtigkeit für mich, und offen gestanden war ich naiv genug, davon auszugehen, dass es das nun war. Der Schritt war schließlich getan, die Sorgen hatte ich zurückgelassen, es konnte nun also mit neuer Frische für immer so weitergehen. *New Home, New Me* – oder so ähnlich. Doch irgendwann, an einem x-beliebigen Morgen, saß da plötzlich wieder die alte unliebsame Bekannte auf meiner Bettkante und grinste mich höhnisch an. Diese Bekannte wohnt in meinem Kopf, in einer Schublade namens Depression, und ich hatte so sehr gehofft, diese Schublade nie wieder offen stehen zu sehen. Doch Fehlanzeige.

Dachtest du wirklich, es ginge so einfach?

Von einem Tag auf den anderen lagen da wieder zentnerschwere Backsteine auf meiner Brust und meinen Schultern, und meine Seele fühlte sich wie wundgescheuert an. Lukas konnte den plötzlichen Stimmungswechsel nicht richtig nachvollziehen, und da wir beide irgendwie überfordert waren und die Dinge nicht einordnen konnten, flogen in dieser Zeit zu allem Überfluss auch noch ordentlich die Fetzen. Die Leere hielt nun also wieder Einzug in Hirn und Herz, und ich weiß schon gar nicht mehr, worüber ich damals frustrierter war: darüber, dass mich wieder eine graue Regenwolke auf Schritt und Tritt verfolgte, oder über die Tatsache, dass ich es nicht geschafft hatte, an der Leichtigkeit festzuhalten. Ehrlicherweise habe ich es damals als mein persönliches Versagen gewertet, nun wieder in einer Endlosschleife aus zweifelnden Gedanken, Tristesse und Leere festzuhängen, denn ich wusste beim besten Willen nicht, was den Zeiger nun in das andere Extrem hat umschlagen lassen. Heute kann ich darüber nur müde lächeln, denn mit etwas Abstand ist mein Blick darauf ein völlig anderer.

Mein leichtes Kränkeln, das ich während der Umzugsvorbereitungen so grandios beiseitegeschoben und mit viel Zitronensaft heruntergeschluckt hatte, erwischte mich elf Tage nach dem Umzug, Anfang Oktober, mit voller Breitseite und hebelte mich für mehrere Wochen beinahe gänzlich aus. Dennoch stand Mitte Oktober der Abgabetermin für das Manuskript meines zweiten Buches ins Haus, den ich auch brav einhielt, zeitgleich mussten die letzten Korrekturschleifen für den Jahreskalender durchgeführt werden. Anfang November ging schließlich der Kuhlender- und Puzzleverkauf los, bei dem ich jede Bestellung persönlich per Mail eintragen und beantworten musste (wir hatten noch immer keinen Onlineshop, in dem diese Prozesse automatisch abliefen). Anfang Dezember waren wir schließlich mehrere Tage lang damit beschäftigt, Hunderte Bestellungen zu verpacken und zur Post zu bringen. Zeitgleich waren wir nach dem Umzug mehr oder minder direkt in die Renovierungsarbeiten eingestiegen, hatten bis Dezember bereits drei Räume fertiggestellt, und so ganz nebenbei arbeitete ich während all der Zeit ganz normal weiter und drehte jede Woche zwei bis drei Kooperationen ab. Ende Oktober kamen die Kühe an, Anfang November fuhr Lukas nach Kärnten, um das Gewächshaus zu holen, Mitte Dezember starteten wir dann kurz vor knapp aufgrund der hohen Nachfrage noch eine zweite Last-Minute-Mini-Verkaufsrunde der Kalender. So ging es dahin, bis ich mir zu Weihnachten drei Wochen Urlaub nahm und mich nach nur zehn Tagen bereits fragte, warum sich innerlich Panik breitmachte, wenn ich nur daran dachte, ab Mitte Januar wieder zu arbeiten und Anfang Februar für mehrere Lesungen durch Deutschland und Österreich zu reisen. Es war einfach viel. Unterm Strich wahrscheinlich, nein, ganz bestimmt sogar, mal wieder *viel zu viel*, doch ich selbst war außerstande, es damals auch so wahrzunehmen. Ich fragte mich ernsthaft, warum ich in all der Zeit meine Leichtigkeit nicht wiederfinden konnte. Es war für mich schlichtweg nicht nachvollziehbar, warum ich die ganze Zeit über frustriert, erschöpft, überfordert und gestresst war. Wieso wir nicht einfach nur glücklich sein konnten. Warum *ich* nicht einfach glücklich sein konnte.

Inmitten all dieses Wirbels und der irrsinnig vielen Arbeit, die ich mir mehr oder weniger selbst aufgehalst hatte, verkannte ich den wesentlichen Grund für mein depressives Loch vollkommen: Wir waren zwar umgezogen und hatten einen Ort voller Intrigen, Ärger und Zwietracht gegen ein warmes Zuhause eingetauscht, doch ich selbst habe genauso weitergemacht wie damals in Kärnten – nur eben in der Steiermark. Ich war wie ein Rennpferd, das bis zur Erschöpfung und darüber hinaus rennt und rennt und rennt und dabei überhaupt nicht mitbekommt, dass die Zügel schon längst locker sind. Dass mich niemand mehr antreibt. Und dass nichts passieren würde, wenn ich einfach mal stehen bleiben würde.

Ich würde gern behaupten, dass mir diese Erkenntnis recht bald gekommen ist, doch die Wahrheit ist, dass es mitunter bis zum heutigen Tag andauert, die Dinge richtig einzuordnen. Im

Frühjahr 2024 traten zu allem Überfluss noch meine Rückenschmerzen in einem neuen, nie gekannten Ausmaß zutage und brachten mich schier an den Rand des Wahnsinns. Ich ging beinahe täglich bei meiner neuen Hausärztin ein und aus und ließ alles über mich ergehen, was sie mir vorschlug. Immerhin kann ich von Glück sprechen, dass ich hier einer Ärztin, kaum älter als ich selbst, begegnet bin, die mich nicht mit Ratschlägen wie »einfach weniger Stress« oder »probieren Sie mal Heilmassagen aus« wieder nach Hause schickte. Sie ließ nicht locker, aber dennoch fanden wir keine Lösung. Meine Verzweiflung wurde irgendwann so groß, dass ich mich als bekennende Spritzenphobikerin freiwillig einer Spritzentherapie bei ihr unterzog und eine Woche lang jeden Tag ungefähr sechs oder sieben Nadeln im Rücken ertrug. Es waren lediglich ihre Empathie, ihre Geduld und ihr Einfühlungsvermögen, die das Ganze irgendwie erträglich machten. Schlussendlich brachten die Spritzen zumindest etwas Linderung, wenngleich die Beschwerden nach wie vor nicht in Gänze verschwanden. Die Situation schlug schließlich erst im Sommer 2024 eine andere Richtung ein.

Manchmal sind es die kleinen Dinge, die am Ende des Tages die größten Auswirkungen mit sich bringen. Winzig kleine Veränderungen, denen man ihre weitreichenden Folgen nie im Leben zugetraut hätte. Für mich persönlich war es unter anderem eine Jahreskarte für das Freibad bei uns im Ort. Am 19. Juni, es war ein Mittwoch, packten wir ganz spontan unsere Siebensachen und spazierten zum Schwimmbad. Es ist nun wirklich kein besonders spektakuläres Freibad, doch das hat den Zauber für mich nicht ausgemacht. Es war vielmehr die Tatsache, dass wir wie *ganz normale Menschen* an einem heißen Tag im Juni im Freibad liegen konnten – und einfach *nichts* taten. Ich hatte keine offene To-do-Liste im Kopf und war nicht im Begriff, im Liegen schon meinen nächsten Schritt zu planen. Irgendetwas in mir hat sich vage daran erinnert, wie sich ein Sommer früher anfühlte, als die Tage nicht vom Melken oder der Heuernte bestimmt waren. Als man bei über dreißig Grad mit einem Eis im Freibad lag und nicht mit dem Rechen über ein Feld lief, um Grashalm für Grashalm einzusammeln. Es war eine Erkenntnis, die in ihrer Einfachheit schon fast bizarr scheint, aber für mich selbst unendlich wertvoll war. Seit diesem Tag ging ich mehrmals pro Woche ins Freibad und fand ungeachtet der Tatsache, dass Wasser eigentlich so gar nicht mein Element ist, sogar Freude daran, einfach in Ruhe meine Bahnen zu ziehen. Ich begann auch wieder damit, Bücher zu lesen und in fremde und fantasievolle Welten einzutauchen. Nie wäre es mir in Kärnten in den Sinn gekommen, ein Buch auch nur in die Hand zu nehmen. Nicht etwa weil ich kein Interesse daran gehabt hätte, sondern weil mir schlichtweg die Zeit und die Ruhe dafür gefehlt hatte.

Auch die lauen Sommerabende gaben mir einen Hauch von Leichtigkeit zurück. Einfach so lange im Garten herumwuseln, wie ich möchte. Oder irgendwann in Ruhe auf der Terrasse zu Abend essen und dabei nicht von ausgebrochenen Kälbern, den Schwiegereltern oder irgendwelchen Touristen unterbrochen zu werden. Und überhaupt – ein Sommer ganz ohne Gäste auf dem Hof, ohne das Gefühl, ständig beobachtet oder zumindest neugierig *betrachtet* zu werden, war (wie man heute wohl so schön sagt) ein echter *Gamechanger*. Im Juli habe ich mich schließlich sogar dazu entschieden, mir sage und schreibe acht Wochen Sommerferien zu nehmen. *Acht Wochen*! Das gab es bei mir in all den Jahren der Selbstständigkeit und der Arbeit auf dem Hof nie, und streng genommen gab es Urlaub in diesem Sinne seit 2019 eigentlich überhaupt nicht mehr. Irgendwo zwischen Freibadpommes, Fantasywelten und stundenlangen Waldspaziergängen (aka kiloweise Steinpilze sammeln) verabschiedeten sich auch meine Rückenschmerzen. Ja, sie waren irgendwann einfach *weg*. Es fällt mir schwer, dieses plötzliche Verschwinden von jahrelangen chronischen Schmerzen so zuzugeben, da sich für mich Symptome dieser Art, die einfach kommen und plötzlich wieder weg sind, irgendwie schwer nach Einbildung anhören, doch meine Hausärztin konnte nur mit den Schultern zucken: »Unterschätzen Sie niemals den Einfluss, den die Psyche auf den Körper haben kann, Frau Becker. Das hat mit Einbildung rein gar nichts zu tun«, war das Resümee meiner Ärztin, als ich sie nur ungläubig anstarrte.

Ja, irgendwie hat sie sich im Laufe des Sommers still und leise wieder eingeschlichen, die Leichtigkeit. Ich kann mich noch ganz genau erinnern, wie ich an einem ganz normalen Abend im Wohnzimmer stand und Wäsche zusammenlegte. Im Hintergrund lief Musik, und das schon beinahe routinierte Socken-Tinder wurde dabei von meinem leisen Summen begleitet. Ich hielt inne und bemerkte still und leise: »Da ist sie, die Leichtigkeit.«

Es mag lächerlich klingen, dass die Leichtigkeit beim Sockenzusammenlegen zu mir zurückfand, aber ganz ehrlich – ich wollte es in diesem Moment einfach nicht hinterfragen. Sie war da, und das war alles, was für mich gezählt hat. Wie schön wäre es nun also, wenn das das Ende dieses Kapitels wäre. Sommer, Sonne, Socken – zack, fertig? Leider sah die Realität ein klein wenig anders aus.

Im Oktober ereignete sich etwas, das meine oder im Grunde genommen unsere Welt aus den Fugen geraten ließ. Unsere Beziehung wurde in ihren Grundfesten erschüttert und in einer Weise auf die Probe gestellt, wie wir es in all den Jahren zuvor noch nicht erlebt hatten. Ich bin von einem Tag auf den anderen in ein unfassbar tiefes Loch gefallen. Nachdem ich seit September 2023 zwei, drei Minischritte vorwärts gemacht hatte, musste ich nun strauchelnd mindestens fünf wieder zurückstolpern. Mir war so elend zumute, wie ich es selten erlebt habe, und offen gestanden wusste ich absolut nicht, wohin mit mir und meinem Schmerz. Der nun folgende Winter war in jeder Hinsicht hart und kalt; äußerlich wie innerlich. Ich nahm die Situation zum Anlass, mich endlich um einen neuen Therapieplatz zu kümmern, nachdem ich mit dem Umzug nicht nur den alten Hof, sondern eben auch meine damalige Therapeutin hinter mir gelassen hatte. Doch die Suche nach einer neuen Therapeutin war hier genauso katastrophal, wie sie es auch vor drei Jahren in Kärnten gewesen ist. Freie Plätze waren rar, und mein trauriges Highlight war zwischenzeitlich eine Therapeutin, die mir im Anschluss an unser Erstgespräch eine Rechnung über 100 Euro in die Hand drückte und mich mit den Worten »Ich glaube, ich kann dir nicht helfen« aus ihrer Praxis hinauskomplimentierte. Ich war wahnsinnig müde und der Suche offen gestanden auch einfach überdrüssig, weswegen ich es (unvernünftigerweise, ich weiß) schnell wieder aufgegeben habe.

Wir quälten uns irgendwie durch diesen Winter, und erst im Frühjahr 2025 hatte ich das Gefühl, ein schwaches Licht am Ende des Tunnels zu sehen. Die Zeit heilt vermutlich nicht alle Wunden, aber sie lehrt einen für mein Empfinden zumindest einen besseren Umgang damit. Es ist nun wahrlich nicht so, dass ich mittlerweile von allem, was mich damals wie heute belastet hat, befreit und *geheilt* wäre, aber immerhin habe ich aktuell nicht mehr das Gefühl, nur noch Rückschritte zu machen – im Gegenteil. Ich weiß, dass ein Teil von mir immer noch der Meinung ist, dass mein Wert an meine Produktivität geknüpft ist und dass Faulheit so ziemlich die schlimmste Sünde ist, die man begehen kann, aber immerhin bin ich heute dazu imstande, diese Muster zu erkennen. Wenngleich ich es oftmals noch nicht richtig schaffe, mich davon zu lösen, und noch immer den inneren Zwang verspüre, immer und überall etwas leisten zu müssen, so empfinde ich doch das reine Erkennen schon als Fortschritt. Ich weiß nun, dass mein Perfektionismus und sein Gebrüll nach »immer mehr« und »immer besser«, nach »höher, schneller, weiter« meine schlimmsten Feinde sind, denn es ist ein Streben nach etwas Unendlichem, das niemand auf dieser Welt jemals erreichen wird. Jeder kann wohl sehr genau definieren, was sein persönliches *Mehr* ist, aber niemand vermag das *Genug* festzulegen – weil es das schlicht und ergreifend nicht gibt. In diesem Sinne weiß ich nun auch, dass ich in den letzten vier Jahren nicht deshalb nicht genug war, weil ich als Mensch nicht richtig oder gar falsch bin oder in irgendeiner Art und Weise versagt hätte, sondern weil es im Endeffekt nie um *genug* ging. Es ging um *mehr*. Immer mehr, mehr, mehr …

Ich trage viele Wunden mit mir herum, und manche davon sind besser verheilt, andere schlechter. Es gibt vieles, das noch zu verarbeiten ist, denn ganz im Ernst: All das, was wir in diesen vier Jahren erlebt haben, muss man auch erst mal schlucken können. Vielleicht werde ich mich irgendwann in naher oder ferner Zukunft noch mal auf die Suche nach einem Therapieplatz begeben, doch für den Moment ist es erst mal okay, wie es ist. Heilung ist ein Prozess; sie verläuft nicht linear, und manchmal gibt es Rückschritte, wo man viel lieber Fortschritte sehen würde, doch jeder Rückschritt birgt letztlich auch eine Erkenntnis. Ob diese dann direkt auf dem Fuße folgt oder erst Jahre später eintritt, ist wohl schwer vorauszusagen, aber irgendwann holt sie einen ein – und das ist auch richtig so.

Womöglich verhält es sich für mich und meine unliebsame Bekannte ähnlich wie mit der Zeit, die angeblich alle Wunden heilt: Vielleicht wird sie niemals richtig verschwinden und immer irgendwie ein Teil von mir sein, aber vielleicht lerne ich mit der Zeit, besser mit ihr umzugehen. Vielleicht geht es auch gar nicht darum, die Dinge, die mich belasten, für immer ad acta zu legen oder gar ganz zu vergessen, sondern den Rucksack voller Backsteine von Zeit zu Zeit einfach mal irgendwo abzustellen. Sich selbst (und der Bekannten) zu sagen, dass er eben da ist, dieser Rucksack, dass er Teil der eigenen Geschichte ist, nicht ungeschehen oder vergessen gemacht werden kann, aber eben auch nicht immer schwer auf meinen Schultern lasten muss. Manchmal braucht es einen Pause-Knopf, ein Durchatmen, ein Zur-Ruhe-Kommen. Einfach einen Moment der Leichtigkeit.

Es ist okay, wenn einem die eigene Geschichte manchmal schwer zu (er)tragen scheint.

Und es ist okay, von Zeit zu Zeit innezuhalten und sich zu fragen:

Kann ich den Rucksack bitte irgendwo abstellen?

Die Wald-WG

Warum ein Zuhause aus mehr als nur einem Dach und vier Wänden besteht

Juni 2025

Ich weiß ehrlich gesagt gar nicht mehr so genau, wann und wie ich auf den Namen »Wald-WG« gekommen bin, doch in jedem Fall hat er zu Beginn exakt 25 Seelen umfasst: Da wären zunächst Findus und Heinrich (die Kater), Daphne und Mechthild (die Hühner) und außerdem noch Chicorée, Christophorus und Cookie (die Kaninchen). Dazu kommen Gretel, Birke, Oma Primel, Perin, Pflaume, Flora und Herr Salmiak (die Kühe) sowie Frieda, Edna, Ole, Lasse, Gustav, Wilma, Ida, Ronja und Rosa (die Schwafe) und zu guter Letzt natürlich noch Lukas und ich (das Servicepersonal). Es ist schon ein recht großer und bunt zusammengewürfelter Haufen hier auf dem Hof, doch nach gut anderthalb Jahren kann ich mit Sicherheit zwei Dinge sagen: Die Anzahl der Tiere ist nicht in Stein gemeißelt, und neben Lukas und mir gibt es noch ein paar andere wichtige Menschen, die den Hof erst zu dem machen, was er heute ist und hoffentlich auf ewig sein wird.

In den letzten Jahren war das Pflegen meiner sozialen Kontakte aus vielerlei Gründen ein recht schweres Unterfangen. Zunächst gab es natürlich den Zeitfaktor, denn im Grunde genommen hatten wir immer etwas zu tun, und ich war nicht sonderlich gut darin, auf Anrufe und Nachrichten zeitnah zu reagieren (denn auch hier kam natürlich immer irgendwo irgendwas dazwischen; man kennt's …). Mal eben spontan für ein paar Tage nach Deutschland fahren, um meine Freund:innen zu besuchen, schien manches Mal wie ein Ding der Unmöglichkeit, da ja bereits die beruflichen Termine schon schwer zu realisieren waren. Kurztrips aus Spaß an der Freude? Das wirkte auf mich wie ein urbaner Mythos. Im Endeffekt gab es für meine Freundschaften nur zwei Möglichkeiten: Entweder man verlor sich mit der Zeit aus den Augen und das Freundschaftsband faserte immer weiter auf – oder meine Lieblingsmenschen hatten Nachsicht, Verständnis und die Muße, uns (regelmäßig) in Österreich besuchen zu kommen. Ich freute mich sehr darüber, dass ich einige Personen in meinem Leben hatte, für die nur Möglichkeit zwei infrage kam, trotzdem gab es dabei bisweilen einen unangenehmen Beigeschmack. Wenn das Gästezimmer im Haus belegt war (was während der Sommermonate häufig der Fall war), übernachteten diejenigen, die mit dem Wohnmobil oder einem Van angereist kamen, in ebendiesem, doch sie mussten die regulären Preise für den Campingplatz bezahlen (was im Grunde wenig verwunderlich ist, da auch für Lukas und meinen Aufenthalt in der Almhütte keine Ausnahme gemacht wurde). Grundsätzlich bin ich eine Person, die wahnsinnig darauf achtet, dass sich Besucher:innen bei uns wohlfühlen und das ganze Drumherum auch passt, doch das war in Kärnten oftmals einfach unmöglich umzusetzen. On top kam natürlich noch die bisweilen recht unterkühlte Stimmung zwischen den Hausbewohner:innen, was selbstverständlich auch meinen Freund:innen nicht entging. Ehrlicherweise muss ich gestehen, dass ich ein wenig verwundert darüber bin, dass sie dennoch immer wiederkamen. Ich wäre selbstverständlich enorm traurig gewesen, doch ich hätte es niemandem übel nehmen können, wenn man auf weitere Trips zu uns erst mal verzichtet hätte. Meine Familie tat am Ende unserer Zeit in Kärnten sogar genau das – aus Sorge, dass ein Zusammentreffen mit meinen Schwiegereltern zu einer völligen Eskalation geführt hätte.

Ich mochte es seit jeher, wenn das Haus voll mit lieben Menschen ist – das war während meines Studiums in Jena so und hat sich auch in Kärnten nicht geändert. Ich bin völlig fein damit, wenn es in der Wohnküche wie im Taubenschlag zugeht, denn viel hilft eben manchmal doch viel – zumindest mit den richtigen Menschen. Doch seit unserem Umzug hat sich in dieser Hinsicht noch mal einiges verändert, und zwar zum Guten. Wir können selbst entscheiden, schalten und walten, wie wir möchten, und das hat recht schnell dazu geführt, dass mein engster Kreis die Ansage bekommen hat: »Ihr könnt *jederzeit* kommen. Die Tür steht euch *immer* offen, und ihr seid *herzlich willkommen.*« Wer hätte schon ahnen können, was ich damit angezettelt habe.

Die eingangs erwähnten 23 Tiere bilden mit Lukas und mir ja durchaus schon eine recht respektable Wohngemeinschaft, doch mittlerweile hat die »Wald-WG« für mich einfach noch mal eine ganz neue Bedeutung bekommen. Es sind nicht nur die Tiere, die das hier zu dem machen, was es letztlich ist, sondern es sind eben auch die Menschen, deren Nähe sich ein Stück weit wie Familie anfühlt und die uns immer und immer wieder besuchen kommen. Unser Gästezimmer ist eigentlich fast durchgängig von Familie, Freund:innen oder Helferinnen belegt, und weil das selten ausreicht, haben wir im Obergeschoss noch drei weitere Matratzen aufgestapelt, auf die man bei Bedarf (und der ist groß) jederzeit zurückgreifen kann. Mittlerweile gibt es tatsächlich einen Belegungsplan für sämtliche verfügbare Betten und Matratzen in diesem Haus, denn oft genug kommen gleich mehrere Menschen auf einmal. Dass sich hier fünf, sechs oder zeitweise gar sieben Personen aufhalten, ist keine Seltenheit, und ich liebe diese Phasen, in denen man Nudeln und Kartoffeln nicht mehr nur in Gramm, sondern eher in Kilogramm zählt und jede noch so langwierige Arbeit plötzlich im Nu erledigt ist. Zum jetzigen Zeitpunkt bin ich mir auch gar nicht so sicher, ob wir das Nachbarhaus (wenn es denn irgendwann fertig renoviert ist), überhaupt jemals als Ferienhaus vermieten werden oder ob sich dort nicht einige unserer Freund:innen einquartieren werden. Es wäre gelogen, wenn ich behaupte, allein schon beim Gedanken an Dauerbesuch, an eine große, glückliche Wald-WG-Kommune, nicht ziemlich zufrieden vor mich hin zu lächeln.

»Besuchen« ist in diesem Kontext auch eigentlich gar nicht das richtige Wort, denn die Menschen um uns herum empfinden das hier irgendwie schon als zweites Zuhause, und für mich könnte es wohl kein schöneres Kompliment geben. Sie fühlen sich zu Hause und verhalten sich auch so, denn sie sind nicht nur kurz zu Gast, entspannen ein paar Tage und gehen dann wieder. Sie fühlen sich (ob sie es sich nun eingestehen wollen oder auch nicht) als Teil des großen Ganzen und damit auch verantwortlich. Jeder trägt etwas bei, man teilt sich die Arbeit und die Freude gleichermaßen. Jedes Tier wird umsorgt, als wäre es das eigene, man pflegt die Beete mit so viel Hingabe, wie man es sich kaum ausdenken kann, und geht Renovierungsarbeiten mit derartiger Courage an, als ginge es um die eigenen vier Wände.

Im Oktober 2024 fingen Lukas und ich uns zum ersten Mal eine COVID-Infektion ein, und auch wenn wir nicht ganz zeitgleich flachlagen (bei mir fingen die Symptome zwei Tage später an als bei Lukas), ging hier auf dem Hof plötzlich gar nichts mehr. Doch wir hatten Glück im Unglück: In jenen zwei Wochen waren Birte und Jasmin bei uns, und auch wenn ich total traurig darüber war, dass wir die Zeit so gar nicht füreinander oder miteinander nutzen konnten, so haben sie uns dennoch in jeder Hinsicht (mit Verlaub) den Arsch gerettet. Für mich war es in jenen Tagen schon schwer, länger als eine oder zwei Stunden am Stück wach zu bleiben und den kurzen Weg vom Schlafzimmer ins Bad zu meistern, weswegen ich absolut keinen Schimmer habe, wie ich damals auch nur ein einziges unserer Tiere hätte versorgen sollen. Lukas ging es ähnlich, doch wir waren letztlich nicht nur nicht imstande, die Tiere zu füttern, sondern konnten uns in jenen Tag auch nur schwerlich um uns selbst kümmern. Jasmin und Birte versorgten also alle Tiere, kauften ein, kochten und trugen uns Tee, Medikamente und heiße Suppe hinterher. Es ist nicht übertrieben, wenn ich sage: Ohne die beiden hätten wir hier ein wirklich ernsthaftes Problem gehabt.

Doch nicht jeder Besuch wird automatisch zum Teil dieser Wahlfamilie. In den letzten anderthalb Jahren mussten wir nämlich auch lernen, dass offene Türen und offene Herzen nicht immer auch ein Garant dafür sind, dass es im zwischenmenschlichen Bereich mit neuen Menschen auf Anhieb funktioniert – im Gegenteil. Auch nach unserem Umzug haben wir daran festhalten wollen, wochenweise mit Helferinnen auf dem Hof zu arbeiten. Wenngleich die Arbeiten nun weniger und auch völlig anders sind, als sie es damals in Kärnten waren, so können wir die Unterstützung dennoch in jedem Fall gut gebrauchen. Es ist tatsächlich ziemlich einerlei, ob auf einem Hof Kühe gemolken werden oder nicht – das ändert einfach nichts daran, dass die To-do-Listen zumeist endlos sind. 2022 und 2023 hatten wir mit unseren Praktikantinnen Julia, Birte und Lena drei absolute Volltreffer gelandet, doch unsere Glückssträhne hielt eben auch nicht ewig an. Bei etwa der Hälfte aller Helferinnen hat es nicht sollen sein, und dafür gibt es verschiedene Gründe. Manch eine stellt für sich fest, dass ein mehrwöchiger Aufenthalt so weit weg von daheim doch nichts für sie ist, während andere den Hof nur als besseren Platz für eine kleine *Workation* sehen und sich im Grunde genommen mehr mit Homeoffice als mit Hühnern und Hochbeeten beschäftigen. Andere wiederum schaffen es, sämtliches Vorschussvertrauen, das man ihnen entgegenbringt, achtlos mit Füßen zu treten, und bei wieder anderen stimmt einfach die zwischenmenschliche Chemie nicht. Tatsächlich war es jedoch nur bei zwei Helferinnen so, dass Lukas und ich die gemeinsame Zeit vorzeitig beendeten – und die Reaktionen hätten unterschiedlicher nicht sein können. Die Erste war maßlos enttäuscht und wahnsinnig traurig, was ich natürlich verstehen kann. Nichtsdestotrotz hatte ich für meinen Teil nicht das Gefühl, dass wir auf derselben Wellenlänge unterwegs waren, weswegen ich die angedachten zwei Monate nicht durchziehen wollte. Die andere Helferin jedoch reagierte mit wütendem Davonstampfen und Türenknallen, woraufhin ich wirklich kurz nachempfinden konnte, wie sich meine Mutter gefühlt haben muss, als ich mitten in der Pubertät steckte.

Mittlerweile betone ich in jedem Bewerbungsgespräch immer und immer wieder, dass es ein wesentliches Kriterium ist, dass es im zwischenmenschlichen Bereich gut passen muss und dass es für alle Beteiligten (ungeachtet der geplanten Aufenthaltsdauer) eine Woche Probezeit gibt. Wir sind in unserem Haus im Wald zwar freier und gelöster, als wir es in Kärnten jemals waren, doch gleichzeitig ist die Arbeits-/Wohnsituation mit den Helferinnen auch sehr viel enger geworden. Der Schuh muss einfach passen, denn sonst kann das alles auf Dauer nichts werden.

Die *Wald-WG* ist unterm Strich mehr als nur ein netter Titel, sie ist ein Pflaster für Wunden, die noch nicht verheilt sind, und ebenso für solche, die man beinahe schon längst vergessen hat. Ich war nie die Person, die einen großen Kreis von besten Freundinnen um sich geschart hatte (gerade zu Schulzeiten war eher das Gegenteil der Fall), und irgendwann habe ich mich zumindest versucht damit abzufinden, dass es eben ist, wie es ist. Doch das heißt nicht, dass ich mich nicht trotzdem irgendwie danach gesehnt habe; nach *Besties*, einer *sister from another mister* und einfach jemandem, bei dem man niemals auch nur eine Sekunde lang das Gefühl hat, man sei von irgendetwas *zu viel* oder *zu wenig*. Es bedeutet mir die Welt, dass sich jeder Besuch für meine Freundinnen irgendwie auch ein kleines bisschen nach Nach-Hause-Kommen anfühlt und es für sie binnen kürzester Zeit so ist, als seien sie niemals wirklich weg gewesen. Man ist gemeinsam an einem Ort, an dem man vom jeweils anderen bedingungslos geliebt, geschätzt und gesehen wird, und auch wenn sich das womöglich ein wenig pathetisch anhört, entspricht es dennoch der vollkommenen Wahrheit. Lachen, weinen, tanzen, basteln, reden, schweigen, arbeiten, kochen, essen, spontane Küchenpartys, sich die Gewichtsdecke teilen und zähneputzend zusammen auf der Bettkante sitzen. Als hätte man ein verloren gegangenes Rädchen zurück an seinen Platz gesetzt, damit alles wieder richtig läuft. Dieser Ort hier brachte vieles mit sich, von dem ich nie zu träumen wagte, und manchmal möchte ich einfach nur den Atem anhalten – aus Angst, unsere wohligweiche Seifenblasenwelt könnte in einem einzigen Wimpernschlag zerplatzen.

Dieser Hof sowie alles und alle, die dazugehören, bilden jedoch nicht bloß für mich ein Pflaster und Linderung, sondern auch für andere. Eine gute Freundin ist im vergangenen Jahr hergekommen, als sie beruflich und mental sehr mit sich und den Umständen zu kämpfen hatte. Am ersten Abend saß ich ihr am Tisch gegenüber und musterte sie ehrlicherweise ziemlich sorgenvoll. Die dunklen Ringe unter den Augen und der verspannte Ausdruck im Gesicht kamen mir nur allzu bekannt vor, und ich wünschte mir in diesem Moment so sehr, ihr ein wenig Last von den Schultern nehmen zu können. Wie sich jedoch herausstellte, brauchte es nicht viel, sondern eher *weniger* – und davon einfach nur *das Richtige*. Kühe auf der Alm besuchen, Gesellschaftsspielmarathons, Unkraut zupfen, Gemüse verarbeiten und sich um Tiere kümmern. Ein wenig Abstand und sehr viel Klarheit gewinnen, ja, das war wohl das wesentliche Rezept, das am Ende des Tages dazu führte, dass sie nach einer Woche mit den Worten »das war hilfreicher als meine Therapie« wieder abreiste. Und in ihrem Gesicht stand wieder ein Hauch von Leichtigkeit.

So wie ihr ging es auch den anderen (wenngleich in abgeschwächter Form) immer mal wieder, und mit jedem weiteren Aufenthalt werden die Abschiede für alle Beteiligten schwerer. Damit »wenigstens irgendetwas« bleibt, werden Schuhe hinterlassen, Pullover, Jacken, Mützen, Arbeitshosen, Gläser voller Apfelmus, Bastelperlen für die nächsten Freundschaftsarmbänder und Strickzeug. Nur um (womöglich am allermeisten sich selbst) zu versichern: Ich komme wieder. In unserem Flur steht mittlerweile eine riesige Holztruhe, die mit etlichen Kleidungsstücken gefüllt ist, von denen kein einziges Lukas oder mir gehört. »Fürs nächste Mal« oder »Mitnehmen lohnt sich eigentlich gar nicht« heißt es dann gern. Ich für meinen Teil begrüße diese Denkweise sehr, und es kommt nun auch immer häufiger vor, dass ich unsere »Wald-WG-Teilzeitbewohnerinnen«, wie ich sie liebevoll nenne, nur abreisen lasse, wenn wir einen Termin für den nächsten Besuch gefunden haben. Es ist selten, dass man Menschen findet, die man problemlos 24/7 über Wochen oder gar Monate hinweg in der Nähe haben möchte, daher kann ich mich umso glücklicher schätzen, dass ich solche Personen in meinem Leben weiß. Nur dass ich mir die Liebe der Kater mit allen anderen teilen muss, ja, das nehme ich wohl auf ewig nur zähneknirschend hin – vor allen Dingen, weil ich bei den Jungs einfach mal völlig abgemeldet bin, sobald irgendwer zu Besuch ist.

Ich bin überzeugt davon, dass es nicht nur ein ganzes Dorf braucht, um ein Kind großzuziehen, sondern eben auch, um einen Hof zu dem zu machen, was es am Ende sein soll: ein Zuhause. Für Lukas, für mich, für all die Tiere, die mit uns gekommen sind, und all jene, die schon hier waren. Und für meine Lieblingsmenschen, die manchmal einfach nur irgendwo sein möchten, ohne dabei viel zu müssen. Die Innigkeit einer Bindung misst sich nicht am Verwandtschaftsgrad, und ein Zuhause ist nicht zwangsläufig nur der Ort, an dem man aufgewachsen ist.

Und außerdem: Wer hat behauptet, dass jeder Mensch auf dieser Welt nur ein Zuhause haben kann?

Die Wald-WG – Lenas Version

»In den letzten zwei Jahren war ich dreizehnmal bei Madeleine und Lukas – mal kürzer, mal länger. Anfangs als Praktikantin, dann Besucherin, Umzugshelferin, Aktivurlauberin, Buchparty-Gast und am Ende als Freundin. Jeder Tag, den wir während dieser Zeit miteinander er- und überlebt haben, hat im Endeffekt zum Jetzt geführt und mich ganz stark zu der Person gemacht, die ich heute bin.

Rückblickend kann ich gar nicht genau sagen, wann sich die eher professionelle Rolle der Praktikantin zu dieser viel vertrauteren Form des menschlichen Zusammenseins entwickelt hat, aber irgendwann hatten wir den Punkt erreicht, an dem wir eben nichts Geringeres als die Sonnencreme, die Trinkflasche und den Sport-BH teilten. Plötzlich war ich »Wald-WG-Teilzeitbewohnerin« und nicht mehr nur einfacher »Besuch«. Bei diesem Wort würde Madeleine übrigens ihre Mama zitieren und sagen, dass es mit Besuch ist wie mit rohem Fisch: Nach drei Tagen wird's unangenehm. Und oh, was bin ich dankbar, dass ich kein Fisch (mehr) bin.

Von heute auf morgen hatte ich plötzlich eine Jahresvignette für die Autobahn in Österreich und war Dauergast im Haus im Wald. Die letzten paar Meter zum Haus im Wald vermitteln mir mittlerweile ein wunderbares Gefühl von Heimkommen. Es fühlt sich an, als würde ich diesen kleinen Flecken Erde schon viel länger kennen als nur gut zwei Jahre. Zu wissen, dass ich im Haus, in der Gesellschaft aller (Mit-)Bewohner und sogar der Tiere so willkommen bin, dass ich mir gar keine Gedanken mehr drüber machen muss, wie ich zu sein habe, ist mitunter das Schönste für mich. Ich bin einfach, und ich brauche mir zu keiner Sekunde Gedanken oder gar Sorgen zu machen, wie sich die gemeinsame Zeit gestalten wird.

Manche lächeln, wenn ich sage, dass ich wieder in Aktivurlaub auf den Bauernhof fahre, doch das trifft es tatsächlich ganz gut. Man lebt zusammen, man arbeitet zusammen, tanzt im Regen, quietscht, wenn etwas Gutes passiert, werkelt von früh bis spät im Garten oder auf dem Hof und taucht sich im Freibad liebevoll bis zur halben Ertränkung unter (zugegeben: Ich ertrinke, Lukas schaut zu). Auf der Couch werden wahlweise die Reste vom Mittagessen weggesnackt, oder man krault die Bäuche der Kater – und nicht selten schläft man (ich) am Abend aufgrund eines Wohlfühlüberschusses sogar innerhalb weniger Minuten auf ebenjener Couch ein.

Jede Minute in der Wald-WG ist absolut merk-würdig – und zwar im wörtlichen Sinn. Die Freundschaften, die sich in und um das Haus im Wald in den letzten Jahren entwickelt haben, sind in jeder Hinsicht einzigartig. Mir war vorher fast nicht bewusst, dass es so was (auch) geben kann: Dass man sich mit Menschen, die man vorher gar nicht oder noch nicht lange kannte, so gut verstehen kann, dass man sich Tränen lachend auf dem Wohnzimmerboden kugelt. Oder dass man mit jemandem am Berghang eine abgestürzte Kuh am Seil festhält und einander dabei so blind vertrauen kann. Dass man in so guter Gesellschaft vor lauter Tatendrang ganze Berge versetzen kann – oder eben zentnerschwere Waschbetontröge. Dass man auch große Brüder haben kann, mit denen man nicht blutsverwandt ist, und dass jemand beste Freundin, große Schwester, einzigartiges Vorbild, Kollegin, Ratgeberin, Book-Bestie und Gott weiß was alles gleichzeitig sein kann. Und ja, wir sehen uns wahrlich nicht regelmäßig (genug), und manchmal besteht der Kontakt hauptsächlich aus gelisteten Status-Updates in einer Messenger-Gruppe. Aber ich weiß trotzdem, dass ich mich zu jeder Zeit und zu jeder Gelegenheit hundertprozentig auf diese Menschen verlassen kann.

Und was soll ich sagen? Dieses Wissen und das damit verbundene

Gefühl bedeuten mir einfach so viel. Das Haus im Wald ist ein Safe Space und ein zweites Zuhause, das ich vielleicht gar nicht gesucht, aber dennoch gefunden habe. Und genau so soll es doch sein im Leben, oder nicht? Dass man etwas findet, von dem man vorher gar nicht wusste, dass man es sucht.«

Lena

Der Himmel auf Erden

Unsere etwas anderen Mitbewohner:innen

Juli 2025

Manchmal heißt es ja, dass man die Dinge erst vermisst und angemessen wertschätzt, wenn sie nicht mehr da sind – doch das setzt voraus, dass man ihre Abwesenheit überhaupt hinreichend zur Kenntnis nimmt. Dass man das *Verschwinden* bemerkt. Doch mit der Natur ist das so eine Sache, denn besagtes Verschwinden geht hier oftmals schleichend und in jedem Fall sehr still und leise vonstatten. Manchmal bekommt man es gar nicht richtig mit oder bemerkt es erst dann, wenn es schon viel zu spät ist.

Natürlich ist das Waldsterben nicht an mir vorbeigegangen. Mit Schrecken habe ich gesehen, wie die Wälder bei meinen Eltern in Nordrhein-Westfalen immer weiter dezimiert wurden, weil dort der Borkenkäfer sein Unwesen trieb. Wenige Jahre später musste ich den gleichen Horror bei uns in Oberkärnten beobachten: Wo ich einst mit meinem Pilzkörbchen durch einen dichten Nadelwald streifte, steht heute kein einziger Baum mehr. Ganze Bergkämme wurden gerodet, weil die Bäume durch Sturm, anhaltende Trockenheit und Schädlinge geschwächt und zerstört wurden. Natürlich habe auch ich zur

Kenntnis genommen, wie still es bisweilen in den Kronen der blühenden Obstbäume war. Dass dort, wo einst ein monotones Surren zu vernehmen war und man sich in Acht nehmen musste, nicht zum nächstbesten Landeplatz einer Biene auserkoren zu werden, kein einziges Paar Flügel mehr schlug. Und natürlich ist mir aufgefallen, dass die Vielfalt der Schmetterlinge sich nur noch auf die »Standardexemplare« wie Kohlweißling, Tagpfauenauge und Co. beschränkte und dass die Windschutzscheibe des Autos auch nach einer Stunde auf der Autobahn sonderbar sauber blieb. Ich habe all das bemerkt und war gleichzeitig ob meiner eigenen Machtlosigkeit sehr frustriert, denn das Kind war nun schon in den Brunnen gefallen. Die Nützlingswiese und sämtliche Blühpflanzen, die angeblich von Bienen und anderen Insekten gern frequentiert werden und die ich in so großer Zahl auf dem alten Hof pflanzte, schienen kaum mehr als eine gut gemeinte Absichtserklärung. Wenn es schon hier, in den Bergen Kärntens, in einem kleinen Dorf inmitten eines Nationalparks, bisweilen derart mau aussah, wie würde es dann wohl anderswo sein? Ehrlich gesagt bin ich nicht davon ausgegangen, dass die Lage in der Steiermark besser sein würde. Die Spuren des Klimawandels waren eindeutig, und der Schaden schien (unwiderruflich?) angerichtet zu sein – so zumindest dachte ich damals. Ich hätte niemals mit dem gerechnet, was uns in unserem neuen Zuhause erwartete.

Als Erstes fielen mir wohl die gesunden Wälder ins Auge, die nicht aus einer reinen Fichtenmonokultur bestehen, sondern bunter kaum sein könnten. Kiefern, Eichen, Birken, Buchen, Kastanien-, Walnussbäume und viele mehr – es ist wahrlich ein buntes Potpourri an bis zu dreißig Meter hoch in den Himmel ragenden und vor allen Dingen kerngesunden Bäumen, die nicht nur unseren Hof säumen, sondern noch weit den Berg hinaufreichen. Am Rand unserer Waldweide und noch ganz knapp auf unserem Grund und Boden stehen drei gigantische Buchen, die mit Sicherheit über hundert Jahre alt sind und von mir liebevoll

»die drei Damen« genannt werden. Die Flora kann also durchaus als eindrucksvoll bezeichnet werden, doch die Fauna sollte das im Laufe unseres ersten Jahres noch über alle Maße übertreffen. Uns war nicht bewusst, dass wir derart viele Mitbewohner haben würden, denn niemand davon war auch nur bei einer einzigen unserer drei Besichtigungen anwesend, und sie wurden auch nicht im Übergabeprotokoll aufgeführt – doch trotzdem waren sie da. Wenn ich es mir recht überlege, sind sie wohl weniger *unsere* Mitbewohner als wir ihre – immerhin haben wir uns in *ihrem* Zuhause eingenistet. Mich beschleicht nämlich der leise Verdacht, dass sich die Natur den Hof und das Haus im Wald binnen kürzester Zeit gänzlich zurückerobern würde, wenn wir Menschen von der Bildfläche verschwinden würden.

Natürlich gibt es da zunächst die üblichen Verdächtigen: mehr Mäuse, als Findus jemals hätte essen können, und eine Heerschar von Meisen jedweder Couleur. Doch es sind nicht bloß die bekannten Blau- und Kohlmeisen, sondern auch noch die Hauben-, die Schwanz- und die Tannenmeise, die ich bis dahin über Jahre hinweg nicht mehr gesehen hatte. Wirklich fassungslos (im besten aller Sinne) war ich jedoch erst, als ein Kernbeißer in unserem Apfelbaum neben der Terrasse saß (die größte europäische Finkenart mit einem höchst eindrucksvollen Schnabel), sich ein Buntspecht über Wochen hinweg immer wieder seelenruhig an unserem Vogelhaus niederließ und des Nachts ein (gar nicht mal so kleines) Waldkauzweibchen vor unserem Schlafzimmerfenster auf ihre nächste Beute lauerte. An einem Abend im Sommer saß ich bei weit geöffnetem Fenster im Wohnzimmer und schaute eine Serie, als eine Fledermaus hereinflog, seelenruhig eine Runde durch den Raum drehte, um gleich darauf wieder in der Dunkelheit zu verschwinden. Im Schlafzimmer wiederum taucht in gewisser Regelmäßigkeit eine andere, deutlich kleinere Fledermaus auf, die sich auch mal ganz gern für ein kurzes Päuschen in die Dachschräge über meinem Kleiderständer hängt. Wir haben sie Stanislaw getauft.

Auf unserem Dachboden scheint indes eine ganze Marderfamilie zu leben, die dort oben regelmäßig lautstarke Großgruppentreffen abhält und auch gern mal mit einem Satz auf die Metallverkleidung der Terrasse springt (was wiederum dazu führt, dass ich plötzlich senkrecht im Bett sitze und mich kurz daran erinnern muss, dass ich mich im Wald und nicht in einem Horrorfilm befinde). Die eingangs erwähnten Mäuse machen übrigens auch nicht vor unserer Haustür halt, sondern finden sich bisweilen im Kaminzimmer, wo sie noch an Ort und Stelle von einem mit stolzgeschwellter Brust herumstolzierenden Findus liquidiert werden. Sobald die Kater in ihren Näpfen kleine Reste zurücklassen, werden diese mitten in der Küche von einer Ameisenarmada vertilgt, und von der ein oder anderen Zimmerwand durften wir schon faustgroße und haarige Spinnen pflücken. Vor unserer Eingangstür saß einmal eine nicht gerade kleine Gottesanbeterin, und die Hühner haben ihren Spaß daran, den bis zu zehn Zentimeter großen Heuschrecken hinterherzujagen. Sehr zu Lukas' Leidwesen beherbergt unser Hof noch dazu nicht nur unzählige Blindschleichen, sondern auch Ringelnattern und die doch recht eindrucksvolle Äskulapnatter. Diese Schlange hat ihren Lebensraum nicht bloß am Boden, sondern kann mithilfe ihrer Schuppen sogar senkrecht die Bäume hinaufklettern und im Geäst auf Nahrungssuche gehen – das verleiht der alljährlichen Apfelernte dann erst den richtigen Kick. Das größte Exemplar, das wir einmal in der Dämmerung entdeckt haben, war fast so lang, wie Lukas groß ist: etwa 1,80 m. Ach ja, und einmal griff ich mir achtlos meine gelben Gummistiefel vor der Haustür, nur um sie einen Augenblick später vor Schreck wieder fallen zu lassen, weil ein Rotkehlchen mit einem Büschel Nistmaterial im Schnabel aus meinem Stiefel geflogen kam. Der Wohnungsmangel scheint also auch unter den Sperlingsvögeln ein großes Thema zu sein.

Wir sind in jeglicher Hinsicht *mittendrin* statt nur dabei, und auch wenn mir bei dem ein oder anderen Wesen schon mal ein schriller Schrei entweicht, würde ich kein einziges davon missen wollen. Nun aber anzunehmen, dass wir hier in einer heimeligen Idylle mit leisen, zarten Naturtönen leben, die nichts weiter sind als kaum wahrnehmbare Hintergrundmusik, wäre ein absoluter Trugschluss. Während meines Studiums damals in Jena wurde man nachts von hartgesottenen Partygänger:innen geweckt, die auf dem Heimweg krumm und schief die letzten Clubhymnen zum Besten gaben. In Kärnten wiederum waren es Campinggäste, die es mit der Nachtruhe nicht immer so genau nahmen und einen somit um den Schlaf brachten. Und hier im Haus im Wald? Nun ja, was soll ich sagen? Die Linde vor unserem Schlafzimmerfenster scheint für alle frühen Vögel *der* Nonplusultraspot zu sein, denn sobald der Morgen graut, beginnen sie ihren Gesang – und der ist alles andere als leise. Besagtes Waldkauzweibchen schreit manchmal mitten in der Nacht so schrill, dass einem nichts anderes übrig bleibt, als das Fenster zu schließen und vorsichtshalber noch ein Kissen auf den Ohren zu platzieren (das weithin bekannte und beinahe schon angenehm klingende »hoo hoo« ist der Ruf des Männchens, das Weibchen schreit bedeutend greller). Und manchmal gibt es im Hause Reh oder im Hause Fuchs lautstarke Auseinandersetzungen, die einen kein Auge zumachen lassen.

Natürlich konnte ich all diese Geräusche nicht von Anfang an den entsprechenden Tieren zuordnen, aber mit der Zeit weiß ich nun ziemlich genau, wer hier gerade herumschreit. Das Grünspechtpärchen, das hinter unserer Quelle ihr Revier hat, klingt, als würde es einen gerade auslachen (und Lukas schwört Stein und Bein darauf, dass der Vogel es auch wirklich tut), während der Buntspecht mit seinem energischen *kix kix kix* (das je nach Grad der Aufregung in der Frequenz immer höher und häufiger wird) einem schon richtig auf die Nerven gehen kann. Unser Haus-und-Hof-Buntspecht heißt Harald und lebt in einer der großen Kiefern hinter dem Nachbarhaus. Er schreit mehr, als dass er klopft, und mit unseren kleinen Schwanzmeisen steht er auf Kriegsfuß – besonders wenn das Objekt der Begierde ein frisch befülltes Futterhäuschen ist. Im Frühjahr 2025 setzte er mit seiner Partnerin ein ebenso lärmendes Jungtier in die Welt, das sich nicht damit begnügen wollte, in der Spechthöhle auf die nächste Futterlieferung zu warten, sondern stets mit dem halben Körper aus dem Loch hing, um Mama und Papa lautstark über den aktuellen Hungergrad zu informieren. Meine jüngste neu erlernte Lektion war die über den Schwarzspecht, denn sein Ruf hat mich regelrecht zum Verzweifeln gebracht, weil ich ihn einfach nicht zuordnen konnte und auch niemals das Tier dahinter zu Gesicht bekommen habe. Sicherlich, es wäre ein Leichtes gewesen, das Handy zu zücken und mithilfe der entsprechenden App den Namen des Vogels herauszufinden, aber dann wäre mir die Freude und die Begeisterung entgangen, die ich empfunden habe, als ich während unseres zweiten Jahres bei einem Waldspaziergang endlich den Kopf hinter dem Ruf entdeckte. Dieses Gefühl kann einem keine App der Welt geben, denn es war wirklich etwas Besonderes, als ich wieder nach Hause kam und Lukas berichten konnte, dass ich das Rätsel um *den Vogel* nun endlich gelöst hatte.

Abgesehen von der Specht-Community und etlichen kleineren Singvögeln gibt es neben dem Waldkauz auch noch andere Greifvögel, die unseren Luftraum unsicher machen. Ganz vorn mit dabei sind da natürlich die Mäusebussarde und das Turmfalkenpärchen. Letztere sind, ganz nach der Regel *Der Feind meines Feindes ist mein Freund* neuerdings die wichtigsten Verbündeten der Krähen, denn sie scheinen einen persönlichen Kleinkrieg gegen die Bussarde zu führen, was in diesem Fall bedeutet, dass die verhältnismäßig winzigen Falken die Bussarde in der Luft angreifen und aus ihrem Revier vertreiben. Die Turmfalken haben ebenfalls einen sehr markanten Ruf, weswegen man auf ihre Luftkämpfe recht leicht aufmerksam wird und nur staunend gen Himmel blicken kann, wenn sich David gegen Goliath aufbäumt und zumeist sogar den Sieg davonträgt.

Auch wenn sich so manche Insekten nicht auf die gleiche Weise hervortun, wie es die Vögel durch Optik und Akustik vermögen, so sind sie deshalb noch lange nicht weniger interessant. Die Vielfalt und schiere Menge der Insekten beeindrucken mich hier einfach jedes Jahr aufs Neue, und während ich in Kärnten nicht eine Sekunde daran dachte, das Gewächshaus mit Netzen zu versehen, so wurde es hier doch alsbald schon dringende Notwendigkeit. Im ersten Gartenjahr fand ich ab Juli im Grunde genommen täglich verendete Falter oder etliche Bienen, Hummeln und anderes Getier, das es nicht wieder aus dem Gewächshaus herausgeschafft hatte und irgendwann (vermutlich) einfach erschöpft zu Boden ging. Auch wenn die Netze eine große Rolle im Kampf gegen die Schädlinge an meinen Tomatenpflanzen spielen, so war doch der Schutz derjenigen Tiere, die sich unglücklicherweise einfach nur dort hineinverirrten, der viel ausschlaggebendere Grund für diese Neuanschaffung. Ich wollte nicht diejenige sein, die sie auf dem Gewissen hat – zumal es manchmal auch einfach ganz besondere Wesen waren.

Als ich gerade so im Grundschulalter war, streifte ich häufig mit meiner Oma über die Wiesen und fing (so muss ich schuldbewusst und latent beschämt an dieser Stelle zugeben) Schmetterlinge ein. Dabei fiel mir einer immer wieder ganz besonders ins Auge: der Schwalbenschwanz. Erwischt habe ich ihn damals tatsächlich nie, weil er ein ziemlich flinker Zeitgenosse ist und ich mit meinen sechs oder sieben Jahren nun auch nicht gerade besonders geschickt mit dem Kescher war, aber immerhin konnte ich ihn zumindest aus der Ferne anhimmeln. Doch das sollte es für lange Zeit gewesen sein, denn seit jenen Tagen (es dürfte 1998 oder 1999 gewesen sein) habe ich diesen Falter nie wieder irgendwo entdeckt. Bis zum 24. August 2024 (und *ja*, ich weiß das deshalb so genau, weil es mir eine Eintragung in mein Notizbuch wert war). An diesem besonderen Tag entdeckte ich in meinen Möhren gleich drei (!) der schillernden Schwalbenschwanzraupen, die mit ihrer Musterung einfach unverwechselbar sind. Es erklärt sich wohl von selbst, dass jene Möhren partout nicht geerntet wurden und im Folgejahr ein ganzes Hochbeet, nur mit Dill und wilden Möhren bepflanzt, als Futterstation für den Schwalbenschwanz angelegt wurde. Als ich wenig später auch zwei Exemplare des ausgewachsenen Falters an der Schafgarbe am Wegesrand entdeckte, konnte ich nicht umhin, auf Knien und mit der Kamera in der Hand zu dem Schmetterling zu kriechen, um ihn auf einem Foto einzufangen. Der Schwalbenschwanz schien gänzlich unbeeindruckt. Vielleicht kennt er den Unterschied zwischen einer Kamera und einem Kescher, wer weiß.

Es war letztlich nicht bloß das Hochbeet für den Schwalbenschwanz, das ich gänzlich der Natur überließ. Ganze Wiesenstreifen blieben völlig unangetastet, und an manchen Stellen durften die Brennnesseln meterhoch wuchern, denn sie stellen die Futterquelle für an die fünfzig Schmetterlingsarten dar, wobei manche von ihnen sogar ausschließlich auf die Brennnessel angewiesen sind (das sind sogenannte *obligate* Arten). Zudem hörte ich auf, die mit Blattläusen befallenen Pflanzen sofort einer Dusche oder einem Rückschnitt zu unterziehen, geschweige denn sie gleich ganz zu beseitigen, und siehe da: Plötzlich ging die Marienkäferpopulation durch die Decke (und dabei spreche ich vom echten Siebenpunkt-Marienkäfer und nicht von dem eingeschleppten Asiatischen-Marienkäfer-Pendant). Tatsächlich gibt es bei mir sowohl im Gewächshaus als auch im Freilandgarten immerzu irgendwo Blattläuse, und trotzdem gehen die Pflanzen nicht ein, und ich muss mich seither nicht mehr um die Blattlausproblematik kümmern, denn unsere Marienkäfer regeln das. Nebst den unangetasteten Blühstreifen und den Blattläusen habe ich auch gelernt, dass die Insekten es einem danken, wenn man manche Pflanzen einfach komplett ausblühen lässt. Rosmarin, Oregano, Salat und sogar (Schnitt-)Lauch und Zwiebeln sind während ihrer Blüte nicht nur hübsch anzusehen, sondern werden von Bienen, Schmetterlingen und anderen Insekten gleichermaßen geschätzt (insbesondere der blühende Salat hat zudem noch den netten Nebeneffekt, dass er sich selbst weiter aussät und im Folgejahr plötzlich Dutzende Salatjungpflanzen im näheren Umkreis der Mutterpflanze sprießen). Manche dieser Erkenntnisse kamen mit der Zeit von ganz allein, andere wiederum sind das Ergebnis eingehender Recherchen – so war ich im Frühjahr 2024 beispielsweise kurz davor, etliche kleine Larven aus meinem Erbsenbeet zu fischen, doch ein schneller Blick ins Handy hielt mich zum Glück von einem ungeheuerlichen Fehler ab. Diese kleinen schwarzen und stachelig aussehenden Larven mit den orangen Punkten waren nichts anderes als Marienkäfer in einem frühen Stadium. Das hatte ich bis dato noch nie irgendwo gesehen, und ich nahm mir vor, von nun an stets zu recherchieren und erst dann zu rupfen.

Im gleichen Jahr begannen wir zudem, an mehreren Stellen auf dem Hof Insektentränken in Form von kleinen, mit einigen Steinen gefüllten Schalen aufzustellen, in denen die Krabbeltierchen zumindest nicht ertrinken konnten (große Wasseroberflächen ohne die Möglichkeit, sich irgendwie an Land zu ziehen, sind für Insekten fatal – das kann ich als diejenige, die regelmäßig im Freibad ertrinkende Bienen in ihrer Kappe an Land transportiert, mit absoluter Sicherheit sagen). Bienen gibt es bei uns übrigens auch in rauen Mengen und zahllosen verschiedenen Arten, doch ehrlicherweise bin ich noch nicht so weit, sie alle genau benennen zu können. Die ebenso stark vertretenen Hummeln haben richtiggehend einen Narren an meinem Wiesensalbei gefressen, der sich bisweilen unter dem Gewicht von Dutzenden der flauschigen Insekten tief in Richtung Boden neigt. Sehr zu meinem Leidwesen gibt es auch etliche Wespennester auf unserem Hof – und auch Hornissen machen regelmäßig ihre Kontrollflüge. Irgendwo habe ich einmal gehört, dass sich dort, wo Hornissen unterwegs sind, keine Wespen ansiedeln, da beide in Konkurrenz zueinander ständen, und dass

Wespen ihr Nest nicht in der Nähe eines anderen Wespennestes bauen würden – doch das hat sich hier binnen der ersten Monate beides als Irrtum herausgestellt. Sie können (in meinen Augen *unglücklicherweise*) sehr wohl in einigermaßen friedlicher Koexistenz leben, und es kommt durchaus vor, dass man dreizehn (!) Wespennester in ein und derselben Scheune findet. Hornissen sind für meinen Geschmack einfach zu groß und zu laut, doch ich versuche mich derzeit an einer Konfrontationsselbsttherapie, um diese Abneigung in den Griff zu bekommen (ein ähnliches Problem habe ich sonderbarerweise nämlich auch mit Nachtfaltern). Lukas versucht, mich bei den Hornissen immerzu damit zu beruhigen, dass sie gerade wohl wieder nur einen *WKF* machen – einen *Wespenkontrollflug*. Man muss ja stets schauen, was die Nachbarn so treiben.

Mit den klassischen Wespen kann ich nichts anfangen, vermutlich bin ich einfach schon ein paarmal zu oft gestochen worden, doch ich möchte an dieser Stelle eine Lanze für eine ganz besondere Wespenart brechen, die ich hier auf dem Hof neu kennenlernen durfte und in jeder Hinsicht absolut faszinierend finde: die Orientalische Mörtelwespe (*Sceliphron curvatum*). Sie ist wahrlich keine Seltenheit, und vielleicht ist sie einem schon häufiger durch ihren unfassbar schmalen Körper sowie die langen und im Flug recht ungelenk herumhängenden Beinchen aufgefallen – oder man kennt die Kokons der Mörtelwespe. Sie baut nämlich, getreu ihrem Namen, kleine Lehmtöpfchen, in die sie ihr Ei ablegt. Diese Tonkokons finden sich sehr häufig in Scheunen oder sogar an Stoffen wie Hängematten und anderen frei zugänglichen und trotzdem überdachten Stellen, denn sie sind materialbedingt gegenüber jedweder Feuchtigkeit enorm empfindlich. Nun sollte man anerkennend festhalten, dass die Wespe (und es tun mal wieder ausschließlich die Weibchen) zwischen fünf und zwanzig dieser Kokons baut und hierfür das gesamte Material in mühevoller Kleinstarbeit ganz allein herbeitransportiert. Anschließend jagt das Mörtelwespen-

Schwaf-Fütterung zur goldenen Stunde.

I can buy myself flowers:
Theo und Lotte mit
floralem Dekor.

Ein ganz besonders süßer Findus. Der Hundeblick wird eindeutig überbewertet …

Ein kleines Kalender-Shooting-Outtake: Pflaume und ich nach getaner Arbeit.

Queen (Oma) P(rimel).
f the crown fits ...

Manchmal würden die Kühe den Kranz wohl lieber aufessen statt anziehen.

Kühe beobachten: Lena und ich bei einem kurzen Sit-in-der-Futterraufe.

Lena und ich mit den Jungs auf unserer Hausbank.

Wie groß darf der Parasol-Pilz sein? – Ja!

Dreamteam: Lena, Lukas und ich.

Die ganze Wald-WG (sogar in unseren Wald-WG-Shirts).

Kaninchen-Zuwachs in der Wald-WG: Im Sommer 2025 sind vier Langohren eingezogen.

Küchenfenster with a view: Amélie holt sich eine Möhre ab.

Der Schweinestall: Links geht es in den Auslauf, und hinter dem Vorhang befindet sich das Schwafzimmer.

Das Schwafzimmer.

Frieda mit
Frühlingskrone.

Der Tag, an dem wir Kurt kennenlernen durften: 25.07.25.

Wenige Wochen später sah er schon so viel besser aus.

Ein Herz und eine Seele: Theo und Kurti.

Wie der Bauer, so die Kuh. Oder?

Lukas und (sein) Finni.

Familienfoto.

Lukas und ich – ausnahmsweise mal ohne Arbeitskleidung.

)ben auf der Alm.

Theo im Nebel – er begleitet mich oft auf meinen Waldspaziergängen.

weibchen mitunter ein Dutzend Spinnen, die sie als Proviant im Kokon verstaut, bevor sie ein einziges Ei hineinlegt und alles sicher verschließt. Die Mörtelwespe lebt (anders als ihre Kolleginnen) völlig solitär, das heißt nicht mit anderen Artgenossen zusammen in einem Staat. Und das muss man sich doch wirklich mal auf der Zunge zergehen lassen: Dieses winzige Wesen betreibt völlig allein einen derartigen Aufwand, um den Fortbestand ihrer Art zu sichern – und das tut sie noch dazu auf solch intelligente Art und Weise (*Sidefact*: Die Spinnen sind nur betäubt und nicht getötet, damit sie länger *frisch* bleiben) – wie kann man davon nicht beeindruckt sein? Und viel wichtiger: Wie kann es einem *egal* sein?

Dieser Gedanke drängt sich mir bei all dem, was ich hier beobachte und jeden Tag neu dazulerne, immer wieder auf: Wie kann die Natur, dieses Wunderwerk, manchen Menschen einfach völlig egal sein? Wie kann man in einem Wald stehen, der vor Leben nur so strotzt, und sich überlegen, dass ein Wohnblock, ein Windpark oder sonst etwas hier besser hinpassen würde? Und warum in aller Welt haben wir Menschen scheinbar völlig vergessen, dass wir (auch wenn manch einer es wohl gern hätte) nicht über den Dingen stehen, sondern ebenso ein Bestandteil der Natur, des großen Ganzen sind wie alle anderen Tiere und Pflanzen auch? Das mag für den ein oder anderen etwas überzogen klingen, aber ich kann über die menschengemachte Kategorisierung der Tiere in Nützlinge oder Schädlinge sowie Haustiere und Nutztiere nur traurig lachen – denn mal ehrlich: Wenn man die Lage so betrachtet, sind wir Menschen die größten und gefährlichsten Schädlinge, die diese Welt je gesehen hat.

Auf gewisse Art und Weise haben wir uns von unserer Umwelt entfremdet, ja richtiggehend herausgelöst. Wir halten uns aufgrund von Vernunft, Technik, Sprache und anderen Errungenschaften für die Krone der Schöpfung. Wenn ein Schwarm Insekten eine ganze Ernte zunichtemacht, nennen wir das eine

Plage, doch wenn der Mensch ganze Lebensräume zerstört oder Tierarten auslöscht, heißt es Wirtschaftswachstum, Fortschritt – oder gar (vermeintlich) notwendiges Übel. Wir tun all diese Dinge, weil wir sie *können* – und nicht weil wir sie zum Überleben *brauchen.* Ich möchte der Menschheit wirklich keine grundlegende Böswilligkeit unterstellen, aus der heraus gehandelt wird, sondern eher eine Form der grenzenlosen Gleichgültigkeit. Wir haben den Kontakt zur Erde, zur Natur, zum Maßhalten und einen gewissen Grad der Demut völlig verloren.

Was unterscheidet den Menschen also von einem Schwarm Heuschrecken, der sich gefräßig über ein Getreidefeld hermacht? Genau das, worauf wir in unserer Entwicklung so stolz sind: die Vernunft und der freie Wille. Die Heuschrecke handelt aus Instinkt, aus einem (nennen wir es von mir aus) niederen Bedürfnis nach Nahrung, denn sie kann sich schlichtweg nicht für einen anderen Weg entscheiden. Ähnlich, wenn nicht gar genauso, verhält es sich mit dem gigantischen Wels aus dem bayrischen Brombachsee, der im Sommer 2025 zu einer traurigen Berühmtheit wurde. Manch einer nennt es eine klassische Sommerlochnachricht, aber in meinen Augen steht sie sinnbildlich für all das, was zwischen Menschen und dem Rest der Natur falsch läuft. Während der Laichzeit Ende Juni 2025 soll es zu mehreren »Angriffen« auf Badegäste gekommen sein, bei denen der Wels mitunter sogar Bissspuren hinterlassen haben soll. In Anbetracht der Tatsache, dass Welse jedoch keine Zähne, sondern lediglich ein raues, sandpapierartiges Maul voller Bürstenzähnchen haben, mit denen sie maximal aggressiv herumnuckeln können, scheint diese Aussage jedoch ein wenig fragwürdig zu sein. Doch es kam, wie es kommen musste: Die Polizei wurde alarmiert, und der Fisch, der im Grunde nichts anderes tat, als seinen Nachwuchs zu verteidigen, wurde zunächst mit der Dienstwaffe eines Polizisten attackiert, um schließlich von einem Angler aus dem Wasser gefischt und erlegt zu werden. Sein trauriges Ende fand er schließlich im Gasthaus Zum Goldenen Lamm – in 120 Portionen aufgeteilt und für jeweils 22,50 Euro verkauft. Somit war das Thema im wahrsten Sinne des Wortes *gegessen*. Andernorts schießt man im übertragenen Sinne mit Kanonen auf Spatzen, doch in Mittelfranken zielt man wortwörtlich mit Schusswaffen auf Welse. So kann's gehen.

Die meiner bescheidenen Meinung nach naheliegende Alternative, den Bereich abzusperren, kam offensichtlich nicht infrage, da unweit des Laichplatzes ein Musikfestival mit mehr als 7000 Besucher:innen stattfand. So musste also der Fisch in seinem eigenen Lebensraum weichen, damit der Mensch weiterhin ohne Rücksicht auf Verluste seiner Freizeitbeschäftigung nachgehen kann. Was dabei besonders makaber ist? Der Brombachsee ist ein künstlich angelegter Stausee. Nach seiner Fertigstellung im Jahr 2000 siedelte man etliche Fischarten im Rahmen sogenannter Besatzmaßnahmen im See an, um ihn ökologisch aufzuwerten und ihn schlichtweg für Angler attraktiv zu machen. Mittlerweile ist der Brombachsee ein absoluter Hotspot, und der Wels wird in Anglerkreisen immer noch als Prestigefisch betrachtet. Wir haben hier also ein vollkommen unnatürliches und vom Menschen konstruiertes Ökosystem, dessen Illusion von der Naturidylle sofort kippt, wenn der Wels sich seiner Natur entsprechend verhält und doch einmal zurückschnappt. Man möchte Natur, aber eben solche, die sich an menschengemachte Regeln hält – selbst wenn die Lebewesen keine andere Wahl haben, als ebendiese Regeln zu brechen.

Doch wir Menschen haben die Wahl – wir können uns aussuchen, ob wir Henker oder Hüter sind, ob wir zerstören oder erhalten. Wir können uns weiterhin als Krone der Schöpfung betrachten oder aber akzeptieren, dass wir Teil eines empfindlichen Gleichgewichts sind. Vielleicht sollten wir uns daran erinnern, dass es nicht die Technik ist, die uns ausmacht. Nicht das Wirtschaftswachstum und nicht die Kriege, die wir ausfechten. Es ist die Fähigkeit zur Verantwortung und zur Fürsorge; die Fähigkeit, nicht nur zu nehmen, sondern zu bewahren.

Im Frühjahr 2025 dachte ich mir an einem verregneten Samstagabend, dass nun der ideale Zeitpunkt sein könnte, um auf Regenwurmjagd zu gehen. In der Woche zuvor hatten wir frische Erde im Gewächshaus aufgeschüttet, und für meinen Geschmack gab es dort noch viel zu wenig Bodenlebewesen, allen voran Regenwürmer, weshalb ich einige einsammeln und im Gewächshaus wieder aussetzen wollte. Mit Regenjacke und Stirnlampe bewaffnet ging ich in die Dunkelheit hinaus und frohlockte ob der zahllosen Regenwürmer, die überall aus der Erde schauten und sich im sanften Nieselregen aalten wie Sommerurlauber am Sandstrand. Ich sah mich schon eimerweise Regenwürmer im Gewächshaus aussetzen, doch die Dinge kamen ein wenig anders als erwartet: Die Regenwürmer reagierten auf die kleinste Erschütterung und zogen sich blitzschnell in die Erde zurück, sobald ich mich ihnen näherte, egal wie vorsichtig ich mich vorwärtsbewegte. Hinzu kam, dass sie sich immer nur zu einem kleinen Teil außerhalb der Erde befanden, um sich (wohlweislich dessen, was da draußen so auf sie lauern könnte) bei Bedarf in Windeseile aus dem Staub zu machen. Sobald ich einen Schritt tat, verschwanden an die fünfzig Regenwürmer im Schein meiner Stirnlampe sofort unter der Erde. Ich bekam lediglich zwei überhaupt in die Finger, doch beide hielten sich so vehement unter der Erde fest (und dabei frage ich mich unweigerlich: *Wie* halten sich Regenwürmer eigentlich fest? Und viel wichtiger: *Womit?*), dass ich Gefahr lief, sie in zwei Teile zu reißen, wenn ich weiter an ihnen ziehen würde. Also beließ ich es dabei und kehrte unverrichteter Dinge und mit leerem Eimer zum Gewächshaus zurück. Es hat nicht sollen sein, und mit schwerem Geschütz aka einer Schaufel oder Ähnlichem wollte ich nun wirklich nicht anrücken. Irgendwie wäre das ja auch geschummelt gewesen, denn entweder erwische ich sie eigenhändig, oder ich habe eben Pech.

Einige Monate später – ich war gerade im Begriff, meine Tomatenpflanzen im Gewächshaus einzusetzen, und schaufelte entsprechend kleine Löcher – lachten mir doch tatsächlich einige Regenwürmer entgegen. Ich musste schmunzeln. Anscheinend hatte es keine zusätzlichen Regenwürmer von meiner Seite aus gebraucht, sondern einfach nur ein bisschen mehr Geduld und Vertrauen.

Mutter Natur weiß, was sie tut.

Besser, als wir es jemals wissen könnten.

Pimp Up Your Garden

(mit freundlichen Grüßen von Mutter Natur)

1. Lavendel kurz vor der Blüte zu ernten, ist eine nette Sache, aber während der Blüte die Schmetterlinge und Bienen damit glücklich zu machen, ist noch sehr viel besser.
2. Lasst es blühen. Dies gilt insbesondere für Oregano, Thymian, Lavendel, Dill, Salbei und Bohnenkraut.
3. Brennnesseln sind eine wichtige Futterpflanze für Raupen – lasst ein paar davon irgendwo stehen.
4. Andere wichtige (Futter-)Pflanzen: Wilde Möhre, Wiesensalbei, Sonnenblumen, Borretsch, Kapuzinerkresse, Schafgarbe.
5. Pestizide sind böse – Marienkäfer sind die viel nachhaltigere Anlaufstelle, wenn es um Blattläuse geht. Oder Florfliegen!
6. Manche Blüh- und Wiesenstreifen kann man auch einfach mal unangetastet der Natur überlassen.
7. Insektentränken im Sommer retten Leben – aber bitte unbedingt einige Steine oder andere Klettergerüste hineinlegen, damit die kleinen Helferlein nicht ertrinken.
8. Singvögel freuen sich über Nistkästen im Frühjahr und ein bisschen Futter im Winter.

9. Insektenhotels werden überbewertet (zumeist sind sie nämlich eher Todesfalle als trautes Heim).
10. Was den Rasen angeht: Wir sind im Garten, nicht im Golfclub.
11. Totholz ist nicht tot – es strotzt nur so vor Leben (Grüße von Käfern, Moos, Pilzen und Co.).
12. Heimische Pflanzen locken heimische Insekten an – Exoten werden überbewertet.
13. Was Wespennester, Hornissen und Co. angeht: Man muss (darf!) nicht alles gleich bekämpfen. Eine friedliche Koexistenz ist auch möglich.
14. Nicht alles, was man nicht gleich (er)kennt, ist unnütz oder schädlich. Recherchieren geht vor Rupfen und Eliminieren.
15. Dinge, die wir nicht brauchen:
    - Steingärten
    - Torfblumenerde aus dem Baumarkt
    - Laubbläser
    - Pestizide
16. Verblühte Pflanzen kann man einfach stehen lassen – wir brauchen im Herbst keine karge Mondlandschaft, sondern eine vielfältige Umgebung mit guten Verstecken und Rückzugsorten für all die Insekten, die dort überwintern.

Die Hölle auf Erden

Von Schweinen, »dem System« und der Frage nach dem Warum

August 2025

Vor ziemlich genau drei Jahren, am 5. August 2022, haben sich meine beiden Geburtstagsgeschenke – zwei Wollschweine namens Frieda und Edna – ziemlich unverhofft mal eben versechsfacht. Wir hatten Anfang Juni unwissentlich zwei trächtige Sauen bei uns aufgenommen, und schon Anfang August fand ich mich inmitten einer überdrehten und quiekenden Ferkelbande wieder. Drei haben die ersten Lebenswochen leider nicht überlebt, es blieben also insgesamt neun Wollschweine. Wie das Leben eben manchmal so spielt.

Mittlerweile sind aus den ehemals kleinen, süßen Ferkeln ziemlich große, zottelige Schweine geworden. Eigentlich bin ich schon seit anderthalb Jahren der Meinung, dass sie nun endlich mal ausgewachsen sein müssten, aber irgendwie legen sie Monat für Monat und Jahr für Jahr dann doch noch eine ganze Schippe an Schwafmasse obendrauf. Die sogenannten Wollschweine heißen eigentlich Mangalitza-Schweine und kommen ursprünglich aus Osteuropa. Sie sind eine sehr ursprüngliche und alte Schweinerasse, die mitunter mehr mit dem Wildschwein als dem modernen Hausschwein gemein hat und vor allen Dingen deutlich robuster und genügsamer ist, als es die heutigen Zuchtsauen sind. Mangalitza-Schweine haben ein äußerst langsames Wachstum und entwickeln währenddessen ein (angeblich) ganz besonders hochwertiges marmoriertes Fleisch, was scheinbar nicht nur in Gourmetkreisen sehr beliebt ist. Nicht wenige Menschen, die auf unserem Hof landen, wollen zuerst einmal wissen, ob wir die Schweine beziehungsweise ihr Fleisch auch verkaufen würden. Die langen Gesichter, die auf meine Antwort oftmals folgen, kann man sich an dieser Stelle wohl nur allzu gut vorstellen. Manch einer reagierte sogar mit den Worten »Ach, wie schade ... was für eine Verschwendung!« auf mein Nein. Das kann man sich wirklich nicht ausdenken.

Wo ein Schwein *verschwendet* ist – bei einem Abendessen auf dem Teller oder ein Leben lang freudig im Matsch herumwühlend –, darüber kann man wohl vortrefflich und sehr lange streiten. Aber nicht alle Reaktionen fallen so aus. Viele belächeln uns zwar, wenn sie hören, dass wir die Tiere einfach »nur so« halten, andere wiederum sehen die Dinge aus einem völlig anderen Blickwinkel. Die Amtstierärztin, die uns von Bekannten als sehr streng und eher ungemütlich angekündigt wurde, steuerte auch als Erstes den Schweineauslauf an – und als ich auch ihr von der *Einfach-nur-so*-Haltung berichtete, fiel plötzlich sämtliche Professionalität von der jungen Frau ab. Sie war absolut begeistert und berichtete uns sofort, dass sie, wenn es der Job zuließe, auch sofort einen Hof dieser Art führen würde. Ich musste schmunzeln.

In jedem Fall sind die Wollschweine auf ihre Art ziemlich besonders und fallen einem jeden Menschen sofort ins Auge. Ihr Wollkleid sorgt dafür, dass sie ganzjährig im Freien gehalten werden können, und es passt sich außerdem auch bestens an die jeweilige Jahreszeit an: Im Winter haben sie ein dichtes Fell, das sie vor der Kälte schützt, während sich die Wolle im Laufe des Frühjahrs deutlich lichtet und im Sommer schließlich gerade noch so ausreicht, um die Schwafe vor Sonnenbrand und lästigen Insekten zu bewahren. Wollschweine haben mehr Riechrezeptoren in ihrem Rüssel als alle anderen Säugetiere und können daher Dinge erschnüffeln, die bis zu einem halben Meter unter der Erde liegen. Außerdem ist der Rüssel wahnsinnig stark, und obwohl ihr Speiseplan manchmal fragwürdig erscheint, haben sie einen ausgeprägteren Geschmackssinn als wir Menschen. Dass Geschmäcker grundsätzlich verschieden sind, ist allgemein bekannt, doch mittlerweile, nach drei Jahren mit einem Haufen Wollschweinen, verstehe ich erst, *wie* verschieden sie wirklich sein können. Auf unserer Streuobstwiese steht ein riesiger Maronenbaum, und während ich die Esskastanien in ihrer äußerst stacheligen Schale nicht einmal mit vernünftigen Handschuhen anfassen kann, ohne dabei etliche schmerzhafte Stiche abzubekommen, verschlingen die Wollschweine sie, als wären sie nichts weiter als ein weiches Brötchen. Mir zieht es wirklich alles zusammen, wenn ich sie dabei beobachte, wie sie auf den Maronen in ihrer Schale herumkauen und kurze Zeit später alles herunterschlucken. *I mean … how*? Ebenso irritierend ist die Tatsache, dass faulige Äpfel, ranzige Bananenschalen und erdige Kartoffelschalen von unseren Schwafgourmets mit fünf von fünf möglichen Rüsseln ausgezeichnet werden und sowohl Unkraut als auch Nacktschnecken (in Maßen) okay sind – aber *wehe*, es liegt auch nur ein einziges Fitzelchen eines Steinpilzes im Futter. Nichtsdestotrotz habe ich schon bald die Genialität hinter dem Speiseplan der Schweine entdeckt, denn mittlerweile sind sie zu einem wesentlichen Bestandteil unserer Garten- und Landschaftspflege avanciert. Ganz gleich, was vernichtet werden muss – seien es Schubkarren voller Ampfer und Springkraut, ganze Brombeerbüsche, kratzige Zucchiniblätter oder gar meterhohe Brennnesselfelder: Die Schwafe regeln. Ein Stück unseres Hangs war im Herbst 2023 vollkommen verwildert, und ich sah weder Sinn noch potenziellen Erfolg in dem Versuch, alles per Hand auszustechen, weswegen ich schlussendlich *den Räumungstrupp* anrücken ließ. Sie beseitigten das Gestrüpp nicht nur oberflächlich, sondern unterzogen den Hang direkt noch einer ausführlichen Tiefenreinigung, durch die sämtliches Wurzelwerk gleich mit eliminiert wurde. Lukas musste anschließend zwar das ein oder andere Loch wieder zuschaufeln, doch das war durchaus zu verschmerzen. Heute wächst also dank unserer neun Schwafe dort, wo einst Brombeerhecken und Brennnesseln in die Höhe ragten, Gras und ein ganzer Haufen insektenfreundlicher Pflanzen.

»Unkrautvernichter«, »Räumungstrupp«, »Landschaftsbauer«, »Tiefbau-GmbH« und »Abrissvereinigung« – ja, es gibt viele Bezeichnungen für unsere Steckdosennasen, die sich hier mittlerweile eingebürgert haben, denn wenn sie nicht gerade schlafen oder fressen, haben sie immer etwas ganz besonders Wichtiges zu tun. Neben der Landschaftsgärtnerei sind unsere Schwafe nämlich ganz groß darin, Dinge in ihre Einzelteile zu zerlegen. Das ist nicht immer von Vorteil, und die Liste der demontierten Gegenstände ist lang: Innerhalb der letzten beiden Jahre zerlegten sie zwei Tränkesysteme, nahmen eine separate Box im Stall auseinander und fraßen sowohl die Bodenplatte als auch die Wände (beides mühevoll von Lukas gebaut) an beziehungsweise rissen sie teilweise einfach ab. Sie beseitigten mehrfach den Zaun, befreiten den Stall von seiner Außenverkleidung und zerfetzten zu guter Letzt den angeblich ach so robusten Pferdespielball (er hatte lediglich eine Halbwertszeit von 24 Stunden). Mein persönliches Highlight ist jedoch der Umstand, dass die Schwafe im Stall einen Keller freilegten, von dem Lukas und ich nicht einmal etwas wussten. Vielleicht sollte ich oben erwähnter Liste also noch »Archäologen« und »Grabungstechniker« hinzufügen. Im Grunde genommen sind aus dem Schweinestall immer irgendwelche Baugeräusche zu vernehmen, und Lukas und ich haben es mittlerweile einfach aufgegeben, sie von dem abzuhalten, was sie sich eben vorgenommen haben. Unter Umständen ist es mir sogar lieber, gar nicht so genau hinzuschauen, was sie nun schon wieder zerlegen, denn das schont immerhin ein kleines bisschen meine Nerven.

Nebst den baulichen Veränderungen am Gebäude gibt es auch noch die nicht gerade unerheblichen Bodenbewegungen außerhalb. Der Ein- und Ausgang des Stalls war anfangs ebenerdig zum oberen Teil des Auslaufs, der nur leicht abschüssig ein Stück den Berg hinunter verläuft, doch heute sieht es da ganz anders aus: Mittlerweile müssen die Schweine einen mehr oder minder grazilen Sprung in die Tiefe hinlegen, wenn sie in ihren Auslauf wollen, denn sie haben es binnen knapp zwei Jahren geschafft, den oberen Auslauf gut einen Meter tieferzulegen und die abgetragene Erde am anderen Ende anzusammeln, sodass der Auslauf mittlerweile einer beinahe schon planen Fläche gleicht.

Ungeachtet sämtlicher Bauarbeiten sind die Schwafe jedoch die meiste Zeit über mit Schlafen, Sonnen und Dösen beschäftigt. Oftmals liegen sie eng nebeneinandergedrängt direkt vor dem Stalleingang und träumen sich dabei in ganz andere Sphären. Lukas schmunzelt immer nur darüber und sagt wirklich jedes einzige Mal: »Da liegen sie wieder wie die Würstchen in der Verpackung!«

Nicht ganz so despektierlich und voll schwarzem Humor begegnen unsere Nachbarn Willi und Rosalinde den Schweinen, denn während Willi uns in den Sommermonaten regelmäßig einen Hänger voll Rasenschnitt für die Bande bereitstellt, kommt Rosalinde beinahe wöchentlich mit einer Tupperdose voller Kartoffelschalen, altem Obst oder trockenem Brot zu uns hinauf.

»Ja, wo sind sie denn, meine Freunde?«, ruft sie dabei, und die Schweine, die diesen Ruf mittlerweile nur zu gut kennen, stürmen sehr zu Rosalindes Freude aus dem Stall hinaus und harren der Dinge, die gleich auf sie niederregnen würden.

Auch wenn sie einträchtig nebeneinander in der Sonne liegen, genüssliche Schlammbäder nehmen, beinahe gestapelt in ihrem Schwafzimmer liegen und sich gegenseitig mit absoluter Hingabe das Fell putzen, geht es bei den Schweinen auch manchmal außerordentlich ruppig zu. Nicht selten ertönt ein markerschütternder Schrei, manchmal blutet sogar ein Ohr, und in ganz seltenen Fällen kabbeln sie sich so sehr, dass am Ende ein Schwein außerhalb des Zauns landet oder dieser ganz eingerissen ist. Wer jedoch meint, dass die Schwafe in freier Wildbahn sich nun erst einmal durch meinen halben Garten graben, hat weit gefehlt. Tatsächlich ist es für die Schweine der absolute Super-GAU, wenn sie aus ihrem gewohnten Terrain vertrieben und somit auch vom Rest der Rotte getrennt werden (das gilt zumindest für alle außer Lasse). Meist wandern sie wie unruhige Löwen außen am Zaun entlang und suchen nach einem Weg, wieder zurückzukommen, doch das ist gar nicht mal so einfach, denn neben dem echten gibt es da noch den imaginären Zaun.

Alle Schwafe haben im Laufe der Zeit irgendwann einmal Bekanntschaft mit dem Elektrozaun gemacht, und abgesehen davon, dass sie ihn zu *spüren* bekommen haben, *sehen* sie die neongelb leuchtende Zaunschnur mit eigenen Augen. Doch selbst wenn diese Zaunschnur plötzlich nicht mehr sichtbar ist, ist sie für die Schweine trotzdem irgendwie noch da, denn sie sehen die Grenze nicht nur, sondern sie *wissen* auch, wo sie verläuft. Tatsächlich kann ich das Gatter sperrangelweit offen stehen lassen, um gemütlich mit der Schubkarre die nächste Unkrautlieferung bereitzustellen, und kein Schwaf (*again*: keines außer Lasse) würde auch nur im Entferntesten daran denken, die Grenze zu übertreten. Das ist durchaus praktisch, aber manches Mal auch einfach nur lästig, denn wenn wir den Auslauf erweitern oder in irgendeiner Form verändern, braucht es sehr viel Geduld und Überzeugungsarbeit, um die Schwafe zum Übertritt in das neue Areal zu überreden. Sie sind auf gewisse Art eben doch einfach Gewohnheitstiere.

Lasse bildet hierbei wie gesagt die Ausnahme, denn er ist (wie ich einige Kapitel zuvor beschrieben habe) nicht nur gern mal fahnenflüchtig, sondern er *trainiert* im Gegensatz zu all seinen Geschwistern auch intensiv für seinen nächsten Ausbruch. An lauen Sommerabenden kann man vom Schweineareal oftmals ein lautes, monotones Schnauben hören, das ein wenig an einen Läufer erinnert, der gerade angestrengt die letzten Meter eines Berges erklimmt. Dabei handelt es sich ausnahmslos immer um Lasse, der Runde um Runde durch den Auslauf, ins Schwafzimmer und wieder hinaus in den Auslauf *joggt* und dieses Prozedere mitunter auch mal ganze dreißig Minuten durchzieht, während die anderen Schwafe sein Gebaren völlig unbeeindruckt lässt.

»Schau, jetzt trainiert er wieder«, heißt es dann – und manchmal stellen wir uns sogar wie seine persönlichen Cheerleader an den Zaun und beobachten unseren Dauerläufer bei seinem Tun. Aber Himmel hilf, wenn Lasse das nächste Mal ausbüxt, denn ich habe so den leisen Verdacht, dass er uns im wahrsten Sinne des Wortes einfach davonlaufen wird.

Von Zeit zu Zeit sitze ich gern auf der alten Holzbank vor dem Stall, um unsere Wollschweine bei ihrem Tun zu beobachten. Sie haben ein irrwitziges Repertoire an Grunz-, Knurr- und Fieplauten, mithilfe derer sie sich untereinander verständigen, und auch wenn ich wahrlich keinen einzigen Ton verstehe, so kann ich mittlerweile dennoch die Stimmung, die dahintersteckt, ziemlich präzise benennen. Frieda und Ronja schnarchen übrigens in einer Lautstärke, die selbst für so ein massives Wollschwein durchaus beachtlich ist und einen manches Mal nur lauthals loslachen lässt. Das eingangs erwähnte *Schwafzimmer* ist der Rückzugsbereich der Bande, der penibel sauber gehalten wird. Wenn also ein Schwein aufs Klo möchte, muss es raus, denn hierfür gibt es eine eigens auserkorene Stelle im Auslauf. Der Schlafbereich selbst wird von den Schweinen zudem mit viel Eifer und Liebe zum Detail eingerichtet. Sie können sich ausgiebig damit beschäftigen, das zur Verfügung gestellte Nistmaterial von einem Eck ins andere zu tragen, ganze Berge von Stroh durch die Gegend zu schieben und es sich unterm Strich (in Schwafdimensionen) so wohnlich wie nur irgendwie möglich zu machen. Sooft mich meine Schweinerotte auch zum Lächeln bringt: Mindestens genauso häufig muss ich unweigerlich frustriert an das System denken, in dem so viele andere Schweine ihr gesamtes Leben lang feststecken – und das hat rein gar nichts mit Stroh, Schlammbädern oder Bergen von Unkraut zu tun.

Nichts an der industriellen Tierhaltung ist schön, und ich würde nicht im Traum behaupten, dass es den Hühnern, Puten, Rindern und allen anderen auch nur im Entferntesten gut ginge, aber das, was wir heutzutage (noch immer) mit den Schweinen veranstalten, ist an Grausamkeit eigentlich nicht mehr zu überbieten. Schweine sind hochintelligente, sensible und soziale Wesen. Ihre kognitiven Fähigkeiten ähneln denen eines dreijährigen Kindes. Sie haben ein Langzeitgedächtnis, können sich selbst im Spiegel erkennen und soziale Beziehungen entwickeln und pflegen. Sie sind sehr reinliche Tiere und haben einen ausgeprägten Sinn für die Versorgung ihres Nachwuchses.

Und trotzdem behandeln wir sie, wie wir sie eben behandeln. Für die Schweineproduktion in Deutschland sind die Zuchtsauen verantwortlich – 2024 waren es 1,4 Millionen an der Zahl. Hochleistungssauen werden mitunter darauf gezüchtet, bis zu dreißig Ferkel im Jahr zu werfen, doch das zehrt natürlich an der Substanz des Tieres. Nicht selten sind ihre Körper der maßlosen Belastung nicht gewachsen und werden bereits nach wenigen Würfen *aussortiert* – aka *geschlachtet*. Ein Produktionszyklus (Tragezeit respektive Säugezeit) umfasst im Schnitt übrigens etwa 21 Wochen, von denen die Sau laut Behördenangaben neun bis zehn Wochen in einem sogenannten Kastenstand fixiert ist. Bei etwa 2,3 Produktionszyklen pro Sau und pro Jahr kommt man also jährlich insgesamt auf rund fünf Monate Kastenstand.[10] Aber was bedeutet das nun für die Sau?

Ein Kastenstand ist eine bauliche Vorrichtung, die dazu dient, die Sau während der Besamung, der Trächtigkeit und/oder der Säugezeit von den anderen Tieren zu isolieren und zu fixieren. Sie besteht meist aus Metall und verhindert zudem, dass sich das Tier ungehindert ausstrecken, drehen oder in irgendeiner Form vernünftig bewegen kann. Abgesehen davon gibt es im Kastenstand kein Nistmaterial, keine Möglichkeit für die Sau, sich an einem anderen Platz zu erleichtern oder in irgendeinem Beschäftigungsmaterial zu wühlen. Sie hat nichts – außer eben Futter und Wasser. Selbst im Internet kursieren nur selten Bilder dieser Sauen in den Kastenständen, weil sie unterm Strich nämlich nur eines sind: maximal verstörend. Sie wirken fast ein bisschen wie eine futuristische Dystopie. Nur dass es eben keine ist.

Der Kastenstand soll dafür sorgen, dass die Sau ihren Nachwuchs nicht versehentlich erdrückt und der Mensch eine Arbeitserleichterung erfährt, denn dort kann er die Sau einfacher und vor allen Dingen sicherer kontrollieren und gegebenenfalls behandeln. Wenn ich mich nun aber daran zurückerinnere, wie das bei Frieda und Edna war, kann ich bloß den Kopf schütteln. Wenn eine der beiden sich hinlegen wollte und im Begriff war, dabei eines ihrer Ferkel zu erdrücken, ertönte sofort ein spitzes Quieken, und die Muttersau sprang wie von der Tarantel gestochen wieder auf. Mitunter brauchte es mehrere Dutzend Versuche, bis das Mutterschwein sich in die richtige Position gebracht hatte, doch beide nahmen all diese Mühen stets in Kauf, um ihren Nachwuchs sicher zu wissen.

Zudem gibt es ja auch Betriebe, die ihre Schweine eben nicht in solchen Kastenständen halten – und die bekommen es doch

10 www.landwirtschaft.de/tier-und-pflanze/tier/schweine/kastenstaende-in-der-schweinehaltung

auch hin, dass ihre Ferkel überleben. Bleibt also im Endeffekt nur noch das Argument der Arbeitserleichterung und Profitmaximierung für den Menschen – was auch sonst? Studien zufolge zeigen Sauen, die im Kastenstand gehalten werden, ein signifikant höheres Risiko für Erkrankungen und Verhaltensstörungen, und ich muss mich wirklich fragen, warum man hierfür überhaupt noch eine Studie braucht.[11] Überrascht es wirklich irgendjemanden *ernsthaft*, dass bei einem Tier, dessen Natur so sehr auf Bewegung und Beschäftigung ausgelegt ist, geistig irgendwann die Sicherungen durchbrennen, wenn sie so gehalten werden?

Mittlerweile gibt es in Deutschland neue Verordnungen, durch die sich die Situation zumindest »verbessern« soll: Die Sauen müssen sich im Kastenstand künftig ungehindert ausstrecken können, ohne dabei »an bauliche Hindernisse« zu stoßen (die Nachbarsau ist wohl noch immer okay). Zudem dürfen die Sauen im Abferkelstall nur noch fünf statt 35 Tage fixiert werden, und auch im Deckzentrum sind die zulässigen Zeiten im Kastenstand drastisch reduziert worden.[12] Ob es ein Aber gibt? Natürlich, denn die Betriebe haben bis 2036 Zeit, die neuen Anforderungen umzusetzen. Mir ist durchaus bewusst, dass neue Verordnungen und Anforderungen an die Betriebe aus mannigfaltigen Gründen nicht von heute auf morgen umgesetzt werden können, doch andernorts hat man die Veränderungen bereits sehr viel früher angestoßen. Der Kastenstand ist in Schweden und Norwegen schon seit 1988 verboten, die Schweiz zog 1997 nach, und Großbritannien folgte 1999. Man muss sich also schon die Frage stellen, warum Länder wie Deutschland und auch Österreich (hier läuft die Umstellungsfrist bis 2033), die sich

11 www.landwirtschaft.de/tier-und-pflanze/tier/schweine/kastenstaende-in-der-schweinehaltung

12 www.landwirtschaft.de/tier-und-pflanze/tier/schweine/kastenstaende-in-der-schweinehaltung

gern mit Tierliebe und Agrarromantik schmücken, derart hinterherhinken. Schweine gelten innerhalb der EU zwar als Wirbeltiere, die in den Geltungsbereich des Tierschutzgesetzes fallen, doch Ausnahmeregelungen, wirtschaftliche Interessen und fehlende Kontrollen sorgen dafür, dass diese Gesetze oftmals nicht einmal das Papier wert sind, auf dem sie stehen. *Schwein gehabt*? Ich glaube nicht.

96 Prozent aller Schweine in Deutschland leben auf Vollspaltenböden, nur ein Prozent hat Zugang zu einem Auslauf, und nur ein Prozent der Schweine wird nach ökologischen Standards gehalten.[13] Die überwiegende Mehrheit der Schweine wird fünf bis sechs Monate gemästet und anschließend geschlachtet. Sie haben keine Möglichkeit, in der Erde zu wühlen, sich zu suhlen, Sonne zu spüren oder frische Luft zu atmen, die nicht durch eine Klimaanlage in den Stall gepumpt wird. Ein 110 Kilogramm schweres Schwein hat in der Haltungsform Stall genau 0,75 Quadratmeter zur Verfügung – das entspricht einer Fläche von zwölf DIN-A4-Blättern; eine Fläche, die kaum größer als eine handelsübliche Yogamatte ist. Wen wundert es also, dass sie sich gegenseitig beißen, aggressiv und/oder krank werden? Die Tiere sind chronisch unterfordert, gelangweilt und gestresst, was dazu führt, dass die Todesrate auch vor der Schlachtung immens hoch ist. Sie verenden an Krankheiten, Organversagen oder anderen Verletzungen. Kaum ein Schwein erlebt seinen ersten Geburtstag.

Allein im Jahr 2024 wurden in Deutschland 44,1 Millionen Schweine geschlachtet. Das ist eine irrsinnig hohe Zahl, und weil sich vermutlich niemand diese Dimensionen auch nur ansatzweise vorstellen kann, brechen wir das Ganze mal herunter: In den anderthalb Minuten, die man vermutlich durchschnittlich für das Lesen dieser Seite hier gebraucht hat, wurden etwa

13 https://www.destatis.de/DE/Presse/Pressemitteilungen/2021/07/PD21_N046_41.html

126 Schweine geschlachtet. Wir sammeln Spenden für Tierheime, teilen Flugblätter über verloren gegangene Hunde und ignorieren dabei völlig das millionenfache Leid in den Ställen Deutschlands. Wir beruhigen unser Gewissen mit einem von fünf möglichen Haltungssternen auf der Schnitzelverpackung und akzeptieren die grausame Normalität, weil sie sich etabliert hat, sich gut hinter Mauern und Beton verstecken lässt und schlussendlich auch einfach nur bequem ist.

Schimpfen und kritisieren lässt es sich immer leicht, aber was sind die Alternativen? Was sind die Lösungsansätze, mit denen wir dem System Schwein begegnen können? Es geht nicht nur allein um Verzicht, sondern um Empathie und um die Frage, ob und wie wir als Gesellschaft ein System weiter befeuern wollen, das Schweine auf diese Art und Weise *leben* lässt. Wir müssen Verantwortung übernehmen; aber eben nicht nur für unser Konsumverhalten, sondern auch für die Tiere – und die Bäuerinnen und Bauern, die zum Teil in einem System gefangen sind, das ihnen kaum eine andere Möglichkeit gibt, als auf Quantität zu setzen, weil alles andere wirtschaftlich nicht mehr tragbar wäre. Es sind schlussendlich so viele Stellschrauben, an denen sich etwas bewegen müsste, dass ich an manchen Tagen der Resignation nahe bin und nur sehr wenig Hoffnung habe, dass sich für die Schweine in unserem Land alles bald zum Guten wenden wird. Umso wertvoller sind für mich die Momente, in denen ich unsere Schweine dabei beobachten kann, wie sie einfach nur Schwein sein dürfen. Etwa wenn Frieda, Edna und Co. schon bei der leisesten Berührung des Futtersacks plötzlich ganz genau wissen, was gleich passieren wird, in Reih und Glied vor dem Zaun Spalier stehen und die sonst so gesprächigen Schwafe über mehrere Minuten mucksmäuschenstill der Dinge harren, die da kommen werden. Oder wenn Wilma das Wühlen in der Erde zur olympischen Disziplin erhebt und binnen weniger Stunden ein Loch gräbt, in dem sie zur Gänze verschwinden könnte. Ich muss einfach schmunzeln, wenn ich die Schwafe an heißen Sommertagen mit dem Gartenschlauch *gieße* und ihnen ihren Schlammpool auffülle. Sie wälzen sich mit Hingabe, tauchen beinahe schon im Schlamm ab, machen lustige Blubberblasen mit ihrem Rüssel und rubbeln sich im Anschluss an eine Dusche erst einmal ausgiebig an der Holzverkleidung des Stalls. Wenn ein Schwaf gähnt, gähnt es mit vollem Körpereinsatz: Zunächst spitzt es die Lippen (und ab diesem Augenblick weiß man schon ganz genau, was gleich folgen wird), streckt leicht die Zunge heraus und gähnt schließlich herzhaft. Dabei folgen die Schlappohren der gesamten Mundbewegung, rudern einmal im Kreis durch die Luft und landen schließlich mit einem sanften *Platsch* wieder auf dem Kopf. Im Grunde genommen sind sie allesamt absolut gutmütig (sofern nicht der gute alte Futterneid ins Spiel kommt) und untereinander sehr sozial – ein Charakterzug, der insbesondere bei Edna an manchen Tagen gern mal in Vergessenheit gerät, denn sie ist so ein bisschen wie der schlecht gelaunte und immer grantige Chef, um den man lieber einen großen Bogen macht. Ich weiß das, Lukas weiß das, und die anderen Schwafe wissen es auch.

Wir leben hier mit neun Schweinen auf dem Hof, und auch wenn ich nicht müde werde, ihre Vorzüge aufzuzählen, so machen sie dennoch einen ganzen Haufen Arbeit – von der ständigen Zerstörung und Demontage etlicher Gegenstände mal ganz zu schweigen. Der Hof wäre wohl ruhiger, die Fläche um den Stall herum weniger matschig und alles insgesamt nicht so staubig, wenn es keine Schweine gäbe; aber sie sind nun einmal da. Ich habe neun Schwafe zum Preis von zweien bekommen, und nun bin ich für sie verantwortlich. Sie stehen unter meiner Obhut und sind (ob Edna es möchte oder nicht) sogar ein nicht unerhebliches Stück weit auch abhängig von mir beziehungsweise uns. Es ist meine Verantwortung, und ich kann mich dieser nicht bei der erstbesten Gelegenheit entziehen, wenn es irgendwie mal ungemütlich oder anstrengend wird. Wer A sagt, muss auch B sagen – und vor allen Dingen müsste ich es vor den Schweinen, vor Frieda, Edna, Gustav, Lasse, Ole, Wilma, Rosa, Ronja und Ida, und vor allen Dingen auch vor mir selbst vertreten, wenn ich sie plötzlich im Stich ließe. Also ja, die Schweine werden bleiben – so, wie sie es die letzten drei Jahre getan haben und hoffentlich auch noch ganz viele weitere tun werden. Ich könnte mich selbst wohl nicht mehr im Spiegel anschauen, wenn ich aus lauter Bequemlichkeit Tiere ab- beziehungsweise weggeben würde, und wenn wir mal ehrlich sind, habe ich mir für sämtliche Bequemlichkeitsaspekte auch einfach das falsche Leben ausgesucht. Man kauft keinen Bauernhof, weil man es einfach und bequem haben möchte.

Als Schweinerottenführerin hat man es vielleicht nicht immer leicht, aber immerhin kann ich eine Sache mit absoluter und endgültiger Gewissheit sagen: Egal, wie schlecht gelaunt ich bin, und egal, wie anstrengend mein Tag gerade ist – die Schweine schaffen es *immer*, mir mindestens ein *kleines* Lächeln abzuringen. Es ist technisch unmöglich, grantig zu sein und vor allen Dingen zu bleiben, wenn einen neun Steckdosennasen erwartungsvoll anschauen und sich über jeden Grashalm wie kleine Kinder freuen.

Und wenn ich es mir recht überlege, ist das die Arbeit und den Ärger doch schon irgendwie wert.

Kurt Ferdinand

Wegen Überfüllung (vielleicht bald) geschlossen. Oder auch nicht.

August 2025

Ich werde recht häufig gefragt, welche Tiere ich eigentlich noch gern auf dem Hof hätte, und mindestens ebenso oft bekomme ich Anfragen für ausgediente Milchkühe, für aus Mastbetrieben gerettete Schweine, alte Pferde, Alpakas, Ziegen und so weiter und so fort. Die Liste ließe sich wohl endlos fortsetzen, denn die Zahl der Tiere (beziehungsweise die der Besitzer:innen), die eine Für-immer-Unterbringung auf einem Bauernhof suchen, ist unverhältnismäßig viel größer als die der freien Plätze. Meine Antwort auf solche Anfragen ist leider immer die gleiche, denn wir bilden bei dem Platzproblem keine Ausnahme, doch in der Tat gibt es bei uns auch noch ein paar andere Gründe, die zumindest gegen weitere Großtiere sprechen.

Zunächst einmal ist es so, dass man auf einem landwirtschaftlichen Betrieb nicht nach Lust und Laune eine Vielzahl von Tieren beherbergen kann, denn es gibt für jeden Betrieb gewisse Obergrenzen. Deren Sinn und Zweck beschränkt sich dabei nicht nur auf die Einhaltung bestimmter Tierwohlstandards oder die Fähigkeit, genügend Futter für die eigenen Tiere zu produzieren, sondern es geht dabei auch ganz konkret um Umweltschutz. Die zulässige Tierzahl steht dabei in Korrelation mit der Fläche, die ein landwirtschaftlicher Betrieb zur Verfügung hat, denn alle Betriebe müssen sich an die sogenannte Nitratrichtlinie halten. Diese Richtlinie ist EU-Recht und gilt somit in allen Mitgliedsstaaten, doch jedes Land entscheidet über die Details, wie Ausnahmeregelungen, Sperrfristen und Aufzeichnungspflichten selbst. In Deutschland wird das Ganze über die sogenannte Düngeverordnung (DüV) geregelt, in Österreich gilt das Aktionsprogramm Nitrat (APN). Aber warum ist das überhaupt wichtig? Die Nitratrichtlinie sorgt dafür, dass die Böden sowie die Gewässer nicht mit zu viel Stickstoff oder Phosphor belastet werden, und beides gibt es in Mist und Gülle zuhauf. EU-weit gilt dabei die Obergrenze von 170 Kilogramm Stickstoff pro Hektar und Jahr, und um die Einhaltung dieser Grenzen sicherzustellen, hat man sich auf die Kategorisierung verschiedener Nutztiere in GVE geeinigt: die sogenannten *Großvieheinheiten*. Zusätzlich wird über die *N-Anfallswerte* die ungefähre Menge der Nährstoffausscheidungen des jeweiligen Tiers berechnet (unabhängig von der GVE), um am Ende des Tages ganz genau festlegen zu können, wie viele Tiere beziehungsweise GVE ein Betrieb mit einer bestimmten Anzahl Hektar halten darf.

Das klingt nun sicherlich sehr theoretisch und technisch, doch in der Praxis lässt sich all das recht simpel zusammenfassen: Ein flächenmäßig großer Betrieb kann mehr Tiere (mehr GVE) halten, da er den anfallenden Mist und die Gülle ökologisch verträglich auf eine größere Fläche verteilen kann. Ein kleiner Betrieb wiederum stößt mit der 170-Kilo-Stickstoff-Regelung schnell an seine Grenzen und kann folglich nicht so viele Tiere halten.

Es ist wohl kaum eine Überraschung, dass unser Hof hier

in der Steiermark eher in die Kategorie *klein* fällt. Mit all unseren Kühen und den Schweinen befinden wir uns schon im absoluten Grenzbereich der zulässigen GVE, weswegen weitere Großtiere schon allein aufgrund der rechtlichen Vorgaben keine Option sind. Zudem sind Lukas und ich uns auch einig, dass die Arbeit, die mit der aktuellen Tierschar einhergeht, schon mehr als genug für uns beide ist und wir uns also nicht nur wegen der räumlichen und finanziellen, sondern auch unserer eigenen Kapazitäten nicht auf weitere Großtiere einlassen wollen. Man sollte bei aller Tierliebe zudem auch immer bedenken, dass diese Wesen zuweilen sehr alt werden können. Die Schweine werden in naturnaher Haltung womöglich bis zu fünfzehn Jahre alt und die Kühe, ganz ohne Leistungsdruck, mitunter sogar bis zu 25 Jahre. Mit der Haltung dieser Tiere geht auch immer ein gewisser Verzicht einher, meist auf Flexibilität, Unabhängigkeit und Spontaneität. Ich möchte sie allesamt nicht missen, und es ist gut, dass sie bei uns sind, aber wenn wir irgendwann keine Großtiere mehr haben, werde ich mich mit dem weniger an Arbeit, Verantwortung und Verpflichtung wohl auch sehr gut arrangieren können. Während wir also für alles, was uns weiter als bis zum Knie reicht, einen Aufnahmestopp verhängt haben, verhält es sich mit sämtlichen Kleintieren doch ein wenig anders.

Zunächst einmal hat sich unsere Hühnerschar bekanntermaßen schon exponentiell vergrößert, und auch unser Kaninchenrudel ist im Sommer 2025 deutlich angewachsen. Beides macht mir nichts aus, denn ob man sich um fünf oder zehn Hühner kümmert und ob man drei oder fünf Kaninchen füttert, macht am Ende des Tages keinen riesigen Unterschied mehr. Sofern die Infrastruktur, also Stall und genügend Auslauf, vorhanden ist, sehe ich die Sache relativ entspannt. Lukas grämt sich zwar immer, wenn es um die Anschaffung neuer Kleintiere geht, aber das liegt wohl weniger an seiner tatsächlichen Abneigung gegenüber den Tieren als an dem scheinbar fest in ihm verankerten Glauben, dass er mir gegenüber stets den *Advocatus Diaboli* mimen muss, da ich sonst (in seinen Augen) jeden Tag mit einem ganzen Hänger voller Kleintiere hier aufschlagen würde (*Spoiler*: Dem ist natürlich nicht so, und *nein*, es liegt auch nicht daran, dass ich keinen Anhängerführerschein habe). Ich würde durchaus meinen, dass ich die nötige Weitsicht besitze, um nicht völlig überstürzt und ohne eingehend darüber nachzudenken, irgendwelche neuen Tiere anschaffe. Das wäre ein Vorgehen, das unterm Strich niemandem guttun würde – weder meinem Konto noch meiner Beziehung und am allerwenigsten dem betreffenden Tier selbst. An meinen regelmäßigen Besuchen auf den Websites der hiesigen Tierheime ändert das allerdings nichts, und auch Theos Ankunft hier im Haus im Wald hat diesem Notfellchen-Voyeurismus kein Ende gesetzt. Es ist auf sonderbare Weise tröstlich, wenn es zeitweise kaum mehr als zwei oder drei Inserate heimatloser Katzen und Kater gibt oder wenn die Anzeigen binnen weniger Tage gleich wieder gelöscht sind, weil sich ein neues Zuhause für die Vierbeiner gefunden hat. Aber das heißt natürlich nicht, dass ich bisweilen nicht doch drohe schwach zu werden. Einmal gab es ein Zweiergespann rot-weißer Kater, die im Grunde genommen wie eine deutlich jüngere Version von Heinrich aussahen. Sie waren auf der Suche nach einem neuen Zuhause mit viel Freigang möglichst fernab jeglicher Straßen, das sie zu zweit beziehen könnten. Ich habe manchmal den Eindruck, dass es ohnehin schon schwer ist, erwachsene Katzen zu vermitteln, da die meisten Menschen lieber die süßen kleinen Kitten wählen, aber wenn diese Katzen dann auch noch nur im Zweiergespann zu haben sind, wird es mit der Suche nach einem neuen Heim gleich doppelt schwer. So habe ich also Lukas mit großen Augen davon überzeugen können, einfach mal ganz unverbindlich im Tierheim vorbeizuschauen. »Nur mal gucken«, lautete der Plan. Vor Ort klebten die beiden Kater, die von der Mitarbeiterin des Tierheims eher als scheu und zurückhaltend beschrieben wurden, an meinem Freund. Ich stand im Grunde genommen nur wie eine unbeteiligte Vierte daneben und konnte mich glücklich schätzen, dass ich den beiden im Vorbeigehen einmal kurz über das Fell streicheln konnte, denn ansonsten lag ihre ungeteilte Aufmerksamkeit auf Lukas. Nichtsdestotrotz zogen wir unverrichteter Dinge wieder von dannen und räumten uns ein paar Tage Bedenkzeit ein, doch bereits am nächsten Morgen klingelte mein Handy. Es war die Koordinatorin der Tiervergabe aus dem Tierheim. Es gäbe nun noch ein anderes junges Paar, das die beiden Kater vom Fleck weg nehmen würde, aber sie wollte vorher noch mal mit uns sprechen, schließlich hatten wir uns zuerst gemeldet. In diesem Fall verzichtete ich gern auf das Wer-zuerst-kommt-mahlt-zuerst-Privileg, denn immerhin hatten die Heinrich-Juniors nun einen guten Platz gefunden und waren versorgt. Wenn sich sonst niemand mehr gemeldet hätte, hätten wir wohl damals aus unseren drei Katern plötzlich fünf gemacht – da bin ich mir fast sicher.

Trotzdem sollte es mehr als ein halbes Jahr dauern, bis wir dem Tierheim einen erneuten Nur-mal-gucken-Besuch abstatteten – einen Besuch, mit dessen Ausgang ich nicht ansatzweise gerechnet hätte. Alles begann (mal wieder) mit einem entsprechenden Inserat auf der Website des Tierheims, denn dort fand sich ganz oben auf der Vergabeliste ein kleiner grau-weißer Kater. Beim Lesen des kurzen Textes unter seinem Foto lief es mir eiskalt den Rücken hinab. Der Kater war im Alter von wenigen Tagen mit seiner Mutter und einem Geschwistertier in einem Müllcontainer gefunden worden. Während man seine Mutter sowie das andere Jungtier schnell weitervermitteln konnte, blieb dieser kleine Kater im Tierheim zurück. Den ganzen Tag über verirrten sich meine Gedanken immer und immer wieder zu dem Mülltonnenkater, und bereits am nächsten Morgen nahm ich den Hörer in die Hand und rief im Tierheim an. Ja, der Kleine sei noch da. Nein, es gab noch keine Interessent:innen. Ja, er sei mit anderen Katzen gut verträglich, und ja, ich könne am morgigen Freitag gern mal zum Kennenlernen vorbeischauen. Lukas' Reaktion fiel erwartungsgemäß nicht sonderlich enthusiastisch aus, als ich ihn über unseren kleinen Tierheimtermin in Kenntnis setzte. Er zog nur vielsagend die linke Augenbraue in die Höhe, als ich kurz vor der Abfahrt noch eine Transportbox in den Kofferraum stellte.

»Nur mal gucken, hm?«, fragte er mich mit einem bedeutungsschwangeren Seufzen.

»Ja, nur mal gucken. Aber für alle Eventualitäten gewappnet sein – also alles wie immer«, entgegnete ich bloß schulterzuckend.

Im Tierheim angekommen kamen wir nicht weit, denn man bat uns, im Empfangsbereich zu warten. Der kleine Kater, den wir gleich kennenlernen würden, befand sich nicht in den Gehegen, die wir von unseren bisherigen Besuchen kannten, und dementsprechend würde unser Kennenlernen ganz unprätentiös auf zwei Sesseln vor dem Empfangstresen des Tierheims stattfinden.

»Wir sind völlig überfüllt zurzeit – da war für ihn einfach kein Platz bei den anderen«, erklärte mir die Mitarbeiterin bedrückt, als sie mit einer grauen Transportbox durch die Tür kam. »Aktuell lebt er in einer Einzelbox auf der Krankenstation. Aber keine Sorge, er hatte zwar einige gesundheitliche Probleme, unter anderem auch eine Pilzinfektion, aber jetzt ist er wieder fit«, fügte sie hinzu, nachdem sie die Transportbox auf dem Tisch abgestellt hatte. Sie griff hinein und setzte mir, ohne zu zögern, den kleinsten Kater auf den Schoß, den ich je gesehen hatte. Ich konnte kaum fassen, dass er schon drei Monate alt sein sollte, denn bei seinem Gewicht hätte ich im besten Fall auf acht Wochen getippt – wenn überhaupt.

»Um Himmels willen, Lukas, er ist *winzig*«, hauchte ich.

Doch »winzig« hin oder her: Der kleine Kater schnellte von meinem Schoß, sprang in die Box zurück und begann sofort, mit Lukas' Fingern Fangen zu spielen.

»Wie lange ist er schon allein?«, fragte ich, an die Mitarbeiterin des Tierheims gewandt.

»Etwas mehr als drei Wochen«, antwortete sie mit einem Blick auf ihre Unterlagen. »Ich bin für einen kurzen Moment nebenan, aber lernt euch ruhig erst mal kennen«, sagte sie anschließend und verschwand durch die weiße Tür neben dem Tresen.

Mein Blick wanderte wieder zurück zu dem Kater. Sein Fell wirkte zerzaust und struppig – und generell war es sehr viel länger, als es auf seinen Bildern gewirkt hatte. Die Innenseiten seiner Vorderbeine waren rötlich verfärbt, und ich konnte beim besten Willen nicht sagen, ob das eine Laune der Natur oder eine Sache mangelnder Hygiene war. Unterhalb seiner Nase hatte er eine stecknadelkopfgroße Kruste, und er kniff sein linkes Auge ständig zusammen. Lukas setzte den Kater nach einigen Runden Fang-den-Finger zurück auf meinen Schoß und grinste mich vielsagend an. Doch ich konnte dieses Lächeln nicht erwidern. Irgendwas stimmt nicht, irgendwie fühlte es sich nicht richtig an. Bei Theo wusste ich es sofort. Ich sah ihn damals und wusste genau, dass die Chemie stimmt und wir ihn auf jeden Fall mit nach Hause nehmen würden. Doch bei dem grauen Kater hier? Eine leise Stimme in meinem Kopf flüsterte mir unentwegt *das passt nicht, ihr passt nicht,* er *passt nicht,* ins Ohr, und ich rutschte unruhig auf meinem Stuhl umher. Schließlich öffnete sich die Tür neben der Theke, und die Mitarbeiterin des Tierheims kam mit selbstbewussten Schritten auf uns zu. »Und? Hat er ein neues Zuhause?«, fragte sie, an Lukas gewandt. Doch der zuckte nur die Schultern.

»Das müssen Sie sie fragen«, antwortete er mit einem Kopfnicken in meine Richtung, schnappte sich den Kater und setzte ihn sich wieder auf den Schoß.

Die Mitarbeiterin konnte sich ein kurzes Auflachen nicht verkneifen. »Na, wenn das so ist …«, kicherte sie und nahm wieder hinter dem Tresen Platz.

»Ist das dein Ernst?!«, zischte ich Lukas leise entgegen.

»Wieso? Nehmen wir ihn nicht mit?«, antwortete er mit der Miene eines Unschuldslamms.

»Willst du ihn denn wirklich? Also bist du dir sicher?«, flüsterte ich und konnte meine eigene Unsicherheit dabei nicht verbergen.

»Das entscheidest du«, sagte er schließlich und blickte mich, synchron mit dem kleinen Kater, mit großen Augen an. Ich seufzte.

»Also hole ich die Transportbox …?«, fragte ich nach einem letzten Zögern.

»Mach du mal«, erwiderte Lukas und widmete sich wieder dem Kater.

Auf dem kurzen Weg zum Auto versuchte ich angestrengt, meine Nervosität und Unsicherheit irgendwie in den Griff zu bekommen. Immerhin war sich Lukas sicher – und das war die halbe Miete. Würde er das nicht wirklich wollen, würde er das sagen. Oder …? Aber ich wollte eigentlich einen anderen Kater, irgendwie so was wie Theo, und ehrlicherweise hatte ich mir diesen Findling hier auch anders vorgestellt. Das Bild, das ich nach dem Lesen seines Inserats im Kopf hatte, ließ sich mit dem Wesen, das nun auf Lukas' Schoß saß, nicht in Einklang bringen – doch ich hatte keinen blassen Schimmer, woran das lag. Zögernd trug ich die Transportbox ins Tierheim, zögernd unterzeichnete ich die Adoptionspapiere, und zögernd zahlte ich die Schutzgebühr für den Kater, der uns nun nach Hause begleiten sollte. Ich hörte noch, wie die Mitarbeiterin davon sprach, dass wir die Adoption binnen drei Tagen nötigenfalls rückgängig machen könnten, und dann waren wir auch schon durch die Tür.

Die Fahrt nach Hause war ein Debakel, denn der Kater drehte in der Transportbox völlig durch. Er schrie wie am Spieß, und nachdem wir gerade einmal drei Querstraßen vom Tierheim entfernt waren, wies mich Lukas an, ihn da rauszuholen und mir auf den Schoß zu setzen.

»Hat ja eben im Tierheim auch gut geklappt«, sagte er lediglich.

Ich schnaubte nur, aber tat dennoch, wie er vorgeschlagen hatte. Für ein paar Minuten gab der Kater nun Ruhe, doch dann schien ihm auch mein Schoß nicht mehr zu genügen. Möglicherweise spürte er meine Unsicherheit, oder er war einfach nur genauso aufgeregt wie ich selbst. Rückblickend lässt sich das wohl nicht mehr so genau sagen, aber nachdem er mir schließlich zweimal in die Brüste gebissen hatte, hatte ich die Nase voll.

»Es reicht, fahr rechts ran«, raunzte ich Lukas an, »ich fahre, und du nimmst diesen Kobold hier selbst auf den Schoß.«

Lukas lenkte ein, wir tauschten die Plätze, und was soll ich sagen? Die restliche Fahrt über saß der Kater lammfromm auf Lukas' Schoß.

Im Endeffekt war es also Lukas, der den entscheidenden Anstoß gab, den Kater, den wir später Kurt Ferdinand nennen würden, mit nach Hause zu nehmen. Oder anders ausgedrückt: Er war derjenige, der den Ball vor Ort ganz geschickt wieder mir zugespielt hat. Vermutlich wusste er ganz genau, dass ich es nicht übers Herz gebracht hätte, Kurt wieder in seine Isolation auf der Krankenstation zurückzuschicken. Unterm Strich also ein geschickter Schachzug. *Touché*, Herr Schrall.

Dennoch blieb unser Start kein leichter. Als wir nach dem kleinen Höllenritt mit dem bissigen Kater im Haus im Wald angekommen waren, versteckte er sich im Katzenklo und ward nicht mehr gesehen. Die anderen drei Kater waren zunächst in jeder Hinsicht zögerlich. Theo fauchte nur und wollte nichts von Kurt wissen, Heinrich ließ sich gar nicht erst blicken – und Findus blickte uns nur mit einem Ausdruck an, der irgendwie an ein resigniertes *Also-bleibt-es-mal-wieder-an-mir-Hängen* erinnerte.

Tatsächlich dauerte es aber nicht lange, bis Findus, Kurt und sogar Theo wie flauschige Kanonenkugeln durch die Küche und das Esszimmer flitzten und miteinander spielten, als hätten sie nie etwas anderes getan. Während die Kater (mit Ausnahme von Heinrich) also recht schnell einen gemeinsamen Nenner gefunden hatten, tat ich mir umso schwerer. Kurt ließ sich nicht anfassen, und selbst wenn ich mit einem Leckerli oder frischem Futter auf ihn zukam, fauchte er mich bloß völlig verschreckt an. Er reagierte zudem auf jedes noch so kleine Geräusch und versteckte sich unter der Treppe, im Katzenklo oder im Schuhregal, und nicht selten mussten wir das ganze Haus auf den Kopf stellen, weil der Kater wie vom Erdboden verschluckt zu sein schien. Einmal, als ich wirklich dachte, er sei irgendwie aus dem Haus entwischt und mittlerweile schon über alle Berge, fand ich ihn in dem winzigen Krippenstall meines Opas, der unter der Treppe deponiert ist. Wer schon einmal so eine handelsübliche Krippe gesehen hat, kann sich ungefähr vorstellen, wie das ausgesehen haben muss: Aus allen Ecken ragte graues Fell hervor, und es brauchte schließlich sehr viel Vorsicht, Überredungskunst und Fingerspitzengefühl, um den kleinen Kurt da wieder rauszubekommen.

So verging erst ein Tag, dann ein weiterer, und ehe ich michs versah, waren wir bei Tag drei angelangt. Sonntag. Ebenjenem Tag, an dem wir – oder besser gesagt ich – eine Entscheidung darüber treffen mussten, ob er nun bei uns bleiben würde oder eben nicht. Ich setzte mich selbst unter Druck, denn es fühlte sich nicht richtig und nicht normal an, dass es mir nicht gelang, eine Bindung zu diesem kleinen Wesen aufzubauen. Ich wollte ihn so gern genauso lieben, wie ich es von Anfang an bei Theo oder Findus getan hatte, aber es ist wohl nichts Neues, dass sich Gefühle nicht erzwingen lassen. So banal es rückblickend wohl auch klingen mag: Mein größtes Problem war wohl der Umstand, dass ich ihn einfach nicht *riechen* konnte. Kurt roch nach Tierheim. Nach einer Mischung aus fremder Umgebung, Katzenklo, anderen Tieren und weiß der Himmel was noch. Wenn Theo bei mir saß, vergrub ich, ohne zu zögern, meine Nase in seinem Fell und knutschte ihn dabei noch ab. Wenn sich Kurt dann doch mal anfassen ließ, wollte ich mir danach hingegen erst mal schnell die Hände waschen. Es war einfach nur seltsam und vor allen Dingen auch alles andere als rational. Vermutlich ist es auch bezeichnend, dass ich über das Wochenende kaum jemandem davon erzählt habe, dass wir einen Neuzugang bei uns aufgenommen hatten, denn ich war mir meiner Sache ja selbst noch gar nicht sicher. Beim Abendessen beobachtete ich noch, wie Theo und Kurt einander hingebungsvoll das Fell ableckten und danach eng aneinandergekuschelt in einem der Esszimmerstühle einschliefen. Später saß ich mit Hannah, die im Jahr zuvor für einige Wochen als Helferin auf den Hof gekommen war und uns nun wieder einmal einen Besuch abstattete, auf dem Sofa, als plötzlich Kurt zu uns tapste. Für einen kurzen Moment saß er auf dem Boden und schaute nur fragend zu uns hoch, doch dann sprang er auch schon leichtfüßig auf die Couch und schnupperte ausgiebig an jedem einzelnen Kissen. Da wir recht viele Kissen auf dem Sofa liegen haben, war er damit erst mal eine ganze Weile beschäftigt, doch im Anschluss daran kletterte er erst über Hannah und kroch dann zu mir, rollte sich auf meiner Brust ein und begann, laut zu schnurren. All das tat er, als wäre es das Normalste und Selbstverständlichste der Welt. Und irgendwie roch er mittlerweile … wie die anderen drei Kater auch. Scheinbar hatte die Fellpflege von Theo genau das bewirkt, was sie sollte: Kurt bestmöglich in unsere kleine WG zu integrieren. Ich kann mich noch sehr gut daran erinnern, wie ich es in diesem Moment kaum noch wagte, mich auch nur einen Zentimeter zu bewegen, und Hannah und ich uns einfach nur ungläubig anschauten. Ab diesem Moment änderten sich die Dinge grundlegend. Kurt begann zunächst damit, dieses abendliche Kuscheln zu einer gewissen Routine zu machen, die kurz darauf noch deutlich erweitert wurde. Alsbald begann er, allabendlich auf dem Waschbeckenvorleger zu warten, bis ich meine Badezimmerroutine beendet hatte (und davon ließ er sich auch nicht abbringen, wenn diese noch eine längere Dusche beinhaltete), und neben meinem Bett zu sitzen, bis ich unter die Decke schlüpfte und er dazukommen konnte. Ich kenne die Anhänglichkeit junger Kater zur Genüge, aber Kurt setzte dem Ganzen wirklich noch die Krone auf. Er mutierte in der darauffolgenden Woche zu meinem persönlichen Schatten, und wenn ich ihn als anhänglich bezeichnen würde, so wäre das wohl wirklich die Untertreibung des Jahrhunderts. Das hat sich bis heute, drei Monate später, kein bisschen verändert.

Was sich allerdings sehr wohl verändert hat, ist Kurts Erscheinungsbild. Innerhalb einer Woche verheilte die Kruste unterhalb seiner Nase, das Auge schwoll ab, und selbst das verfärbte Fell an seinen Beinen wurde wieder weiß. Ich wollte es zunächst gar nicht glauben, als mir eine Followerin schrieb, dass es bei Hunden und Katzen, die sich stressbedingt übermäßig stark das Fell lecken, durchaus passieren kann, dass weißes Fell einen rötlichen Farbton annimmt, dieser Prozess aber keineswegs irreversibel ist. Nach einem Monat Wald-WG waren Kurts Beine wieder weiß, und er hatte sein Gewicht beinahe verdoppelt. Die anfängliche Scheu vor allen möglichen Geräuschen legte er nach und nach ab, und selbst das anfangs noch sehr unterkühlte Verhältnis zu Herrn Heinrich wurde mit der Zeit immer besser.

Mittlerweile liebe ich Kurt abgöttisch – und wenn ich an unsere Anfangszeit damals zurückdenke, muss ich fast schon schmunzeln. Liebe geschieht eben doch nicht immer auf den ersten Blick, und vielleicht ist genau das der Punkt, den ich mir so dringend in Erinnerung hätte rufen müssen, als ich ständig an die dreitägige Rückgabefrist denken musste, um mich irgendwie zu beruhigen. Ich war vermutlich (wie so oft) einfach nur viel zu ungeduldig mit mir selbst und brauchte deshalb diese Option im Hinterkopf, wenngleich ich vermutlich niemals davon hätte Gebrauch machen können. Das Schicksal von einem Tier zu kennen und es dann wie einen Gebrauchsgegenstand zurückzugeben, in dem Wissen, dass es dann wieder allein auf der

Krankenstation sitzt, weil das Tierheim aus allen Nähten platzt, nein, das hätte ich mit Sicherheit nicht übers Herz gebracht.

Kurt lehrte mich nicht bloß, ein bisschen mehr Geduld mit mir selbst zu haben, ich erkannte auch den tieferen Beweggrund, der hinter meinen immer wieder stattfindenden Besuchen auf den Tierheimseiten steckt. Manchmal habe ich das Gefühl, dass diese Welt lichterloh brennt und wir Menschen wenig dazu beitragen, dass diese Brände gelöscht werden. Vielmehr wird oftmals noch Öl ins Feuer gekippt, und wenn ich mir dann noch die Nachrichten anschaue, fühle ich vor allen Dingen eines: Machtlosigkeit. Da ist dieses Gefühl von *Man-kann-nichts-daran-ändern* und *Ich-kann-die-Welt-nicht-allein-retten*, und ehrlich gesagt fühlt sich das ziemlich mies an. Ich kann keine Kriege abwenden, keine Hungersnöte beenden, keine Faschisten aus den Regierungsämtern holen, den Klimawandel im Alleingang verhindern oder sämtliche Nutztiere vor ihrem menschengemachten Schicksal bewahren.

Aber im Kleinen, mit den winzigen Hebeln, die ich tagtäglich bewegen kann, habe ich doch so einiges in der Hand. Manchmal sogar mehr, als ich glaube. Es ist meine Form von Mikroaktivismus, wenn unsere Kühe nicht zum Schlachter gehen, wenn ich mehr Blumen für die Bienen und Schmetterlinge als für mich selbst anbaue – oder eben einem kleinen Kater, einem Wesen, dessen Leben im Müllcontainer begann, ein warmes Zuhause schenke. Und ihn vor allen Dingen mit so viel Liebe überschütte, wie ich ihm nur geben kann.

Ja, die kleinen Dinge werden am Ende des Tages sicherlich nicht die großen Probleme dieser Welt lösen, aber sie zeigen mir, dass ein paar Sachen ganz allein in meiner Macht liegen – und dass ich in so mancher Hinsicht eben doch etwas ändern kann.

Und ganz ehrlich?

Das fühlt sich verdammt gut an.

Nachtrag

12. November 2025

Manche Geschichten sind wohl zu schön, um wahr zu sein. Heute weiß ich, dass Kurt Ferdinand zu den Kapiteln in meinem Leben gehört, die kein Happy End haben, sondern ein bittersüßes Nachwort brauchen. Es war Ende Oktober, und die Wälder verfärbten sich bereits rot-gelb, als eine Reihe unglücklicher Umstände zusammenkam, die ihn das Leben und mich das Liebste kosteten, das mir in diesem Jahr passiert ist. An jenem Dienstag arbeitete ich vormittags am Schreibtisch, während Lukas sich um einige Erledigungen kümmerte. Kurt war mittlerweile ein halbes Jahr alt und somit in einem Alter, in dem die Energie oftmals mit ihm durchging. Lukas setzte ihn daher zu den anderen Katern nach draußen, damit er sich dort ein wenig austoben konnte und am Abend nicht wie von der Tarantel gestochen durch das Haus flitzen und dabei Heinrich piesacken würde.

Zur Mittagszeit trafen wir uns draußen auf der Bank vor dem Haus, um unsere Lasagne zu essen, und schon da erschien es uns seltsam, dass Kurt nicht sofort in unserer Nähe auftauchte. Doch wir dachten uns nicht allzu viel dabei und plauderten weiter, während uns die Sonne die Nasenspitze kitzelte. Erst nachdem wir das Geschirr zurück ins Haus trugen, wurde ich innerlich unruhig.

»Komm, wir suchen den Kleinen kurz«, sagte ich zu Lukas, und wir schlüpften wieder in die Schuhe.

Ich lief durch die Scheune und schaute beim Schweinestall nach ihm, während Lukas hinter dem Haus entlangging. Erst als ich wieder an der Haustür angelangt war, hörte ich Lukas rufen. Und in diesem Augenblick begann mein persönlicher Albtraum, aus dem ich bis heute nicht wieder erwacht bin.

Über dem ehemaligen Hühnerauslauf, der mittlerweile zu einem Kaninchenauslauf umfunktioniert wurde, ist noch immer das Greifvogelschutznetz gespannt, das wir damals schon für die Hennen besorgt hatten. Es ist weit genug nach oben gespannt, damit Hühner und auch Katzen gefahrlos unten drunter durchschlüpfen können, doch am Ende des Auslaufs hatten wir ein Stück überhängendes Netz einfach nur nach oben hin umgeschlagen, damit es nicht im Weg war. Am 28. Oktober 2025 war an diesem Punkt alles schiefgegangen, was nur schiefgehen konnte (und was ich mir selbst in meinen kühnsten Fantasien nicht hätte ausmalen können). Kurt hatte an jenem Vormittag die Kaninchen besucht (was er wirklich gern tat, denn diese Hoppler übten auf ihn einen ganz besonderen Reiz aus), und als er wieder aus dem Auslauf rausspringen wollte, war das Netz heruntergerutscht. Normalerweise passen die Katzen problemlos durch die Maschen – sofern das Netz gespannt ist. An der Stelle, an der Kurt nach draußen wollte, war er mit dem Kopf jedoch gleich durch mehrere Maschen geschlüpft und sowohl an den Schnüren als auch an dem Tracker, den er mittlerweile trug, hängen geblieben. Und genau so fand Lukas ihn.

Kurt war jämmerlich erstickt, und obwohl wir ihn sofort aus dem Netz befreiten und alles Mögliche taten, um ihn zurückzuholen, kam für den kleinen Kater jede Hilfe zu spät. Ich kann mich an die Stunden danach nur rudimentär erinnern. Lukas legte den leblosen Kater auf der Bank ab, und als er resigniert den Kopf schüttelte, brach mein Herz entzwei. Ich weinte, vergrub meine Hände und mein Gesicht in Kurts Fell und konnte es einfach nicht fassen. Am Morgen war doch noch alles wie immer gewesen, und ich hatte noch lauthals gelacht, als Lukas und Kurt im Flur Fangen spielten. Und jetzt war er tot.

Die Tage und Wochen, die daraufhin folgten, waren sehr dunkel und kalt. Ich hatte noch nie ein Wesen, das mir derart nah war, so plötzlich verloren, und ich kann mir nicht helfen, aber bis heute glaube ich auch fest daran, dass es diese Unvermitteltheit war, die nicht nur Kurt aus dem Leben, sondern auch mich von den Füßen riss. Die Schuldgefühle wogen schwer, und sie sind vermutlich auch der Grund, weswegen ich mit diesem Verlust bis heute nicht richtig abschließen kann. *Wenn ich früher nach ihm gesehen hätte. Wenn ich das Netz besser gesichert hätte. Wenn ich den Tracker nicht bestellt hätte. Wenn ich ihn doch einfach bei mir im Haus behalten hätte – dort, wo er immer am liebsten war: in meiner Nähe.* Die Liste der Wenns, die für mich weniger Eventualitäten als persönliches Versagen darstellen, ist lang. Nichts davon bringt ihn mir zurück, aber vergeben kann ich mir selbst trotzdem nicht.

Lukas und ich begruben Kurt noch am gleichen Tag unter der Buche, unter der wir auch Daphne zur Ruhe getragen hatten. Wir hatten ihn in einem Pappkarton auf Heu und Lavendel gebettet, und bis wir ihn vergruben, saß Theo bei ihm. Als ich sah, wie er da in den Karton blickte, brach mein Herz gleich noch mal, und als Lukas eine Dose Juniorkatzenfutter aus der Jackentasche holte, Kurt einen Löffel davon ins Grab legte und »Komm gut rüber, Kleiner« murmelte, brachen endgültig alle Dämme. Ich kann mich nicht erinnern, dass ich jemals so viel und so lange geweint habe wie an jenem Dienstag im Oktober.

Drei Monate. Ziemlich genau drei Monate war er da, war er mein Ein und Alles, mein Schatten, meine kleine Klette, mein *Kurti*. Nun war er fort, und irgendwie ließ mich das Gefühl nicht los, dass mein Herz auch weg war. Als würde es irgendwo herumschwirren – orientierungslos und verloren, weil das kleine Wesen, an dem es so hing, nicht mehr unter uns weilte. An jenem Dienstag brach für mich eine Welt zusammen. Kurt hatte eine Lücke gefüllt, von der ich nicht einmal wusste, dass sie da war. Doch nun bin ich mir ihrer Existenz so schmerzlich bewusst, dass ich bisweilen kaum atmen kann. Es waren nur drei Monate, dabei hätten es Jahre sein sollen. Er hat mir gezeigt, dass sich die Liebe, die man für eine andere Seele empfindet, nicht an der Dauer der Beziehung misst. Und es ist auch herzlich egal, ob man um ein Tier oder einen Menschen trauert – der Schmerz unterscheidet sich nicht wesentlich.

Bis heute zünden wir jeden Abend eine Kerze an. Und wir gehen erst ins Bett, wenn wir sie ausgepustet haben – und Lukas die magischen drei Wörter sagt:

»Gute Nacht, Kurti.«

Das zweite Jahr

Es geht vorwärts!

September 2025

Es ist manchmal kaum zu glauben, wie schnell die Zeit verfliegt. Gefühlt sind wir gestern erst eingezogen – und nun feiern wir schon unser zweijähriges Jubiläum. Zwei Jahre Haus im Wald, zwei Jahre Wald-WG, zwei Jahre voller Höhen und Tiefen. Manche Dinge haben sich im Vergleich zu 2024 nur wenig verändert, dafür andere umso mehr. So kann ich beispielsweise mit absoluter Sicherheit sagen, dass unsere Tiere während unseres zweiten Winters hier in der Steiermark von Anfang an ein deutlich komfortableres Leben hatten als im Jahr zuvor. Futterstellen, Wasserversorgung, Rückzugsorte – alles war da, und alles funktionierte so, wie es sollte. Wir haben für unsere Großtiere zudem bisher nur ein einziges Mal den Tierarzt rufen müssen (wenn man jetzt mal von den Routineimpfungen der Kühe durch die Amtstierärztin absieht), und das scheint mir für eine solche Menge Fell, Federn und Wolle doch durchaus ein sehr guter Status quo zu sein. Bei besagtem Tierarztbesuch ging es damals um unser Schwaf Gustav. Gustav ist wohl eines meiner heimlichen Lieblingsschwafe (doch das darf man den anderen nicht erzählen), denn er ist irgendwie das, was man eine treue Seele nennt. Er ist trotz seiner beachtlichen Größe wahnsinnig sanft und vorsichtig – und ebenso verschmust. Im Spätherbst hatte sich Gustav jedoch irgendwie den Fuß verknackst. Anfangs lag er einfach nur am anderen Ende des Auslaufs herum, und ich dachte, dass er vielleicht einfach mal ein bisschen seine Ruhe haben möchte, doch als er auch zur Fütterungszeit nicht hochkam, gingen bei mir die Alarmglocken an. Ich hatte zunächst so meine liebe Not, den werten Herrn überhaupt davon zu überzeugen aufzustehen, und im Anschluss daran brauchte es noch mein kontinuierliches Geleit und viel gutes Zureden, damit Gustav mit in Richtung Stall humpelte. Wir beobachteten seinen Fuß noch einen Tag lang, doch als er schließlich leicht anschwoll und Gustav auch sämtliches Futter (und sei es noch so schmackhaft) ablehnte, griff Lukas zum Hörer. Der Spuk war anschließend recht schnell vorüber: Der Tierarzt behandelte das plötzlich doch sehr resolute Schwein, ließ uns noch ein paar Globuli für die nächsten Tage da und verschwand wieder. Bereits am nächsten Morgen lief Gustav wieder wie gewohnt durch den Auslauf, und ich war wirklich froh, dass wir aus dieser Nummer so leicht wieder rausgekommen waren.

Während unseres zweiten Jahres begann das Haus nun endlich auch, so richtig bewohnt auszusehen. Anfangs hat man durchaus noch erkannt, dass die Räume frisch bezogen waren, dass hier und da noch ein paar Erinnerungsstücke an den Wänden oder grundsätzliche Sachen wie Deckenleuchten gefehlt haben (ein Hoch an dieser Stelle auf die simple Glühbirne, die viel zu lange an der Esszimmerdecke baumelte), doch das ist nun endlich Geschichte. Ich habe es sogar geschafft, den Wintergarten (in meinen Augen das Herzstück des Hauses) mehrere Male umzuräumen und diverse Möbel hinein- und wieder herauszutragen, denn ich hatte ständig neue Ideen, wie ich alles um meine 53 Zimmerpflanzen herum anordnen könnte. Allerdings hält sich die Frühjahrseinrichtung nun schon seit ganzen sieben Monaten wacker, denn seit ein großer alter Holzschreibtisch eingezogen und der Raum zu meinem Übergangsbüro mutiert ist, sah ich von weiteren Einsätzen in den vier Wintergartenwänden ab. In der Tat braucht es dieses Übergangsbüro vermutlich auch noch eine ganze Weile, denn der Umbau des Ateliers zu meinem Arbeitsplatz nimmt doch deutlich mehr Zeit in Anspruch, als wir anfangs angenommen hatten. Im Grunde ist es jedoch weniger das Atelier selbst, das so viel arbeitsintensiver ist, als bisher angenommen, es sind vielmehr die zahlreichen kleinen Baustellen, die Lukas in seinem Tun einfach völlig ausbremsen. Mal muss hier irgendwas angeschraubt werden, dann sollte dort neues Brennholz geschnitten werden, und an manchen Tagen fehlte auch einfach die Motivation. Wir begannen im Februar 2025 mit den ersten Handgriffen und sind Stand jetzt, im September 2025, noch nicht einmal mit dem Trockenbau durch. Gut Ding will Weile haben – und da bildet wohl auch mein Kellerstöcklatelier keine Ausnahme.

Im Gegensatz zum Atelier ging es an anderer Stelle im zweiten Jahr immens schnell vorwärts: Das Gewächshaus wurde zu meinem persönlichen Frühjahrsprojekt, und ich hatte zum ersten Mal das Gefühl, mir mit allen anfallenden Arbeiten sehr viel Zeit lassen und dabei trotzdem noch alles früh genug einpflanzen zu können. Ich warf das Palettensofa endgültig hinaus und nutzte den gewonnenen Raum für zwei große Arbeits- beziehungsweise Pflanztische; noch dazu baute ich Holzeinfassungen für alle Beete, und als Ende März alles für die Gemüsepflanzen bereit war und Anfang April schließlich die ersten Tomaten einzogen, konnte ich mein Glück kaum fassen. Wo Anfang Juni 2024 noch gähnende Leere herrschte, standen zum gleichen Zeitpunkt ein Jahr später schon meterhohe Tomatenpflanzen. Ende Juni konnte die Tomatenernte 2025 beginnen.

Im Frühjahr hatten wir außerdem noch ganz unverhofft einen Meilenstein erreicht, den im Grunde genommen niemand von uns mehr so richtig auf dem Schirm hatte. Seit November

2023 arbeiteten wir mit der kleinen Futterraufe, die Lukas und sein Freund Micha in Handarbeit gebaut hatten, und befüllten diese zu den Fütterungszeiten morgens und abends (nach Bedarf auch mal mittags) mit kleinen Quaderheuballen. Tatsächlich hatten wir schon seit Anfang 2024 die Bauteile für eine große Futterraufe vor Ort, doch es mangelte uns noch an einem passenden Standort, und offen gestanden hatte dieses Projekt schlichtweg keine so hohe Priorität wie diverse andere Dinge. Vermutlich auch, weil wir seine (positive) Tragweite völlig unterschätzt hatten.

Im März bauten wir gemeinsam mit Lena, die mittlerweile nicht mehr nur unsere ehemalige Praktikantin, sondern eher so was wie (Teilzeit-)Mitbewohnerin, beste Freundin und Kollegin geworden war, die Futterraufe auf und platzierten sie hinter dem Stallgebäude. Dort hatte Lukas einige Wochen zuvor mit dem Bagger gearbeitet (denn endlich hat er wieder ein passendes Projekt gefunden, wo er den lieben langen Tag herumbaggern konnte) und die Flächen entsprechend vorbereitet. Ja, und dann stand die Futterraufe, und Lukas fuhr mit dem kleinen Hänger los, um zwei große Heurundballen zu kaufen. Die großen Ballen sind im Verhältnis sehr viel günstiger als die kleinen Quaderballen, und noch dazu würden sie einige Tage lang ausreichen, sodass wir uns einerseits die tägliche Fütterung sparen konnten und die Kühe andererseits fressen konnten, wann sie wollten. Wir wuchteten die jeweils knapp 400 Kilo schweren Ballen also aus dem Hänger und rollten einen davon direkt zur Futterraufe. Mithilfe mehrerer Europaletten, die wir wie eine Treppe vor der Raufe platzierten, konnten wir den Heuballen einigermaßen einfach an Ort und Stelle bringen und das Buffet für die Kühe feierlich eröffnen.

Nach getaner Arbeit saßen Lukas und ich eine Weile einfach nur auf der Weide und beobachteten andächtig, wie die Kühe ihre Köpfe im Heu versenkten. In diesem Moment erkannten wir, wie wertvoll diese Entwicklung für uns war. Eine *große* Futterraufe mit einem *großen* Rundballen – es hatte auf gewisse Art und Weise einen Hauch von Normalität, von *So-soll-es-sein* und *So-ist-es-richtig*. Wir waren einfach nur vollkommen zufrieden. Es macht schon einen immensen Unterschied, ob man täglich fast ein Dutzend der kleinen Ballen herumträgt und sich vor allen Dingen ständig darum kümmern muss, irgendwoher Nachschub zu bekommen, oder ob man mit den Rundballen arbeitet. Unsere Ernte aus dem vorherigen Sommer hielt nicht ewig, und nur wenige Bauern arbeiten mit den kleinen Quaderballen, weshalb der Markt dafür auch recht schnell erschöpft ist. Doch die wichtigste Veränderung, die wir alsbald wahrnahmen, war die innerhalb der Kuhherde. Wenn das Futter nur in begrenztem Maße verfügbar ist, herrscht blanker Futterneid – und beim Fressen hört im Kuhkosmos bekanntermaßen die Freundschaft auf. Unsere Kühe waren also ständig in Bewegung, immer hatten sie Sorge, dass die andere einen besseren oder größeren Heuballen abbekam, und noch dazu konnten weder Lukas noch ich auf die Weide kommen, ohne dass die Damen und der Herr der Meinung waren, jetzt eine neue Ladung Heu zu bekommen. Mit der Futterraufe und dem allzeit verfügbaren Heu kehrte endlich Ruhe ein, und der Futterneid gehörte der Vergangenheit an. Durch die veränderte Fütterungssituation war es für uns auch sehr viel leichter, Gretel und Perin – die beiden Kühe, die wir damals übergangsweise an einen anderen Hof abgegeben hatten, damit sie dort gemolken werden konnten – erneut in die Herde zu integrieren. Kurzzeitig hatte Birke zwar wieder das Nachsehen und durfte erst fressen, wenn es den anderen genehm war, aber auch das entspannte sich mit der Zeit.

Abgesehen von Gretel und Perin wuchs die Zahl der WG-Mitbewohner:innen im Frühjahr 2025 generell schon deutlich an. Zunächst sollten sechs weitere Junghennen unseren Bestand fortan ergänzen: Omelette, Isolde, Gretchen, Emma 1, Emma 2 und Frau Herfurth. Wir hatten schon länger keine Probleme mehr mit den Greifvögeln gehabt, und außerdem tat ja auch noch der Hahn sein Möglichstes, um über seine Damen zu wachen. Allerdings hatten wir die Geflügelgruppendynamik eklatant unterschätzt. Die Althennen waren nach wie vor zusammen unterwegs, doch die Junghennen verstreuten sich in alle Himmelsrichtungen. Man stelle sich nun einmal die Not des Admirals vor, wenn die Einheit nicht spurt, wie sie soll, und er als Geschwaderführer keinen blassen Schimmer hat, wie er sie beisammenhalten soll. Er war in jedem Fall massiv überfordert und mindestens genauso gestresst wie ich, die nun wieder in nervenaufreibender Regelmäßigkeit alle Hennen suchen und zusammenscheuchen musste, wenn das Kreischen der Mäusebussarde zu vernehmen war. Das Netz hinter dem Haus war schon länger nur noch Zierde, da die Hühner in Begleitung vom Hahn überall auf dem Hof herumlaufen durften und sich somit nur noch in den allerseltensten Fällen dort aufhielten. Das galt jedoch nicht für Althenne Raclette, die ihre Eier nach wie vor am liebsten in der Scheune legte und an einem Tag im Mai der Meinung war, eine Abkürzung nehmen zu müssen. Sie machte wohl den Versuch, über das Netz zu laufen oder zu flattern (hier kann ich nur Vermutungen anstellen, da ich gerade in der Stadt unterwegs war), doch aufgrund der Gesetze der Schwerkraft funktionierte das nicht ganz so, wie es sollte. Das Huhn hing wie ein quicklebendiger Sonntagsbraten eingeschnürt in dem Netz, und als ich nach Hause kam und das Fiasko erblickte, rührte sie sich bereits nicht mehr. Für einen kurzen Moment dachte ich aus der Ferne noch, dass dieses Bündel dort der Bussard sei, doch auf den zweiten Blick erkannte ich unsere Henne. Ich versuchte, sie zunächst aus den Schnüren herauszuoperieren, doch ich hatte keine Chance, alles zu entwirren, ohne ihr dabei Federn oder gar einen Flügel abzuknicken. Ich rannte also los und griff nach der erstbesten Gartenschere, um mit unserem sündhaft teuren Vogelschutznetz kurzen Prozess zu machen. Das Huhn zog unversehrt von dannen und hatte – zumindest bis jetzt – seine Lektion gelernt, während in dem Netz an einer Stelle fortan ein riesiges Loch klaffte. Doch nicht alle Lektionen, die ein Hühnerleben so bereithält, verlaufen derart glimpflich.

Es war der 10. Mai 2025, als ich hinter dem Haus das laute Zetern von gleich mehreren Krähen vernahm. Mein erster Blick ging in Richtung der Hühner, doch die standen mit dem Admiral im Schutz des Schmetterlingsflieders auf dem Hofvorplatz und beobachteten jeden meiner Schritte. Als ich hinter das Haus in Richtung Waldweide ging, erkannte ich den Ursprung des Geschreis. Es waren fünfzehn riesige Krähen, die ihre Kreise über der Weide zogen. Sie hielten immer wieder an ein und demselben Baum an, um sich nur kurz niederzulassen, bevor sie laut kreischend die nächste Runde flogen – immer und immer wieder. Zunächst beobachtete ich sie eine Weile, und da ich in diesem Moment noch nicht imstande war, eins und eins zusammenzuzählen, holte ich eine Tüte mit Erdnüssen, um den Krähen einige davon auf die Weide zu legen, doch dabei verkannte ich das eigentliche Problem auf jede nur denkbare Weise. Ich stand erneut vor der Gartenkammer, um die Vögel nicht weiter aufzuregen, als ich plötzlich etwas Schwarzes vom Waldrand aus über die Wiese rennen sah. Für einen kurzen Augenblick war ich richtiggehend beeindruckt, wie flink Krähen zu Fuß waren, doch in der nächsten Sekunde erkannte ich, dass hier eine unserer schwarzen Emma-Junghennen herbeieilte. Sie steuerte den Garten an und flog in hohem Bogen vom Wiesenrand bergab bis auf unsere Terrasse. Das sind immerhin gut und gerne zehn Meter, und wir alle wissen, dass Hennen weniger fliegen als vielmehr flattern; von daher war das eine durchaus bemerkenswerte Leistung. Emma war das letzte Glied einer Kette eigentlich ziemlich offensichtlicher Beweisstücke, wodurch auch mir endlich ein Licht aufging. Irgendetwas stimmte hier nicht. Die Krähen schrien noch immer Zeter und Mordio, und ich wiederum eilte zurück auf den Hofvorplatz – Hühner zählen. Nachdem ich Emma schließlich von der Terrasse gepflückt hatte (sie hatte sich panisch unter der Treppe versteckt), fehlte nach wie vor eine weitere: die gescheckte Junghenne, Irmgard. Ich durchkämmte den gesamten Hof und fand weder das Huhn noch irgendwelche Spuren, die auf einen Greifvogelangriff hindeuteten. Schlussendlich ging ich zurück zur Waldweide. Die Krähen waren mittlerweile verstummt und von dannen gezogen, und nirgendwo war auch nur das kleinste Zeichen einer Henne zu finden. Meine Schritte führten mich nun schnurstracks in die Richtung, aus der Emma kurz zuvor angerannt gekommen war, und tatsächlich. Kurz vor dem Zaun lag eine einzelne Feder. Es war allerdings keine Hühnerfeder, sondern die eines Mäusebussards. Ich richtete mich wieder auf und blickte in Richtung der großen Kiefer, in der bis vor Kurzem noch mehr als ein Dutzend Krähen saß – und dann sah ich es. Am Fuße des Baums lag der verräterische Haufen Federn, den ich bisher bei jedem Bussardangriff vorgefunden hatte, und wenige Meter weiter fand ich meine vermisste Henne. Irmgard lag tot auf dem Wanderweg hinter unserer Weide; dieses Mal war ich zu spät gekommen. Ob die Krähen Alarm geschlagen hatten, weil der Bussard eine der Hennen attackiert hatte, oder ob sie sich wie gewöhnlich einfach nur an seiner Anwesenheit gestört hatten, lässt sich im Nachhinein wohl kaum feststellen. Aber eines weiß ich gewiss: Es ist sehr bemerkenswert, wie deutlich die Natur einem eigentlich mitteilt, was gerade los ist. Ich fürchte bloß, dass wir vor langer Zeit verlernt haben, richtig zuzuhören.

Seit jenem Samstag im Mai gab es keinen Bussardangriff mehr. In meinen Augen ist das jedoch nicht der Zurückhaltung des Greifvogels geschuldet, sondern eher dem deutlich verbesserten Truppenverhalten der Hennen. Sowohl die Alt- als auch die Junghennen bleiben seit jeher im Großen und Ganzen mit dem Hahn zusammen auf einem Fleck, und zumeist suchen sie auch ganz bewusst den Schutz der großen Linde auf dem Vorplatz, den des Schmetterlingsflieders oder auch ganz banal den unseres Esstischs auf der Terrasse. Sie bleiben in unserer Nähe, hören mittlerweile auch auf unsere Fütterungsrufe (wobei sie zugegebenermaßen noch mehr auf klapperndes Besteck gepolt sind als auf unser *putputput*) und in der allergrößten Not sogar auf meine Warnrufimitation des Hahns, wenn niemand die Anwesenheit des Raubvogels bemerkt. Hoffentlich überstehen wir den kommenden Winter ebenso unbeschadet wie diesen Sommer – ganz gleich, wer die Alarmrufe übernehmen wird.

Im ehemaligen Hühnerauslauf hinter dem Haus herrschte also mehrere Monate gähnende Leere, und seither überlegte ich, wie oder besser gesagt womit wir diese füllen könnten. Die Erleuchtung kam im Laufe des Sommers, denn unglücklicherweise war Irmgard nicht das einzige Tier, von dem wir uns in den letzten Monaten gezwungenermaßen verabschieden mussten. Auch Chicorée und Christophorus, zwei unserer drei Kaninchen, weilten nicht mehr unter uns, weswegen wir nun dringend Gesellschaft für Cookie, Hasi Nummer drei, organisieren mussten. Im Nachbarort gibt es einen Gemeinschaftshof, der von mehreren Paaren zusammen bewirtschaftet wird – und mir war zu Ohren gekommen, dass die Kaninchen dort einige Monate zuvor Nachwuchs bekommen hatten. Das war jedoch alles andere als geplant gewesen, weswegen Anna, die junge Frau, die mich kontaktierte, extrem froh darüber war, dass wir ihnen einige der Langohren abnehmen wollten. Nun wurde es dringend Zeit, uns Gedanken darüber zu machen, wie wir die Unterkunft der Kaninchen künftig gestalten wollen, denn es brauchte eben nicht nur einen größeren Auslauf, sondern auch neutralen Boden, auf dem die Vergesellschaftung der Kaninchen stattfinden konnte – und da kam mir der ehemalige Hühnerauslauf in den Sinn. Durch das Netz war er ohnehin schon geschützt, und mit ein paar baulichen Maßnahmen könnte ich einen Zaun samt Tür einbauen, damit unsere künftige Kaninchenbande einen riesigen Auslauf genießen konnte. Wir entschieden uns letztlich für vier neue Kaninchen – ein Männchen und drei Weibchen. Sie kamen Ende August zu uns, und wir tauften sie auf die Namen Rufus, Amélie, Ophelia und Isolde. Es dauerte nicht lange, bis die anfängliche Unsicherheit verflogen war und alle Kaninchen (inklusive der eigentlich so scheuen Kaninchendame Cookie) bettelnd vor meinem Küchenfenster standen und sich Karottenschalen, Kräuterstängel oder was sonst noch so beim Kochen übrig blieb abholten. Ein durchaus kitschiger Anblick, diese fünf Paar Ohren, die da über die Fensterbank in die Küche hineinragten, und ehrlich gesagt einer, den ich nie wieder missen möchte.

Das Kaninchenprojekt ist das beste Beispiel dafür, dass sich hier auf dem Hof manchmal recht umfangreiche Baustellen auftun, die man in der Form gar nicht auf der Agenda hatte. Während wir uns um den Auslauf und den Stall kümmerten, blieben an anderer Stelle natürlich alle Arbeiten liegen, und das war unterm Strich auch der Grund dafür, weswegen sich manche Projekte in die Länge zogen. Ich selbst steckte wirklich sehr viel Zeit und Energie in den Aufbau des Kaninchenauslaufs und opferte zudem noch meinen rechten Zeigefinger, der sich auf wahnwitzige Weise irgendwann plötzlich unter dem Vorschlaghammer befand. Das Fazit war ein gebrochenes Mittelfingergelenk, was mich damals eine ganze Zeit lang außer Gefecht setzte, doch glücklicherweise hatten wir in jenen Tagen tatkräftige Unterstützung auf dem Hof: unsere Sommerpraktikantin Vicky.

Vicky kam Ende Juni zu uns auf den Hof, um uns bis Ende August bei allen anfallenden Arbeiten unter die Arme zu greifen. Sie schien binnen kürzester Zeit voll in ihrem Element zu sein und wurde schnell zu einem geschätzten Teil unserer kleinen Wald-WG. Ihre Feuertaufe erhielt sie gleich in der zweiten Woche ihres Aufenthalts, denn da mussten wir nach langer Zeit mal wieder zu einem Kuheinsatz ausrücken, weil vier unserer sieben Rinder auf der Alm wie vom Erdboden verschluckt waren. Zunächst fuhren wir, als da wären Lukas, Vicky, Marie (die gerade für eine Woche zu Besuch war) und ich, an einem

Freitag den Berg hinauf, um eine ganz normale Almstippvisite abzuhalten. Besonders Marie freute sich wahnsinnig auf ihren Liebling Pflaume und hatte sogar extra ein kleines Körbchen mit saftigen Äpfeln eingepackt, doch es kam alles mal wieder ein bisschen anders, als ursprünglich angenommen.

Weder Pflaume noch Flora, Primel oder Herr Salmiak waren aufzufinden. Gretel und Perin lagen mit einigen Fleckvieh-Kühen auf der unteren Hälfte der Weidefläche, und Birke spazierte mit einigen anderen Rindern oberhalb der Hütte herum, doch vom Rest fehlte jede Spur. An jenem Freitag liefen wir tatsächlich die gesamte Alm ab (was kein einfaches Unterfangen ist, da sie mit fast hundert Hektar Fläche schon ein sehr weitläufiges Terrain umfasst), doch auch vier Stunden später waren wir noch immer erfolglos. Marie war sichtlich enttäuscht und ich für meinen Teil mittlerweile sogar ziemlich beunruhigt. Vor allen Dingen die Tatsache, dass Primel abspenstig war, alarmierte mich auf gewisse Weise, denn sie ist nun wahrlich nicht mehr die fitteste unter den Kühen. Ich konnte mir kaum vorstellen, dass sie zu irgendwelchen großen Wanderungen aufgebrochen war, was die Sorge um sie nur noch größer werden ließ. Freitagabend kehrten wir also unverrichteter Dinge wieder zurück auf den Hof, und nachdem wir auch bis Sonntagmorgen keine Rückmeldung von dem Hirten oben auf der Alm erhielten, nahmen wir die Sache selbst in die Hand. Dieses Mal rückten wir mit einer deutlich besseren Ausstattung an als noch zwei Tage zuvor: Lukas hatte seine Drohne eingepackt und sämtliche Ersatzakkus mitgenommen, ich wiederum hatte das Fernglas um den Hals hängen und den Laptop im Auto liegen, damit wir die Drohnenvideos auch auf einem größeren Bildschirm sichten könnten. Snacks, Wechselklamotten, Halfter, Eimer mit Kraftfutter, eine Zaunschnurrolle sowie einige Weidezaunpfosten – wir hatten mal wieder alles dabei, damit wir für jedes denkbare Szenario gerüstet waren. Lukas und ich wussten schließlich nur zu gut, in welche Abenteuer beziehungsweise heiklen Situationen uns unsere Kühe bringen konnten, daher lautete die Devise: »Wir hoffen auf das Beste und rechnen mit dem Schlimmsten.«

Unsere Suche begann Sonntagmittag um zwölf Uhr, und nachdem wir bereits beim Aussteigen aus dem Auto aus der Ferne Pflaume auf der Wiese entdeckten, hegte ich die Hoffnung, dass die anderen drei auch nicht weit sein könnten. Doch wir liefen, erneut erfolglos, gut dreieinhalb Stunden alles ab, und ich war gerade im Begriff, die Suche abzubrechen, als Lukas ein etwa drei Meter langes Stück entdeckte, auf dem der Zaun völlig niedergerissen war. Dahinter ging es steil bergab – *viel zu* steil für meinen Geschmack, doch tatsächlich machte Lukas nur Minuten später mithilfe der Drohne einen kleinen Fleck auf einem Weg aus. Der Weg lag etliche Hundert Meter unterhalb der Alm, und auf den ersten Blick sah besagter Fleck wie ein großer Stein aus – doch ebendieser Stein *bewegte* sich gemächlich vorwärts! Wir eilten zurück zur Almhütte, die uns als Ausgangspunkt diente, und ich überspielte die entsprechende Datei von der Drohne auf meinen Laptop. Als wir das Video sichteten, erkannten wir, um wen es sich bei dem ominösen Stein tatsächlich handelte: Es war Flora. Nur wenige Meter daneben, im Schutz einiger Bäume, leuchtete der helle Rücken von Herrn Salmiak hervor, und Primel stand auf der gegenüberliegenden Seite des Weges in der Wiese. Ehrlicherweise war meine Erleichterung jedoch nur von kurzer Dauer. Ich war schlichtweg erschöpft, denn die etlichen Schritte über die Alm und die bezwungenen Höhenmeter auf und ab forderten ihren Tribut, doch ich wusste nur allzu gut, dass diese Mission noch lange nicht beendet war. Wir mussten die drei Rinder zunächst einmal mit dem Auto ausfindig machen und sie im Anschluss daran zurück auf die Alm bringen – und all das noch vor achtzehn Uhr, denn um neunzehn Uhr musste Lukas seinen Nachtdienst antreten.

Man kann sich wohl gut vorstellen, wie die Laune von Minute zu Minute weiter in den Keller sank, als wir mit dem Auto eine halbe Stunde lang bergab unterwegs waren, bevor wir unsere drei

Schützlinge schließlich entdeckten. Der Rückweg würde wohl Stunden dauern, und mittlerweile war es schon nach sechzehn Uhr. Trotzdem blieb uns nicht wirklich eine Wahl, denn wer weiß, ob wir die Bande wiederfinden würden, wenn wir ihren Rücktransport nun vertagten. Ich griff mir also den Eimer mit Kraftfutter und meinen Hirtenstock, um die Damen und den Herrn zurück zur Alm zu geleiten. Vicky und Marie bildeten die Nachhut, die ein wenig für Antrieb sorgte, und Lukas war mit seinem Auto das Schlusslicht unserer Prozession. Zu Beginn konnte es den Kühen natürlich nicht schnell genug gehen, doch nach einer halben Stunde nahm die anfängliche Motivation signifikant ab. Flora schnaubte stark, und Primel keuchte wie eine alte Dampflok. Die Frequenz, in der sie stehen blieb und eine Pause einlegte, nahm mit jedem Höhenmeter, den wir zurücklegten, weiter zu, und irgendwann hatte sie offensichtlich gar keine Lust mehr. Zu allem Überfluss setzte nun unangenehmer Nieselregen ein, und wir waren allesamt komplett fertig mit den Nerven. Ich kann beim besten Willen nicht sagen, wie es uns am Ende gelang, doch wir erreichten das Gatter zur Alm um 17:41 Uhr, um 17:45 Uhr waren alle wieder da, wo sie hingehörten, und fünf Minuten später machten wir uns schweiß- und regendurchnässt auf den Heimweg. Lukas fuhr um 18:40 Uhr zu seinem Nachtdienst los, und wir Mädels saßen ziemlich fertig mit der Welt an unserem Esszimmertisch. Tja, wir haben das Bundesland und den Hof gewechselt, doch das Chaos und das Abenteuer folgen uns wohl nach wie vor auf Schritt und Tritt. Alles wie immer eigentlich.

Nicht ganz so chaotisch und abenteuerlich gestaltete sich im zweiten Jahr jedoch die Wasserversorgung. Im Frühjahr hatte es in beruhigender Regelmäßigkeit geregnet, und bisweilen war dieser Regen so ergiebig, dass ich mit Lena zusammen hektisch über den ganzen Hof rannte, um Regentonnen aufzustellen, bereits überlaufende Behältnisse umzufüllen und das Wasser aus der Zisterne unterhalb des Gewächshauses umzuleiten – denn wir hatten mittlerweile einen weiteren Wasserspeicher entdeckt, den wir uns zunutze machen wollten: Vor der Garage des Nachbarhauses hatte sich unter viel Gras ein moosbewachsener Abflussdeckel aufgetan, unter dem sich eine riesige alte Zisterne befindet. Wir können nur schätzen, wie viel dort hineinpasst, aber es mögen wohl gut und gerne an die 12 000 Liter sein, die wir nun zusätzlich speichern konnten. Natürlich gingen wir nach wie vor sparsam mit dem Wasser um, doch der Regen ließ uns im zweiten Sommer definitiv nicht so häufig im Stich wie im Jahr zuvor. Trotzdem herrschte in meinem Freilandgarten häufig eine unfassbare Trockenheit, denn dort oben brannte den lieben langen Tag die Sonne auf die Erde und trocknete sämtliche Beete auch nach dem stärksten Regen binnen eines Tages nahezu gänzlich aus. Ich hatte 2025 nicht so viel Glück mit dem Gemüse, das muss ich ehrlich zugeben. Brokkoli und Blumenkohl schossen sofort in die Höhe, ohne auch nur nennenswerte Früchte auszubilden, und auch die Möhren waren wenig ertragreich: Von gut acht Metern ausgebrachtem Saatband keimten lediglich zwei in einem der Hochbeete, alles andere wurde vom Erdboden verschluckt. Über die Stangenbohnen, Zwiebeln, Zucchini, Erbsen sowie die Tomaten möchte ich mich jedoch nicht beklagen, und besonders hervorheben muss ich in jedem Fall meine Beerenplantage: Während des ersten Sommers konnte ich nur eine Handvoll Erdbeeren ernten, weil ich mich mit den Ameisen wie den Schnecken gleichermaßen um jede der saftigen Früchte streiten musste. Die Himbeeren reichten auch nur für einen kurzen Snack zwischendurch, doch 2025 liefen die Dinge ein wenig anders. Ich musste zwar alles mit großen Netzen vor den eifrigen Hühnern schützen, doch am Ende erntete ich beinahe zehn Kilo Erdbeeren und konnte so zum ersten Mal unseren Jahresvorrat Erdbeermarmelade ausschließlich aus eigener Ernte herstellen. Die Himbeeren waren mit fast fünf Kilo ebenso wahnsinnig ergiebig, und ich hätte unterm Strich zufriedener wohl kaum sein können. Lena ergänzte meine Beerensammlung schließlich noch um einige Brombeerstecklinge ihrer Mama (von der Sorte, die nicht maßlos wuchern), und ich bin sehr gespannt, wie die Ernte im nächsten Sommer ausfallen wird.

Viele Dinge waren in den letzten beiden Jahren nur möglich, weil wir uns im Februar 2023 dazu entschieden hatten, das Projekt *Chickago Care* auf die Beine zu stellen. Über einmalige Zuwendungen oder dauerhafte Patenschaften konnten wir so die Unterbringung etlicher Tiere sichern – dazu zählen beispielsweise die Kühe, die Schwafe und auch die Kaninchen. Sei es die Gebühr, die wir für die Kühe auf der Alm zu zahlen haben, eine Neuanschaffung wie die Futterraufe oder auch die Heuballen dazu: *Chickago Care* und damit all die Unterstützer:innen dahinter sind unsere größte Stütze, wenn es um die Tierversorgung geht. Lukas und ich fungieren nach wie vor als Back-up und stopfen alle finanziellen Löcher, die sich irgendwo auftun, aus eigener Tasche, aber ich kann dennoch mit Gewissheit sagen: Ohne die *Chickago-Care*-Community wäre das in dieser Form nicht möglich.

Eigentlich hatten wir schon Ende 2023 das Vorhaben, aus dem Projekt einen gemeinnützigen Verein zu machen, doch auch hier kam uns – wie so oft – das Leben und all die täglichen Herausforderungen und zu bewältigenden Aufgaben in die Quere. Ich für meinen Teil stellte fest, dass es mir nicht möglich ist, den Instagram-Kanal von *Chickago Care* so regelmäßig mit neuen Inhalten zu füllen, wie ich es gern täte, und Lukas merkte, dass sich die Bürokratie und die Organisation für solch eine Vereinsgründung auch nicht mal eben so aus dem Ärmel schütteln lässt. So kam es im Frühjahr 2025 dazu, dass Lena das Projekt *Chickago Care* in die Hand nahm. Sie unterstützt also nicht nur mich stundenweise in meinem Tun, sie kümmert sich außerdem auch um sämtliche Patenschaftsanfragen, die notwendigen Schritte zur Vereinsgründung und die regelmäßigen Updates auf dem *Chickago-Care*-Account. Wieder einmal durfte ich erkennen, dass das Leben kein Einzelwettkampf ist und man die Dinge nicht auf Teufel komm raus allein bewältigen muss. Um Hilfe zu bitten, ist kein Eingeständnis der Schwäche, sondern eine Möglichkeit, neue Wege zu gehen. *Es braucht ein ganzes Dorf, um einen Bauernhof zu dem zu machen, was er ist* – das habe ich schon einige Kapitel zuvor festgestellt, es ist heute aktueller denn je.

Wir haben in unserem zweiten Jahr im Haus im Wald vermutlich nicht ganz so viel geschafft wie im ersten Jahr, doch ich möchte meinen, dass auch die kleinen, scheinbar unbedeutsamen Veränderungen am Ende des Tages eine große Wirkung hatten. Auf Lukas, auf mich, auf die Tiere und das ganze Drumherum. Das Leben auf dem Bauernhof ist ein Prozess, der mal langsamer und mal schneller vonstattengeht, und schlussendlich kommt es dabei nicht auf das Tempo oder die Anzahl der gesetzten Häkchen auf der To-do-Liste an. Es geht vielmehr darum, dass wir dranbleiben und die Dinge so gestalten, wie wir es für richtig halten.

Und mit diesem Gedanken freue ich mich schon wahnsinnig auf all das, was uns die nächsten Jahre bringen mögen.

Alltagsanekdoten, Ausrutscher und andere Absurditäten

Über den ganz normalen Wahnsinn, der sich Leben nennt

September 2025

Auf den ersten Seiten dieses Buches schrieb ich, dass mit der Haltung von Tieren zwei Sachen zwangsläufig immer einhergehen: *Arbeit* und *Sorgen*. Doch es gibt da noch einen weiteren Punkt, den ich bisher unterschlagen habe, der jedoch zum Leben auf einem Bauernhof ebenfalls unweigerlich dazugehört: Man hat einfach immer etwas zu erzählen, und der Alltag beschert einem mit den Jahren mehr merk-würdige Anekdoten, als man sich jemals hätte vorstellen können.

Schon während unserer Zeit in Kärnten gab es etliche kleine Momente, die einer gewissen Situationskomik nicht entbehren konnten und den Alltag oftmals um einiges erträglicher machten. Doch auch in der Steiermark schreibt das Leben nun tagtäglich die irrwitzigsten Geschichten, die ich der geneigten Leserschaft selbstverständlich nicht vorenthalten möchte.

Beginnen wir mit der Aufregung um das Carla-Huhn, die

mich an einem Freitagabend im Frühjahr 2025 ziemlich auf Trab hielt. An jenem Abend kehrten die Hühner wie gewohnt mit Einbruch der Dämmerung in ihren Stall zurück – alle, mit Ausnahme einer grau gescheckten Henne: Das Carla-Huhn fehlte. Natürlich zog ich angemessen nervös los und drehte auf der Suche nach der verschollenen Henne (teilweise im übertragenen, teilweise im wörtlichen Sinne) jeden Stein um. Als ich nach über einer Stunde intensiven Suchens noch immer mit leeren Händen dastand, verlor ich langsam, aber sicher die Hoffnung. Ich glaubte schon, eine weitere Henne an den Bussard verloren zu haben, und blickte traurig auf den Auslauf der Schweine, als ich aus dem Augenwinkel eine Bewegung wahrnahm. Da, in der Garage, in der wir sämtliches Futter und eine illustre Ansammlung (leerer) Eimer lagern, bewegte sich etwas. Und ich wollte meinen Augen nicht trauen, denn wie durch Zauberhand glitt da ein umgedrehter Eimer über den Boden. Normalerweise wäre mir bei diesem Anblick wohl das Herz in die Hose gerutscht, doch an jenem Freitagabend musste ich unweigerlich lachen. Die vermeintliche Zauberhand war in dieser Situation nichts anderes als ein empörtes Carla-Huhn, das sich anscheinend mal wieder besonders vorwitzig an den Gerstenkörnern der Schweine gütlich tun wollte, dabei die Balance auf einem der Eimer verloren hatte und schlussendlich unter ebenjenem unsäglichen leeren Eimer bei lebendigem Leib begraben wurde. Sehr zum Entsetzen der Henne musste ich schallend loslachen, als ich sie aus ihrer misslichen Lage befreite und zu ihren Kolleginnen in den Stall geleitete. Wer den Schaden hat, braucht für den Spott nicht zu sorgen – das gilt wohl auch (oder ganz besonders) für das Carla-Huhn.

Generell sollte man an dieser Stelle vielleicht einmal schwarz auf weiß festhalten, dass die Haltung von Hennen einem im Alltag zwar den ein oder anderen zerrupften Salat beschert, gleichzeitig aber auch mit an Sicherheit grenzender Wahrscheinlichkeit (zumindest in der Retrospektive) für sehr viel Gelächter sorgt. So kommt es mitunter vor, dass man nicht bloß um Ostern herum auf Eiersuche gehen darf, denn die Damen wählen bisweilen »Nester« aus, die definitiv nicht als solche gedacht waren. Gretchen, die weiße Henne mit dem schwarzen Halskragen, bevorzugte im Sommer 2025 ein Nest mit, nun ja, sagen wir *mediterranem Flair*, denn sie verschwand tagein, tagaus inmitten meiner Kräuterbeete, um es sich zwischen Lavendel, Rosmarin, Thymian und Oregano gemütlich zu machen und dort ihr Ei zu legen. Als ich das Nest endlich entdeckte, lag dort bereits eine recht imposante Ansammlung von nicht weniger als sieben Eiern (im Kräutermantel). Raclette indes bevorzugt die Abgeschiedenheit und Stille der Scheune. Eine Zeit lang wusste ich zwar, dass sie zum Eierlegen in der alten Scheune verschwindet, doch das Nest selbst konnte ich einfach nicht ausfindig machen. Das führte letztlich dazu, dass ich mich einige Tage hintereinander vormittags auf die Lauer legte, um zu beobachten, wohin sich Raclette denn nun zurückzieht. Mittlerweile kenne ich all ihre Nester (ja, der Plural ist beabsichtigt), und es ist eine Selbstverständlichkeit für uns, beim Eiereinsammeln noch einen Abstecher in die Scheune zu machen. Klar, ich hätte die Hennen auch einfach bis zum Nachmittag allesamt immer im Stall einsperren können, sodass sie gezwungenermaßen die Legenester verwenden würden, die sie von uns zur Verfügung gestellt bekommen hatten, doch das hätte ich nicht fair gefunden. Denn sind wir mal ehrlich: Wäre ich eine Henne, würde ich es wohl genauso machen.

Die Hühner sind nicht nur groß darin, mit ihren Eiern etwas auf den Tisch zu bringen – abräumen können sie nämlich auch ganz gut. Tiffany zum Beispiel verirrte sich eines Sommermorgens ins Haus und geriet dort auf ganz sonderbare Abwege. Grundsätzlich ist es nichts Ungewöhnliches, dass sich ein Huhn ins Haus verirrt, denn im Hochsommer lüfte ich morgens alles kräftig durch und lasse dabei auch gern die Haustür sperrangelweit offen stehen. Die Hennen verstehen das jedoch häufig als explizite Einladung, um sich am Katzentrockenfutter zu vergreifen, doch Tiffany ging damals einfach noch einen Schritt weiter. Sie spazierte seelenruhig durch die Küche, hinterließ ein formidables Häufchen auf dem Teppich (wo auch sonst?) und wanderte unbeirrt bis ins Esszimmer. Dort kam es schließlich zum großen Showdown, als sich Huhn und Mensch begegneten: Tiffany stakste auf unserem frisch verlegten Holzdielenboden umher, und bei jedem ihrer Schritte machten ihre Krallen leise klick-klack, was wiederum meine Wenigkeit auf den Plan rief. Ich war extrem irritiert, im Esszimmer einer meiner Hennen zu begegnen, und auch Tiffany erschrak sichtlich. Sie sprang nicht bloß auf einen der Esszimmerstühle (in diesem Fall zum Glück ohne stressbedingte Diarrhö), sondern gleich weiter auf den Esstisch, um dort einige meiner Minikakteen umzuwerfen. Nach einigen Runden um, über und unter den Esstisch begab sich das verirrte Huhn wieder nach draußen, und ich konnte mich um das Schlachtfeld im Esszimmer kümmern. Kräuter-Gretchen hat übrigens auch so ein Faible für (gedeckte) Esstische, denn sie beehrte uns im Sommer stets beim Abendessen, um sich ein Blatt Salat, ein Stück Kartoffel oder eine Nudel zu erbetteln. Was einst damit begann, dass sie neben dem Tisch stand, ging irgendwann dazu über, dass sie auf die Armlehne meines Stuhls sprang und dort nach ihrem Anteil verlangte (denn von einer freiwilligen Abgabe meinerseits konnte man bei dieser Bedrängnis nun wirklich nicht mehr sprechen). Doch auch das ging nicht lange gut. Nachdem ich ihr eines Abends ihren Teil nicht schnell genug dargereicht hatte, wollte das renitente Huhn das Ganze einfach selbst in die Hand (oder vielmehr den Schnabel) nehmen und flatterte mit einem Satz mitten auf den Tisch. Sagen wir so: Nach dieser Aktion duldete ich das Huhn nicht mehr auf meiner Armlehne geschweige denn auf dem Esstisch – dennoch muss ich anerkennend festhalten, dass noch nie irgendwer in diesem Haus den Tisch so schnell abgeräumt hat wie Gretchen an jenem Abend.

Trotz all dieser Eskapaden haben die Hennen nicht das alleinige Monopol auf absurde Alltagsgeschichten, denn unsere Kater (oder vielmehr *einer* dieser Kater) stehen ihnen dabei in nichts nach. Mit Theo verbinden wir mittlerweile wirklich schon so einige Geschichten, und erst letzte Woche kam eine weitere hinzu. Ich kam gerade aus dem Haus und sah Theo in der Ferne die Hofauffahrt hinaufspazieren, in seinen Fängen ein riesiges Tier. Mein erster Gedanke war tatsächlich, dass er da einen Hasen anschleppte, denn das Wesen hing Theo links und rechts so weit aus dem Maul, dass es richtiggehend über den Boden schleifte. Bei näherer Betrachtung verwarf ich die Hasenidee recht schnell wieder, denn ich konnte Theos Beute als Eichhörnchen identifizieren. Ich muss gestehen, dass ich von diesem Fang schon ein Stück weit beeindruckt war, denn im Gegensatz zu Mäusen sind Eichhörnchen schon ein bisschen flinker unterwegs. Theo selbst war jedenfalls *mords*mäßig stolz auf seinen Raubzug und knurrte alles und jeden an, der sich ihm und seiner Mahlzeit auch nur auf einen Meter näherte. Nachdem er die Hälfte des Nagers verspeist hatte, war er allerdings so vollgefressen, dass er sich kugelrund, wie er war, auf sein Opfer setzte, um es vor allen neugierigen Katern und Hühnern zu verteidigen. Wahrscheinlich saß er so lange dort, bis in seinem Magen genügend Platz für den Rest war – wer weiß das schon so genau. Im Grunde genommen hat Theo mittlerweile also so ziemlich alles angeschleppt, was es hier bei uns in der Natur so gibt, selbst vor Schlangen macht er nicht halt – sehr zum Leidwesen von Lukas.

Lukas ist wahrlich nicht zimperlich, was Tiere angeht. Nicht selten hat er für mich verirrte Hornissen aus dem Haus entfernt oder faustgroße Spinnen wieder nach draußen geleitet, doch es gibt eben auch bei Lukas ein bestimmtes Tier, das ihn ein wenig aus der Fassung geraten lässt – und das sind Schlangen. Er verzieht jedes Mal angewidert das Gesicht, wenn ihm irgendwo eine begegnet, und schafft vorsichtshalber stets einen ausreichenden Sicherheitsabstand von gleich mehreren Metern. Interessanterweise habe ich selbst jedoch, trotz meiner irrationalen Angst vor Hornissen und Nachtfaltern, mit Schlangen kein Problem. Natürlich erschrecke auch ich kurz, wenn ich irgendwo einen Stein anhebe und mir plötzlich eine Schlange entgegenschaut, aber das ist tatsächlich bei Fröschen oder Kröten genauso. Ich erschrecke, weil ich in dem Moment einfach nicht damit rechne. Aber Angst oder Ekel empfinde ich nicht – im Gegenteil. Oftmals bin ich diejenige, die die Schlangen aus den Fängen von Hühnern und Katern rettet und mit bloßen Händen irgendwo in den Wald trägt, um sie dort wieder freizulassen. Die größte Schlange, die ich hier in die Hand genommen habe, um sie woanders hinzubringen, war etwa dreißig Zentimeter lang, und vermutlich ist das auch die Obergrenze dessen, was ich zu berühren bereit bin, denn an die 1,80-m-Äskulapnatter, der wir einmal auf der Wiese begegneten, würde ich nicht im Traum Hand anlegen. Aber zurück zu Lukas: An einem Vormittag stand er plötzlich vor dem Wintergartenfenster und erregte wild gestikulierend meine Aufmerksamkeit. Eigentlich war ich gerade am Schreibtisch in ein Projekt vertieft, doch seiner Mimik zufolge schien es wirklich dringend zu sein. Seufzend erhob ich mich von meinem Schreibtischstuhl und ging nach draußen.

»Da ist was im Hühnerstall, aber ich weiß nicht, wo, und ich gehe da jetzt nicht mehr rein!«, sprudelte Lukas wie ein Wasserfall los und wuselte vor mir her in Richtung Hühnerstall. Dort blieb er in gebührendem Abstand vor der Tür stehen und lotste mich hinein.

»Schau dir an, was da auf dem Boden liegt!«, würgte er hervor und schüttelte sich vor Ekel.

Ich ging vorsichtig einen Schritt in den Hühnerstall, denn mein werter Herr Freund hatte mir zwar nicht verraten, worum es sich bei diesem ominösen »etwas im Hühnerstall« handelte, doch ich hatte da eine leise Vorahnung. Auf dem Boden fand ich jedoch nicht direkt das, womit ich gerechnet hatte:

Dort lag eine abgeworfene Schlangenhaut, doch ich erkannte recht schnell, weswegen diese leere Hülle bei Lukas für Unruhe sorgte. Zunächst einmal war diese Schlangenhaut wirklich, *wirklich* lang, und das zugehörige Tier musste mindestens handgelenksdick sein, und zum anderen war diese Schlangenhaut an einer, nun, nennen wir es *ungünstigen Stelle* abgeworfen worden. Neben dem Hühnerstall gibt es links noch ein weiteres Abteil, das durch eine Wand vom vorderen Teil getrennt ist. Nur eine alte Mistrinne läuft durch beide Abteile und unter der Tür zum Nachbarraum hindurch – und genau dort lag die Schlangenhaut. Unglücklicherweise genau in Kriechrichtung Nachbarabteil; einer Sackgasse. Ich hatte also die ruhmreiche Aufgabe, das Nachbarabteil nach der Schlange zu durchforsten, da sich Lukas vehement weigerte, den Raum zu betreten, solange »die Luft nicht wieder rein« sei. Rückblickend betrachtet weiß ich nicht so recht, ob ich froh darüber bin, nichts gefunden zu haben, doch auch das wollte Lukas nicht so recht beruhigen. Letztlich musste ich die gesamte Rinne mit Sand ausstreuen, um zumindest immer wieder kontrollieren zu können, ob die Schlange aka das Untier aus irgendeinem Winkel wieder zurückgekrochen kam und dort ihre Spuren hinterließ. Es dauerte einige Tage, bis Lukas den Hühnerstall wieder betrat und wir das Thema Riesenschlange im Hühnerstall (zumindest für den Moment) begraben konnten.

Es gehört irgendwie einfach zum Haus im Wald dazu, dass uns ständig und überall Tiere begegnen, die nicht auf unserer Inventarliste stehen. So ist es an Regentagen zwischen April und November quasi ein Ding der Unmöglichkeit, den Schotterweg durch den Wald zu unserem Haus zurückzulegen, ohne dabei ein Dutzend Mal aus dem Auto steigen zu müssen. Insbesondere in der Dämmerung sind nicht nur Feuersalamander, Frösche und Kröten auf dem Zufahrtsweg unterwegs, sondern auch etliche Weinbergschnecken. Da es für mich unvorstellbar ist, diese Tiere sehenden Auges einfach zu überfahren, steige ich also aus – immer und immer wieder. Das ist recht unkompliziert, wenn Lukas und ich zu zweit unterwegs sind, denn dann laufe ich voraus, und er fährt mir im Schritttempo hinterher. Aber wenn ich allein unterwegs bin, ist das alles ein durchaus lästiges Unterfangen: anhalten, aussteigen, Tiere wegräumen, einsteigen, weiterfahren – und das mitunter vier, fünf oder gar sechs Mal, bis ich endlich oben angelangt bin.

Die Frösche und Kröten beschränken sich natürlich nicht nur auf unsere Hofauffahrt. Einer davon (Günther) erkor (sehr zum Leidwesen von Lena, die zu den sprunghaften Amphibien ein ebenso ambivalentes Verhältnis hat wie Lukas zu Schlangen) im Sommer 2025 mein Gewächshaus als sein persönliches Refugium aus. Es konnte in jenem Sommer also durchaus passieren, dass mir beim Unkrautjäten ein Frosch entgegengesprungen kam oder ich beim Gießen plötzlich ein feuchtes Etwas in der Kniekehle spürte. Solange es aber keine Hornissen, dicken Nachtfalter oder übermäßig großen Heuschrecken sind, bin ich da ganz tiefenentspannt.

Apropos tiefenentspannt – dieses Attribut trifft mittlerweile auch auf unseren Haus-und-Hof-Buntspecht Harald zu. Anfangs war ich ganz ehrfürchtig, wenn der Buntspecht in unseren Bäumen unterwegs war, und ich blieb wie angewurzelt stehen, als er sich zum ersten Mal in unserem Vogelfutterhäuschen an der Laterne gleich neben der Terrasse niederließ, um ihn bloß nicht zu stören. Doch dieses abrupte Innehalten war schon bald nicht mehr notwendig. Harald war es nach einigen Wochen scheinbar völlig egal, wenn die Haustür auf- und zuging, wir auf der Terrasse zu Abend aßen oder ich nur wenige Meter neben der Laterne mit der Schubkarre vorbeispazierte. Ich weiß noch genau, wie beeindruckt Stephi war, als sie eines Tages bei uns war und Harald quasi vor ihrer Nase im Futterhäuschen landete und wie ein überdimensioniertes Pendel mitsamt dem Häuschen hin und her schwang. Vielleicht sollte man erwähnen, dass es ein sehr kleines Futterhaus ist und eher für Meisen als für

Spechte geeignet ist, aber auch das ist Harald einerlei. Selbst der Eichelhäher, der ja nun noch mal ein gutes Stück größer ist als der Buntspecht, hat dort schon einen erfolgreichen Landeanflug hingelegt. Fehlt im Grunde genommen nur noch der Bussard, doch dessen Landeanflüge gehen bekanntermaßen eher in eine ganz andere Richtung.

Leider blieb es 2025 nicht bei den Angriffen, über die ich bisher berichtet habe, denn auch im Sommer versuchte der Greifvogel wieder sein Glück. Zunächst traf es Oberhenne Magda, die am Waldrand, in der Nähe des Stalls und des Komposthaufens, mit ihren Kolleginnen unterwegs war. Ihr Glück war in jenem Augenblick einzig und allein meine Anwesenheit, denn ich stand mit Lena gerade vor dem Schweineauslauf, um ein paar Fotos für unseren *Chickago-Care*-Account zu schießen. Erst hörte ich eine meiner Hennen in Todesangst schreien, dann begann der Hahn zu schimpfen (der natürlich in diesem Moment *nicht* bei seinen Ladys war, sondern vor dem Hühnerstall fröhlich ein paar Körnchen pickte), und schon zählte ich eins und eins zusammen. All das geschah im Bruchteil einer Sekunde, und ohne den Vogel oder die attackierte Henne gesehen zu haben, rannte ich in meinen in die Jahre gekommenen Birkenstocksandalen hinter den Stall und durch das hüfthohe Gras in Richtung des verängstigen Hühnergeschreis. All das tat ich nicht, ohne dabei selbst laut zu schreien und (*again*) dem Bussard wilde Beschimpfungen entgegenzuschleudern, die (so möchte ich zumindest meinen) dazu führten, dass er von Magda abließ und direkt vor meinen Augen wieder in die Lüfte hinaufstieg und irgendwo in den Untiefen des Waldes verschwand. Auf dem Rückweg rutschte ich ständig auf der unebenen Weide aus, die von tiefen Trittlöchern der Kühe nur so übersät ist, und ich frage mich bis heute, wie ich es geschafft habe, mir bei diesem Sprint in Birkenstocks nicht den Hals zu brechen. Dies war bis jetzt der letzte Angriff, den ich vereitelt habe, denn von Stund an hatte der Hahn endlich begriffen, was seine Aufgabe war.

Ende August attackierte der Bussard in den Abendstunden eine der beiden Emmas und machte in diesem Moment erstmalig Bekanntschaft mit dem Hahn. Ich sah den Greifvogel noch wegfliegen und konnte beobachten, wie der Hahn mit seinem Gefolge die Flucht ergriff, aber immerhin: Angriff fehlgeschlagen. Ich hatte die Hoffnung, dass der Mäusebussard in Anbetracht der Begegnung mit dem Admiral nun von weiteren Attacken absehen würde – doch weit gefehlt.

Das letzte Raubvogel-Intermezzo bestätigte, was ich schon die ganze Zeit über vermutet hatte: Der Bussard ist nicht nur *unvernünftig*, sondern auch absolut größenwahnsinnig. Anfang September attackierte er kein geringeres Geflügel als den Hahn höchstpersönlich. Auf der Streuobstwiese lag ein eindrucksvoller Haufen Hahnenfedern, der Admiral selbst hatte eine blutende Wunde am Kamm, und seine sonst so adrett angeordneten dunkelblau glänzenden Schwanzfedern standen in alle Himmelsrichtungen ab. Mich würde wirklich interessieren, was sich der Bussard dabei gedacht hat, und vor allen Dingen würde ich gern wissen, wie der Hahn den Angreifer zugerichtet hat. Ob der nun endlich seine Lektion gelernt hat? Wir können bloß spekulieren. Aber immerhin hat sich die Punkteverteilung nun zugunsten des Hahns verändert, denn seine Bilanz geretteter Hennen steigt somit von null auf zwei. Bussard 2, Madeleine 3, Admiral 2. *To be continued …*

Pleiten, Pech und Pannen gibt es jedoch nicht bloß bei unseren tierischen Mitbewohner:innen, denn auch mir passiert es hin und wieder, dass etwas, was ich mir vornehme, nicht so klappt, wie es soll. So backe ich alle paar Wochen keineswegs ein formschönes Sauerteigbrot mit aufwendig eingeschnitztem floralem Dekor, sondern einen ultraflachen Brotkeks, der so steinhart ist, dass man ihn gut und gerne als Wurfgeschoss verwenden könnte. Außerdem kann ich aus erster Hand berichten, dass es keine gute Idee ist, neben dem Abfüllen von kochend heißem

Holunderblütensirup noch drei andere Dinge gleichzeitig zu machen, statt sich voll und ganz auf eine Sache zu konzentrieren. Denn dann kann es passieren, dass eine der Flaschen (selbstredend die, die einen ganzen Liter fasst) umkippt und sich ihr gesamter Inhalt auf dem Holzdielenboden ergießt. Es hat Wochen gedauert, bis ich keinen Spritzer klebrigen Holunderblütensirup mehr irgendwo in der Küche fand und beim Anblick der fein säuberlich etikettierten übrigen Flaschen nicht an die mühsame Putzarbeit denken musste, die dieses Missgeschick nach sich gezogen hatte. Doch das war trotzdem alles nichts im Vergleich zu dem, was ein defektes Einmachglas voll Chili sin Carne in der Speisekammer anrichtete. Besagtes Glas explodierte im Spätsommer 2024 einfach mal komplett, da es beim Einkochen kein vernünftiges Vakuum gezogen hatte und wochenlang fröhlich vor sich hin gären konnte. Fortan kontrolliere ich alle meine eingekochten Lebensmittel doppelt und dreifach, denn vergorenes Chili (literally *überall*) in der Speisekammer kann ich niemandem empfehlen.

Was für Außenstehende vermutlich auch ein recht unterhaltsames Unterfangen ist: unser nunmehr bereits zwei Jahre andauernder Kampf gegen den verwilderten Blauregen am Nachbarhaus. Blauregen ist diese an und für sich recht hübsch anzusehende Kletterpflanze, die im Frühjahr rispenartige lilafarbene Blütenstände bildet, doch bei uns ist sie komplett außer Kontrolle geraten – und das liegt wahrlich nicht an unserer eigenen Nachlässigkeit. Die Vorbesitzer müssen an der Rückseite des Nachbarhauses eine Blauregenpflanze recht nah an der Hauswand gesetzt haben, doch allein die Erkenntnis, wo der Ursprung dieses Übels ist, hat mich ein halbes Jahr gekostet. Die Pflanze ist nämlich nicht mehr bloß an der Rückseite des Hauses, sie umschlingt bereits drei von vier Hausseiten, dazu die Regenrinne bis unters Dach, den gesamten Hang bergabwärts bis zum Weg sowie eine nicht unerhebliche Fläche Richtung Waldweide. Das wäre alles nicht so tragisch, wenn diese

Pflanze a) nicht in allen Bestandteilen unfassbar giftig wäre und b) sich nicht über unterirdische, teils armdicke Wurzelausläufer in alle Himmelsrichtungen ausbreiten würde, was die Bekämpfung um ein Vielfaches erschwert. Lukas und ich fingen (hochmotiviert, wie wir damals noch waren) damit an, die oberirdisch verlaufenden Triebe per Hand auszureißen, doch je näher wir der Mutterpflanze kamen (und »nah« heißt hier so viel wie alles in einem Radius von zehn bis fünfzehn Metern drum herum), desto mehr kamen wir an die Grenzen unserer Kräfte. Wir waren teils eine Stunde lang damit beschäftigt, ein einzelnes Stück Wurzel auszugraben – nur um daraufhin festzustellen, dass wir diese unmöglich ausreißen konnten, da sie viel zu stark in der Erde verzweigt war. Wir ließen das Blauregenprojekt in Ermangelung eines adäquaten Erfolgs im Frühjahr 2024 also zunächst einmal ruhen, denn – ganz nach dem Motto »Aus den Augen, aus dem Sinn« war es recht leicht, das Chaos hinter dem Nachbarhaus weitgehend zu ignorieren. Dafür wurde jedoch der Schreck immer größer, wenn man dann doch mal eine Runde um das Haus drehte oder aus welchen Gründen auch immer diesen hintersten Winkel unseres Grundstücks aufsuchen musste. Hatte man ein paar Wochen oder gar Monate nicht hingeschaut, hatte der Blauregen mindestens weitere drei oder gar vier Meter Fläche für sich erobert. Im Mai 2025 wollte ich zumindest das Schlimmste (als da wären die Triebe in Richtung Waldweide, die gänzlich zugewachsene Treppe ins Kellerabteil sowie sämtliche Pflanzenteile, die sich um den Balkon sowie die Regenrinne und das Dach geschlungen hatten) ordentlich zurückschneiden. Es war ein mühsames Unterfangen, denn die bis zu acht Meter langen Triebe waren in der Handhabung etwa so angenehm wie überdimensionierte Spaghetti, mit denen man ständig irgendwo hängen bleibt oder über die man womöglich (nicht gerade selten) selbst noch stolpert, um dann mit der ganzen Chose einige Meter den Hang hinunterzukullern. Ich war letztlich zwar einen ganzen Tag beschäftigt, doch das Ergebnis konnte sich sehen lassen. Leider war der Erfolg nicht von Dauer, denn nach weniger als drei Monaten war alles wieder genauso zugewuchert wie zuvor. Die Treppe konnte man nicht einmal mehr mit viel gutem Willen erahnen, und die vorwitzigsten Triebe reichten bis über den Giebel des Dachs hinaus. Meinen Gemütszustand im Hinblick auf den Blauregen als »entnervt« zu bezeichnen, wird der Sache nicht im Ansatz gerecht, doch ich belasse es an dieser Stelle lieber dabei. Vergangene Woche, im Oktober 2025, verband Lukas schlussendlich das Angenehme mit dem Nützlichen und erklärte unser Blauregendebakel für das prädestinierte Minibagger-Projekt schlechthin. Zugegeben: Es war schon ein befriedigender Anblick, wie Lukas mit der Schaufel binnen weniger Minuten mal eben einen meterlangen Wurzeltrieb aus der Erde stemmen konnte, doch bei näherer Betrachtung glich mir auch das dem bekannten Tropfen auf dem heißen Stein. An irgendeiner Stelle blieb immer ein Rest Wurzel stecken, und auch die Arbeit mit dem Bagger dauerte Ewigkeiten. Ein Ende schien nicht in Sicht. Von unserer anfänglichen, beinahe schon überschäumenden Motivation aus dem Frühjahr 2024 ist mittlerweile nicht mehr allzu viel übrig, weswegen ich nun ehrlich gesagt auf einen kleinen Motivationsschub von außerhalb hoffe: Während ich diese Zeilen schreibe, ist Lena gerade unterwegs zu uns. Sie wird für eine knappe Woche bleiben, und da sie für alles, was mit mutwilliger (und gewollter) Zerstörung zu tun hat, immer gern zu haben ist, werden wir sie später mal mit dem Blauregen, *Wisteria floribunda*, vertraut machen. Dort wird sie nach Belieben ausreißen, abreißen und herumfluchen können, und womöglich wird ihr zusätzliches Paar Hände den notwendigen Schwung mit reinbringen. Wie heißt es so schön? *Viele Hände machen der Arbeit bald ein Ende.* Hoffen wir mal, dass dies auch für Mission-Blauregen-Impossible gilt.

Weitaus weniger lustig war jedoch meine persönliche Pechsträhne, die im Sommer 2025 einfach nicht abreißen wollte. Was zunächst recht harmlos mit drei Wespenstichen in drei Wochen begann, wurde im Laufe des Sommers zu einer wahrhaft fragwürdigen Bilanz. Zu besagten Wespenstichen kam ein gebrochener Finger hinzu, ein geprelltes Knie samt Schürfwunden, die sich über das gesamte rechte Bein zogen (nachdem ich formvollendet meine Etagenbeete hinuntergesegelt war), ein verstauchter Zeh, eine Prellung am Kopf (weil ich mir selbst die Beifahrertür an den Kopf geschlagen hatte), zwei entzündete Bremsenstiche und als Kirsche auf der Sahnetorte noch eine Muskelzerrung in beiden Oberschenkeln. In Anbetracht dieser schmerzhaften Liste könnte man meinen, dass ich ein besonders tollpatschiges Wesen bin, aber dem ist nun wirklich nicht so. Mein Umfeld sagte mir immerzu, dass all das wohl unmissverständliche Zeichen dafür seien, dass ich weniger tun sollte, doch für mein Verständnis tat ich bereits deutlich weniger als gewöhnlich, und sämtliche Unfälle hinderten mich zeitweise auch schlichtweg daran, mich mit schönen Dingen wie Freibadbesuchen zu beschäftigen. Kurzum: Ich war (und bin) maximal entnervt von dieser Pechsträhne und möchte einfach nur stark hoffen, dass diese nun endlich ein Ende hat. So gesehen ist es also gleich noch ein viel größeres Wunder, dass ich den Sandalensprint in Richtung Bussard damals unbeschadet überstanden habe. Wenigstens etwas!

Vermutlich werde ich mit ein bisschen zeitlichem Abstand aber auch darüber lachen oder doch zumindest ein wenig schmunzeln können – und das ist letztlich die Hauptsache. Sämtliche Ausrutscher, Missgeschicke oder amüsante Anekdoten bleiben bei einem Leben, wie wir es führen, einfach nicht aus. Frei nach dem Motto: *Wo gehobelt wird, da fallen Späne*. Im Grunde genommen hoffe ich sogar, dass ich mein Leben lang Kapitel wie dieses hier schreiben werde: von bettelnden Kaninchen am Küchenfenster, Hühnern, die den Regen unter dem Esstisch auf der Terrasse aussitzen, und Kühen (namens Birke), die auf der

Alm plötzlich fernab der eigenen Herde unterwegs sind, weil sie spontan das Kälbchen einer anderen Kuh unter ihre Fittiche genommen haben und über Wochen hinweg mit der Mutterkuh und ihrem Stierkalb unterwegs waren. Ach ja, und ohne Kapitel wie dieses hier könnte ich auch niemals erzählen, dass der Hahn bei seinem Balztanz auf einem Bein um die Hennen herumhüpft und dabei das andere Bein so hin und her zappeln lässt, dass er ein wenig aussieht wie ich, wenn ich mir eine Strumpfhose ausziehen möchte und der Fuß gerade so noch im letzten Stück festhängt. Alles wahrlich keine Informationen, die essenziell oder gar (über)lebensnotwendig sind, aber sind wir mal ehrlich:

Trotzdem irgendwie gut zu wissen, oder?

Lukas und Madeleine

Was war, was ist und was (vielleicht) (wieder) wird

Oktober 2025

Vor sechs Jahren, es müsste irgendwann im Winter 2019 gewesen sein, hatte ich gerade meinen Umzug von Jena nach Kärnten hinter mich gebracht. Kurz nach meinem Uniabschluss hatte ich Hals über Kopf alle Sachen in meiner Studentenwohnung gepackt und war zu Lukas, den ich damals kaum länger als ein Jahr kannte, und seiner gesamten Familie in das große Bauernhaus in Kärnten gezogen. Schon damals war die Situation alles andere als leicht, denn ich war »die Neue«, »die unbequeme Deutsche«, die, die da »irgendwas im Internet macht«; ebenjene Person, die man eigentlich lieber nicht dauerhaft an der Seite des jüngsten Sohnes sehen wollte. Doch uns war das egal – oder zumindest war unser Antrieb, es gemeinsam zu schaffen, in jenen Tagen noch weitaus größer als der Gegenwind, den wir in aller Regelmäßigkeit erfuhren. Lukas sagte damals etwas, das sogar Eingang in mein erstes Buch fand – und mich heute, sechs Jahre später, leider nur bittersüß auflachen lässt: »Wenn man so will, haben wir eigentlich schon alles gemacht, womit wir es hätten verbocken können. Schau dir an, was wir bisher alles geschafft haben. Da schaffen wir das hier auch noch.«

Damals hatte ich nur zufrieden gelächelt und mich von Lukas' Zuversicht wieder aufbauen lassen, doch aus heutiger Sicht sehe ich die Dinge ein klein wenig anders. Ich bin mir nicht sicher, ob die Vergangenheits-Madeleine nicht postwendend ihre Siebensachen wieder gepackt und ihr Heil in der Flucht gesucht hätte, wenn sie gewusst hätte, was ich heute weiß. Die letzten sechs Jahre haben mich sehr viel gekostet. Viele Dinge, die ich verloren habe, konnte ich bis heute nicht wiederfinden, und es ist fraglich, ob es mir überhaupt jemals gelingen wird. Nicht selten ertappe ich mich dabei, wie ich die Person, die ich mal war, und das Leben, das ich einst führte, einfach nur vermisse. Mit Sicherheit ist mein Blick auf mein früheres Ich und mein früheres Leben mittlerweile ein wenig verklärt, aber das Wissen darüber lässt dieses Gefühl trotzdem nicht so ganz verschwinden. Gleichzeitig weiß ich, dass es vieles, von dem ich mein Leben lang geträumt habe, ebenfalls nicht gäbe, wenn ich damals gleich wieder den Rückzug angetreten hätte. Ich hätte vermutlich niemals das Schreiben zu meinem Beruf machen können, und es gäbe wohl kaum drei Bücher von mir. Und viel wichtiger: Ich würde gerade mit Sicherheit nicht in meinem Wintergarten sitzen und aus dem Fenster die letzten reifen Tomaten im Gewächshaus erspähen können. Oder die Kühe auf der Weide, wie sie gerade die ersten Sonnenstrahlen des Tages genießen. Mein Leben wäre ein vollkommen anderes – aber wäre es wirklich ein besseres?

Vor unserem Umzug in die Steiermark hatte ich mich durchaus ein paarmal gefragt, wie wir als Paar wohl miteinander sein werden, wenn wir nicht mehr dem anhaltenden Druck und Stress von außen ausgesetzt sind. Wissen wir überhaupt noch, wie man *einfach nur* Pärchen ist?

Das erste halbe Jahr im Haus im Wald war für mich selbst eine Herausforderung, doch das lag weniger an Lukas als vielmehr an meiner Psyche sowie der Dauerbaustelle namens chronische Rückenschmerzen. Über Wochen und Monate hinweg war ich darauf konzentriert, irgendwie mit mir selbst klarzukommen, und erst im zweiten halben Jahr verschob sich dieser Fokus endlich etwas. Lukas und ich versuchten, einander wieder mehr in den Mittelpunkt der jeweils anderen Person zu rücken, doch das ging ehrlich gesagt oftmals weniger mit Romantik als mit Reibung einher, denn wir gerieten immer häufiger aneinander. Dabei diskutierten wir zwar nicht mehr über die schwierige Situation mit seinen Eltern oder die Frage, ob wir den Hof nun verlassen sollten oder nicht, dafür aber umso mehr über vermeintliche Banalitäten wie den Haushalt und die damit einhergehende Arbeitsverteilung. Kurzum: Die Stimmung zwischen uns war schlecht. Die einzigen Momente, in denen wir wirklich und zu hundert Prozent ein Team waren, waren die Ausnahmesituationen. Wenn wir mitten in einem Sturm unsere Kühe auf der Alm suchten oder gerade bei der Heuernte waren und schon das Donnergrollen des herannahenden Unwetters hörten. In diesen Situationen waren wir trotz allem Druck und Stress nachsichtig miteinander, mitfühlend, zuvorkommend, und vor allen Dingen verstanden wir uns mitunter wortlos. Lukas konnte mir aus fünfzig Metern Entfernung problemlos allein durch Handzeichen vermitteln, was er von mir brauchte, ich wiederum konnte durch die gleichen Handzeichen Rückfragen stellen, und am Ende waren wir ganz genau dort, wo uns der jeweils andere haben wollte. Doch außerhalb der Arbeit, außerhalb der Ausnahmesituationen, liegen die Dinge ein wenig anders, denn über weite Strecken hinweg fehlt uns einfach völlig das Verständnis füreinander – und dabei spreche ich mitnichten von Verständnis im übertragenen, sondern vielmehr im wörtlichen Sinne.

Wir verstehen einander oftmals nicht, weil wir gefühlt zwei

völlig unterschiedliche Sprachen sprechen. Nicht selten bin ich der Meinung, meine Gefühle, mein Anliegen oder meine Bedürfnisse ganz klar zu formulieren, während Lukas dennoch etwas komplett anderes hört. Meistens sogar das Gegenteil dessen, was ich eigentlich gesagt habe. Manch einer kann über die Kommunikationsprobleme zwischen Mann und Frau in heterosexuellen Beziehungen nur milde lächeln, denn sie sind ja schließlich nicht nur *ein alter Hut*, sondern mittlerweile auch Bestandteil einer jeden mittelmäßigen Comedyshow, sämtlicher Serien und Filme und unterm Strich einfach etwas, das irgendwie normal zu sein scheint. Eben etwas, über das man Witze macht. Nur leider ist mir in jenen Situationen alles andere als zum Lachen zumute. Ich komme mir selten so allein, so unverstanden und schlussendlich auch so einsam vor wie in jenen Momenten, in denen ich mich von Lukas weder gehört noch gesehen fühle. Auf gewisse Weise bin ich ohnmächtig, denn ich weiß beim besten Willen nicht, wie ich mich ihm verständlich machen soll.

Dennoch wurschtelten wir uns irgendwie so durch – mal besser, mal schlechter. Bis in den Oktober 2024 hinein funktionierte das auch einigermaßen, doch dann kam es zu einem Wendepunkt.

Ich wurde in früheren Beziehungen oft betrogen, und ehrlicherweise habe ich die Enttäuschungen häufig weit im Voraus kommen sehen, doch das war bei Lukas einfach anders. Lukas war in meinen Augen seit jeher eine der loyalsten Personen, die ich kenne. Er war für mich in jeder Hinsicht integer, aufrichtig, ehrlich und quasi unfähig, arglistig zu handeln. Ich hätte vermutlich meine Hand dafür ins Feuer gelegt, dass er mich niemals auf irgendeine Art und Weise hintergehen würde. Doch im Oktober 2024 passierte schließlich etwas, das nicht mehr ungeschehen gemacht werden kann. Was genau wer, wie, wo und wann getan hat, gehört nicht auf diese Seiten, aber die Auswirkungen dessen waren für mich in jedem Fall monumental. Ich weiß noch genau, dass ich mir gar nicht mehr so sicher war, was sich für mich nun schlimmer anfühlte: von Lukas so enttäuscht oder von meiner eigenen Menschenkenntnis derart im Stich gelassen worden zu sein. Für mich persönlich gab es kurzfristige sowie langfristige Auswirkungen dessen, was mir – was *uns* – passiert war. Zunächst ist da natürlich dieser Vertrauensbruch, Kränkung, Frustration und alles, was zum Herzschmerz so dazugehört, aber die längerfristigen Auswirkungen haben sich im Nachhinein wohl als die schwerwiegenderen erwiesen: Ich habe die Achtung vor Lukas verloren – und das hat ein Ungleichgewicht in unsere Beziehung gebracht, das verheerend ist.

Der Winter 2024/2025 war also geprägt vom Wundenlecken und dem Versuch, den richtigen Weg für mich zu finden. Zum ersten Mal habe ich unsere Beziehung infrage gestellt, ohne dass äußere Faktoren dabei die entscheidende Rolle gespielt haben. Es ging nur um uns – um *Lukas und Madeleine*. Das, was uns im Jahr zuvor noch irgendwie über die schweren Zeiten hinweggetragen hatte und so manche Missstimmung erfolgreich übermalen konnte, war plötzlich wie weggewischt. Unsere Probleme und all das, was uns entzweit und womöglich für immer auseinanderbringen könnte, traten in ihrer ganzen Hässlichkeit zutage. Es war nun ein Ding der Unmöglichkeit, die Punkte, die uns trennen, zu übersehen, doch gleichzeitig wollte ich es einfach nicht wahrhaben. Da haben wir fast sechs Jahre Beziehung hinter uns, haben davon vier in einem absolut toxischen Familienumfeld überlebt, nebenbei einen landwirtschaftlichen Betrieb am Laufen gehalten, Kälber auf die Welt gebracht, Kühe gerettet, Umzüge gemeistert und alles an Katastrophen abgehakt, was niemals auf meiner Bingokarte des Lebens stand – und sollten jetzt nach alledem an uns selbst scheitern?! An besonders schlimmen Tagen fragte ich mich sogar, ob uns der Druck in den letzten Jahren tatsächlich zusammengeschweißt hat – oder ob er am Ende des Tages einfach nur noch das Einzige war, was uns zusammenhielt.

Es gab seit Oktober 2024 also durchaus Phasen, in denen ich nur mehr mit halbem Bein in der Beziehung stand und mich im Grunde schon auf dem Sprung befand. Aber es gab eben auch so vieles, das gegen das Aufgeben, gegen das Gehen sprach. Ich hatte nicht bloß Angst davor, dass dies das Ende unserer Beziehung sein könnte, sondern auch richtiggehend Panik davor, wie ich dieses Leben ohne Lukas an meiner Seite stemmen sollte. In jenen Tagen ploppten neben den existenziellen Fragen unserer Beziehung eben auch solche wie »Wo kann ich schnellstmöglich einen Anhängerführerschein machen, um selbst Heuballen holen zu können?« oder auch »Wie soll ich eigentlich ohne Lukas Kühe in den Hänger treiben?« auf. Natürlich sollten der Hof und die Tiere nicht die ausschlaggebende Rolle spielen, wenn es um die Frage nach dem Fortbestand unserer Beziehung geht, aber es wäre auch in jeder Hinsicht vermessen, zu behaupten, dass sie *gar keine* Rolle spielten.

Woran erkennt man eigentlich, ob da noch etwas ist, das es zu retten gilt? Wann ist es an der Zeit, aufzugeben? Und wann ist ein Fluchtinstinkt nicht mehr nur die Scheu vor harter Beziehungsarbeit, sondern logische Konsequenz aus allem, was war?

Im Frühjahr 2025 konnten wir uns irgendwie (und ich kann beim besten Willen nicht erklären, *wie* wir das gemacht haben) wieder zusammenraufen, doch mit dem Spätsommer verfielen wir in alte Muster zurück, waren wieder ungeduldig mit unserem Gegenüber, missverstanden uns und raubten einander mehr Energie, als wir uns schenkten. Da war es wieder, das eingangs erwähnte Ungleichgewicht in der Beziehung. Wenn man die Achtung und den Respekt vor dem eigenen Partner oder der Partnerin verloren hat, befindet man sich nicht mehr auf Augenhöhe miteinander. Nur wie könnte Lukas diese Achtung wiedererlangen?

Im September 2025 geschah schließlich etwas, das es in dieser Form seit Jahren nicht mehr gegeben hatte: Wir hatten die Möglichkeit, für einige wenige Tage zusammen in den Urlaub zu fahren. Meine Freundin Jasmin kümmerte sich in der Zeit um den Hof und die Tiere – und Lukas und ich konnten uns derweil um uns selbst und unsere Beziehung kümmern. Oder zumindest um das, was davon noch übrig war. Als wir uns schließlich für fünf Nächte in einem kleinen Hotel an der Adriaküste eingemietet hatten, verfiel ich innerlich richtiggehend in Panik. Was, wenn dieser Urlaub in einer Katastrophe enden würde? Wie soll das nur gut gehen, wenn wir das Einzige, das nach wie vor einwandfrei funktionierte (die Arbeit auf dem Hof), nun aus der Gleichung streichen würden?

Tatsächlich wich diese Panik dann aber doch recht schnell der Vorfreude auf ein paar Tage Auszeit, und zunächst verlief auch alles einigermaßen harmonisch, doch an Tag zwei machte sich wieder das Ungleichgewicht bemerkbar, und es flogen die Fetzen. Die Gründe hierfür nun aufzuzählen, wäre der Sache wenig zweckdienlich, also belassen wir es einfach dabei, dass wir uns wieder in einer Spirale aus Vorwürfen, Unzufriedenheit und totaler Frustration bewegten. Unser Urlaub schien plötzlich ein Motto zu haben: *Go ahead or give up*. Ich kann mich noch sehr gut daran erinnern, wie wir an einem Nachmittag nebeneinander auf unseren Liegestühlen am Strand lagen, neben mir eine kleine Ansammlung hübscher Muscheln, die ich zuvor gesammelt hatte. Nun wärmte uns die Sonne die Haut, und die Wellen rauschten in einer fast schon beruhigenden Regelmäßigkeit, während wir – teilweise unter Tränen – ein Gespräch führten, das vermutlich nur einen Atemzug vom endgültigen Aus entfernt war. Lukas sagte damals noch, dass es sich für ihn so anfühlte, als würde er nur auf den Schlussstrich meinerseits warten, und ich selbst sah uns schon verfrüht in Richtung Steiermark aufbrechen. Wir tanzten in diesem Augenblick also am Rande des Abgrunds, und in der damaligen Situation schien alles offen zu sein. Wir sprachen endlich ganz ehrlich über Trennung und schnitten (wenn man denn schon mal dabei ist) direkt noch andere Sachen wie beispielsweise das Kinderthema an, denn auch hier sind wir grundverschiedener Meinung. Und all das im Italienurlaub, direkt am Strand. Die Gleichzeitigkeit der Dinge ist manchmal einfach nur absurd.

Vielleicht hat es aber genau diesen Tanz am Rande des Abgrunds mitten in jenem Urlaub, der uns eigentlich entspannen sollte, gebraucht, um uns vollkommen klar zu werden, wo wir und wo der beziehungsweise die jeweils andere gerade stehen. Ich kann mich nicht erinnern, dass wir jemals so gute, ehrliche und konstruktive Gespräche über unsere Beziehung geführt haben wie im Anschluss an dieses Stranddebakel. Italien hat für mich mal wieder bewiesen, dass es sehr wohl einen signifikanten Unterschied macht, ob man die Dinge nur für sich selbst und mit sich allein zerdenkt oder sie eben doch laut ausspricht und vor allen Dingen miteinander *be*spricht. Weder Lukas noch ich fanden in diesem Moment eine Universallösung für all unsere Probleme, aber das war weder Anspruch noch Notwendigkeit. Immerhin konnte ich das für mich größte Problem mittlerweile nicht bloß benennen, sondern auch ansprechen: die Sache mit der Achtung und dem Respekt. Lukas schien verstanden zu haben, was ich damit meine, und vor allen Dingen wollte er die Sache so definitiv nicht auf sich sitzen lassen.

»Dann muss ich zusehen, dass ich deine Achtung und deinen Respekt wieder zurückgewinne«, sagte er abschließend, und ich konnte nicht anders, als hörbar aufzuatmen.

Nachdem wir am zweiten Tag unser Krisengespräch geführt hatten, wurden die darauffolgenden Tage sehr viel leichter. Vielleicht lag das auch daran, dass wir uns in Ruhe miteinander beschäftigen konnten und nicht – wie es zu Hause der Fall ist – immer irgendwie bloß zwischen Tür und Angel, zwischen Rettungsdienst, Tiere versorgen, Probleme lösen, Kooperationen drehen, Abendessen vorbereiten und dem nächsten Punkt auf der To-do-Liste. Es ist nun wahrlich nicht so, dass wir in Italien zum ersten Mal ein ernsthaftes Gespräch über all die Dinge in unserer Beziehung führten, die nicht so laufen, wie wir das gern hätten, aber es war sehr wohl das erste Mal, dass wir schier endlos viel Zeit für dieses Gespräch hatten. Niemand musste irgendwohin, niemand war erschöpft und kurz vorm Einschlafen, und niemand sonst verlangte gerade nach unserer Aufmerksamkeit. Wir hätten schon viel früher einen Kurzurlaub machen sollen, ganz im Ernst.

Womöglich hatten wir einfach vergessen, das Leben und uns selbst nicht so ernst zu nehmen. Wir sind oft so sehr im Arbeits-, im Funktionierenmodus gefangen, dass wir den Verlust der Leichtigkeit zunächst gar nicht richtig wahrnahmen. Während der letzten Jahre verlernten wir nicht nur, leicht zu sein, sondern auch, laut miteinander zu lachen und sorglos durch die Welt zu schreiten. Man darf mich an dieser Stelle nicht falsch verstehen: Damals war das nicht nur unser freiwilliger, selbst gewählter *Modus Operandi*, sondern schlichtweg die einzige Möglichkeit, mit dem Leben und dem damit verbundenen Wahnsinn in Kärnten klarzukommen – doch die Dinge liegen nun anders. Unser ganzes Leben ist nun anders. Meines Erachtens kann man die Schwere im Leben nur gemeinsam tragen, wenn man auch die Leichtigkeit miteinander teilt – doch Letztere ist uns schlichtweg abhandengekommen. Wer hätte gedacht, dass es so schwer sein kann, leicht zu sein, aber *it is what it is*.

Unser Italienurlaub ist jetzt drei Wochen her, und auch wenn wohl alle (uns selbst eingeschlossen) es gern anders hätten, kann ich nun kein *Für-immer-glücklich-zusammen* verkünden, sondern nach wie vor vielmehr einen ehrlichen Zwischenstand, ein *So-sieht-der-Status-quo-gerade-eben-aus*. Wir arbeiten an uns selbst und an unserem Miteinander, denn im Grunde genommen möchten wir beide, dass das *Wir* Bestand hat. Was aber unterm Strich bei all diesen Bemühungen herauskommen wird, lässt sich zum jetzigen Zeitpunkt bei aller Liebe nicht sagen. Wir wissen wohl sehr gut, dass die Diskrepanz zwischen dem, was wir wollen, und dem, was die Realität für uns bereithält, bisweilen recht groß ist, und daher werde ich mich vor einer allzu überschwänglich-optimistischen Prognose hüten.

Vielleicht können wir über die Sorgen auf diesen Seiten schon laut lachen, wenn das Buch in den Ladenregalen liegt. Vielleicht sagen wir uns aber auch: »Ja, wir haben es damals schon gespürt, dass es nicht gut gehen wird.«

Egal wie die Dinge am Ende des Tages liegen: Das Leben geht weiter. Und eines weiß ich mittlerweile, nach sämtlichen durchgespielten Szenarien in schlaflosen Nächten, doch ganz gewiss: Ich würde es wieder tun.

Ich würde wieder zu diesem Roadtrip nach Österreich aufbrechen und mit meinen Siebensachen *erstmal für immer* in das Bauernhaus ziehen. Ich würde in all der Zeit danach im Kleinen womöglich viele Dinge anders machen, viel früher meine Grenzen ziehen und laut »Nein« sagen, aber ich würde mit Sicherheit versuchen, mir mit Lukas ein Leben aufzubauen. Selbst wenn es für mich nach vier Jahren dann plötzlich wieder *hin & weg* heißt.

Und ich würde ganz gewiss immer und immer wieder »Ja« zum Haus im Wald sagen. Ich würde jedes Stolpern und jedes Straucheln in Kauf nehmen, wenn ich dafür am Ende des Tages hier lande. Egal wie unsere Geschichte nun also weitergeht oder endet, ich werde diesen Hof und dieses Leben nicht mehr verlassen.

Denn ich bin *gekommen, um zu bleiben.*

Nachwort

Tatsächlich ging *Gekommen, um zu bleiben* keine allzu lange Planungsphase voraus, denn ehrlich gesagt stand zunächst eigentlich eine ganz andere Art von Buch auf meiner Agenda. Aber irgendwie hat es nicht sollen sein, und als dieses Projekt schließlich (vorerst) auf Eis gelegt wurde, wandte ich mich an meine Lektorin Bella: »Also starten wir direkt mit Band drei?«

Sie war sofort an Bord, und während wir noch überlegten, in welche Richtung es gehen soll, hatte ich bereits ein ziemlich genaues Bild vor Augen.

»Es wird ein Buch über das Ankommen«, sagte ich, ohne auch nur eine einzige Zeile geschrieben zu haben.

Jetzt, fast ein Dreivierteljahr später, kam es jedoch genau so, wie ich es damals schon prophezeit hatte. In *Erstmal für immer* erzähle ich davon, wie man seinen eigenen Weg findet, wie es ist, ins kalte Wasser zu springen und einfach mal zu machen (ohne so genau zu wissen, wohin einen der Weg am Ende des Tages führen mag). *Hin & Weg* erzählt eine Geschichte, die irgendwo zwischen Aushalten und Aufbrechen stattfindet und schließlich mit einem kompletten Neuanfang endet (oder beginnt, je nachdem, wie man es betrachtet).

Und nun? Nun sind wir (auch wenn ich es selbst manchmal noch immer nicht fassen kann) endlich angekommen.

Ich habe lange überlegt, wie ich diese Danksagung formulieren und an wen ich mich alles wenden soll, doch dann kam mir der entscheidende Gedanke:

Es sind zwar (auch) die Menschen in meinem näheren Umfeld, meine Familie, meine Freunde, an die ich dabei denke, doch in allerserster Linie gilt mein Dank meiner Community. Meinen Leser:innen und all meinen Follower:innen – den Menschen, die mir und meinem Tun Relevanz geben. Die all meine Beiträge verfolgen, meine Hofpost abonniert haben und meine Bücher kaufen. Ohne euch gäbe es @frau_freudig gar nicht erst, denn ihr seid diejenigen, die mir zuhören, mir Reichweite und Aufmerksamkeit schenken. Ich schätze euch als Gemeinschaft wirklich sehr, denn ich weiß, dass ich mich auf euch verlassen kann – ganz gleich, ob ich ein lustiges Katzenvideo mit euch teile, euch um Unterstützung bei einer meiner Kooperationen bitte, über Tierleid spreche oder euch mein Herz ausschütte, weil wir Kurt zu Grabe tragen mussten – ihr seid da. Und ich möchte sichergehen, dass ihr eines wisst: Nichts davon ist selbstverständlich für mich. Ist es nicht, war es nie, und wird es auch niemals werden. Danke.

Meine Wald-WG-Teilzeitbewohnerinnen, meine Mädels. Es ist so unsagbar schön, euch in meinem Leben zu wissen und die gemeinsame Zeit, sei sie auch noch so kurz, immer und immer wieder miteinander genießen zu dürfen. Ich habe oft Angst, dass ich euch gar nicht genug zurückgeben kann (schon allein deshalb, weil die Besuche zu 99,9 Prozent immer nur in eine Richtung stattfinden und wir nicht selten auch mal über längere Zeit nichts voneinander hören), aber spätestens, wenn ihr dann wieder vor meiner Haustür steht, werde ich daran erinnert, dass sich eine Freundschaft nicht an solchen Dingen misst. Wahrscheinlich werdet ihr mir bei unserem nächsten Aufeinandertreffen dafür den Kopf waschen – ich seh's schon kommen …

Lena. Wenn du da bist, fühlt es sich vollständig an.

Meine Familie, mein Rudel, danke, dass ihr mich daran erinnert, wie weit ich schon gekommen bin und zu was ich alles imstande bin, wenn ich es selbst (mal wieder) vergessen habe.

Danke, Bella, Marie und Jan, dass ihr dieses Buch zu dem gemacht habt, was es ist.

Lukas. Ganz egal, was wird – das, was war, kann uns niemand mehr nehmen. Und das ist eine ganze Menge. Wir werden das schon irgendwie alles schaukeln, oder?

Ich dich mehr. Immer.

Anhang

Beobachtungsliste 2024/2025

(Ein Ausschnitt aus meinem Notizbuch: Das sind die Tiere, die ich ganz bewusst wahrgenommen, betrachtet und bestimmt habe. *To be continued …*)

Wirbellose Tiere **Klasse Insekten**	**Invertebrata** **Insecta**
Heuschrecken	**Orthoptera**
Blauflügelige Ödlandschrecke	*Oedipoda caerulescens*
Gottesanbeterin	*Mantis religiosa*
Grünes Heupferd	*Tettigonia viridissima*
Käfer	**Coleoptera**
Asiatischer Marienkäfer	*Harmonia axyridis*
Balkenschröter	*Dorcus parallelipipedus*
Feldmaikäfer	*Melolontha melolontha*
Siebenpunkt-Marienkäfer	*Coccinella septempunctata*
Schmetterlinge	**Lepidoptera**
Abendpfauenauge	*Smerinthus ocellata*
Admiral	*Vanessa atalanta*
Aurorafalter	*Anthocharis cardamines*
Braunkolbiger Braun-Dickkopffalter	*Thymelicus sylvestris*
Distelfalter	*Vanessa cardui*
Eichenspinner	*Lasiocampa quercus*

Gelbwürfeliger Dickkopffalter	*Carterocephalus palaemon*
Gemüseeule	*Lacanobia Diataraxia oleracea*
Großer Kohlweißling	*Pieris brassicae*
Kleines Wiesenvögelchen	*Coenonympha pamphilus*
Hauhechel-Bläuling	*Polyommatus icarus*
Kaisermantel	*Argynnis paphia*
Kleiner Fuchs	*Aglais urticae*
Schachbrettfalter	*Melanargia galathea*
Schwalbenschwanz	*Papilio machaon*
Schwarzer Bär	*Arctia villica*
Segelfalter	*Iphiclides podalirius*
Tagpfauenauge	*Aglais io*
Taubenschwänzchen	*Macroglossum stellatarum*
Trauermantel	*Nymphalis antiopa*
Zitronenfalter	*Gonepteryx rhamni*

Wirbeltiere **Klasse Amphibien**	**Vertebrata** **Amphibia**
Schwanzlurche	**Caudata**
Bergmolch	*Ichthyosaura alpestris*
Feuersalamander	*Salamandra salamandra*
Froschlurche	**Anura**
Erdkröte	*Bufo bufo*
Grasfrosch	*Rana temporaria*
Klasse Reptilien	**Reptilia**
Schuppenkriechtiere	**Squamata**
Äskulapnatter	*Zamenis longissimus*
Blindschleiche	*Anguis fragilis*
Ringelnatter	*Natrix natrix*

Zauneidechse	*Lacerta agilis*
Klasse Säugetiere	**Mammalia**
Fledertiere	**Chiroptera**
Zwergfledermaus	*Pipistrellus pipistrellus*
Hasenartige	**Lagomorpha**
Feldhase	*Lepus europaeus*
Insektenfresser	**Eulipotyphla**
Maulwurf	*Talpa europaea*
Waldspitzmaus	*Sorex araneus*
Nagetiere	**Rodentia**
Eichhörnchen	*Sciurus vulgaris*
Feldmaus	*Microtus arvalis*
Siebenschläfer	*Glis glis*
Paarhufer	**Artiodactyla**
Reh	*Capreolus capreolus*
Raubtiere	**Carnivora**
Marder	*Martes foina*
Fuchs	*Vulpes vulpes*
Klasse Vögel	**Aves**
Eulen	**Strigiformes**
Waldkauz	*Strix aluco*
Falkenartige	**Falconiformes**
Turmfalke	*Falco tinnunculus*
Greifvögel	**Accipitriformes**
Mäusebussard	*Buteo buteo*
Schreitvögel	**Ciconiiformes**
Weißstorch	*Ciconia ciconia*

Spechtvögel	**Piciformes**
Buntspecht	*Dendrocopos major*
Grünspecht	*Picus viridis*
Schwarzspecht	*Dryocopus martius*
Weißrückenspecht	*Dendrocopos leucotos*

Sperlingsvögel	**Passeriformes**
Amsel	*Turdus merula*
Blaumeise	*Cyanistes caeruleus*
Buchfink	*Fringilla coelebs*
Distelfink	*Carduelis carduelis*
Eichelhäher	*Garrulus glandarius*
Gimpel	*Pyrrhula pyrrhula*
Goldammer	*Emberiza citrinella*
Grünfink	*Chloris chloris*
Haubenmeise	*Lophophanes cristatus*
Hausrotschwanz	*Phoenicurus ochruros*
Haussperling	*Passer domesticus*
Kernbeißer	*Coccothraustes coccothraustes*
Kleiber	*Sitta europaea*
Kohlmeise	*Parus major*
Mehlschwalbe	*Delichon urbicum*
Rabenkrähe	*Corvus corone*
Rauchschwalbe	*Hirundo rustica*
Rotkehlchen	*Erithacus rubecula*
Schwanzmeise	*Aegithalos caudatus*
Singdrossel	*Turdus philomelos*
Tannenmeise	*Periparus ater*

Taubenvögel	**Columbidae**
Ringeltaube	*Columba palumbus*

Glossar

Again
Wörtlich »noch mal«; wird oft benutzt, um Unglauben oder Genervtheit auszudrücken (»Schon wieder?!«).

Allrounder
Jemand oder etwas, der/das viele unterschiedliche Dinge gut kann.

All they can eat
Wörtlich: »So viel sie essen können«; wird in Abwandlung (»All you can eat«) für Fressgelage oder Buffets benutzt.

Babyboom
Ein Zeitraum, in dem besonders viele Babys geboren werden.

Besties
Beste Freundinnen.

Better done than perfect
Lieber etwas machen und fertigbringen, auch wenn es nicht perfekt ist, als ewig warten.

Book Bestie
Jemand, mit dem man sich intensiv über Bücher austauscht.

Bubble
Eine eigene kleine Blase beziehungsweise eine Gruppe, in der alle ähnlich denken oder leben.

Bucket List
Eine Liste mit Dingen, die man im Leben unbedingt noch machen will.

Burn-out
Komplette körperliche und mentale Erschöpfung durch Überlastung.

But not all men
Wörtlich: »Aber nicht alle Männer (sind so)«; eine Redewendung aus Debatten über Sexismus. Wird oft genutzt, um Kritik zu relativieren.

Commitment
Eine klare Entscheidung oder Verpflichtung gegenüber einer Aufgabe oder einem anderen Menschen.

Content Creatorin
Eine Person, die beruflich Inhalte für die sozialen Medien erstellt.

Couch Potato
Ein sehr gemütlicher Mensch (oder ein Kater), der viel auf dem Sofa herumliegt.

Crazy Cat Lady
Scherzhafte Bezeichnung für eine Frau, die sehr viele Katzen besitzt.

Der Shit
Umgangssprachlich: »das absolut Beste«.

Die Gang
Die eigene Clique oder Freundesgruppe.

Excuse me
Wörtlich: »Entschuldige«; oft auch spitz gemeint: »Wie bitte?!«

Framing
Wie etwas bewusst oder unbewusst eingeordnet, beschrieben oder »gerahmt« wird – umgangssprachlich: in welche Schublade man jemanden oder etwas steckt.

Gamechanger
Etwas, das alles verändert oder unglaublich hilfreich ist.

Go ahead or give up
Wörtlich: »Mach weiter oder gib auf«; Motto zwischen Motivation und Resignation.

Go vegan or go home
Sehr zugespitzt gemeint: »Werde vegan oder lass es ganz.«

Here we are
Wörtlich: »Da sind wir« oder »So weit sind wir gekommen«; oft mit einem Hauch Resignation oder Humor.

Hold my Quellwasser
Eine Abwandlung von »Hold my beer«; heißt so viel wie: »Warte, jetzt kommt's!«

Homeoffice
Zu Hause arbeiten.

Hotspot
Ein sehr beliebter, belebter oder spannender Ort.

I mean ... how?
Wörtlich: »Ich meine ... wie denn bitte?«; Ausdruck von Unglauben.

If you know you know
Wörtlich: »Wenn du's weißt, dann weißt du's.«

It is what it is
Wörtlich: »Es ist, wie es ist«; akzeptieren ohne Aufhebens.

Last Minute
Etwas in letzter Sekunde erledigen.

Learning by doing
Etwas lernen, indem man es einfach macht – ohne Anleitung.

Literally
Wörtlich: »wortwörtlich«; wird aber oft für Betonung benutzt (»wirklich!«).

Mental Load
Die unsichtbare geistige Belastung durch alles, was organisiert, erinnert und gemanagt werden muss.

Messenger-Gruppe
Chatgruppe.

Mission accomplished
Wörtlich: »Mission erfüllt«; man hat etwas erfolgreich abgeschlossen.

Mission Impossible
Wörtlich: »unmögliche Mission«; sehr schwierige, fast unmögliche Aufgabe.

New Home New Me
Wörtlich: »Neues Zuhause, neues Ich«; in Anlehnung an den häufig verwendeten Neujahrsvorsatz: »New Year, New Me« (»Neues Jahr, neues Ich«).

Nonstop
Wörtlich: »ohne Pause«.

Not amused
Wörtlich: »nicht begeistert«, »milde genervt« oder »enttäuscht«.

On top
Wörtlich: »obendrauf«, »zusätzlich«, »noch dazu«.

One Way Ticket
Ticket ohne Rückfahrt – oft metaphorisch für »kein Zurück«.

Pigson Break
Wortspiel mit »Prison Break« (wörtlich: »Gefängnisausbruch«; eine Serie, in der es um eine Gruppe Gefängnisinsassen geht, die ausbrechen). »Pig« ist der englische Begriff für Schwein.

Pimp your garden
Wörtlich: »Mach deinen Garten schöner.« Anspielung auf die Serie »Pimp My Ride«, in der es um frisierte Autos geht.

Romantasy-Bücher
Bücher, die »Romance« (»Romantik«) und »Fantasy« (»Fantasie«) mischen.

Safe Space
Ein Raum, in dem man sich sicher fühlt und sein kann, wie man ist.

Showdown
Der finale Moment, an dem sich alles entscheidet.

Sidefact
Eine kleine zusätzliche Info oder Randnotiz.

Sister from another mister
Eine Frau, die wie eine Schwester ist, obwohl man nicht verwandt ist.

Slow burn romance
Eine Liebesgeschichte, die ganz langsam entsteht.

Spoiler
Vorabinfo, die etwas Wichtiges verrät.

Spot
Ein bestimmter Ort, meist ein schöner oder bedeutungsvoller.

Survival-Bag
Notfalltasche für alle Fälle.

That's it.
Wörtlich: »Das war's«; fertig, Schluss, Ende.

Timing
Der richtige Zeitpunkt.

Tinder (Socken)
Witzige Anspielung auf die Dating-App: Socken werden wie Dates zusammengebracht.

To be continued
Wörtlich: »Fortsetzung folgt.«

To-do-Listen
Listen mit Dingen, die erledigt werden müssen.

Tracker
Gerät oder App, die etwas verfolgt oder aufzeichnet (Schritte, Schlaf etc.).

Treatment
Wörtlich: »Behandlung«; kann medizinisch sein oder auch im Beauty-Kontext.

Turns out
Wörtlich: »stellt sich heraus …«; Überraschung oder Erkenntnis.

WARP-Geschwindigkeit
Extrem schnell – Anspielung auf *Star Trek.*

What a ride
Wörtlich: »Was für eine Fahrt!«; im übertragenen Sinn: »Was für ein verrückter Weg/Ritt.«

Winter Wonderland
Winterlandschaft, die märchenhaft schön aussieht.

Workation
Arbeiten und Urlaub mischen.

Worst-Case-Szenario
Schlimmstmöglicher Fall.